수필의 새로움을 향한 랩소디

수필의 새로움을 향한 랩소디

배귀선 수필 평론집

수필과비평사

| 머리말 |

크로스오버 시대, 수필의 방향성

인공지능, 사물인터넷, 빅데이터, 모바일 등에서 실제와 가상이 통합되어 사물을 자동 또는 지능적으로 제어하는, 제4차 산업혁명 시대인 현대는 크로스오버 시대로 다양성과 다원성이 핵심이다. 즈음하여 최근 챗GPT의 개발로 사회, 문화, 정치, 경제 등 각계에 변화가 일고 있다. 여기에는 긍정적인 부분도 있으나 부정적인 부분도 없지 않다. 인터넷의 발달로 종이책이 사라질지도 모른다는 우려가 채 가라앉기도 전에 챗GPT가 출몰한 것인데, 시와 소설을 쓰고 심지어 일기까지 대필하는 세상이 되었다. 혹자는 염려보다는 다양성을 중시하는 이 시대야말로 수필의 지평이 무한확장 될 수 있는 시기라고 언급한다. 이러한 긍정 이면의 불안에는 인공지능의 발달이 어디까지 치달을지 알 수 없는 불확실성이 놓여 있는 것 같다. 물론 어느 시대나 불확실성에 대한 공포와 불안이 있었으나 문명 진화의 속도가 극에 달한 현대는 그 정도가 더 심화되고 있다. 이러한 시대, 인간이 인간인 이유를 자문하면서 수필문학의 방향을 고민하지 않을 수 없다. 경험 사실을 전제로 한다는 수필 규정은 그동안 문학의 기본인 상상의 발현을 자유롭게 개진할 수 없다는 데서 수필의 태생적 한계로 인식되었다. 이는 수필계 안팎에서 기정사실화되어 왔으나 최근 한계를 가능성으로 변모시키고 있다.

이 같은 변화는 다양성과 다원성을 핵심 코드로 하는 현대성과도 맥이 닿아 있는 부분인데 다행인 것은 현대를 거치며 패러다임의 전회를 꾀한 수필계의 다양한 시도들이 있다는 것이다. 예컨대 철학수필, 종교수필, 과학수필, 예술수필 등 전문지식을 활용한 수필의 방향성 모색이라든가 형식의 변주로서 손바닥 수필과 소재 확장 차원에서 사물 수필 등 새로움에 대한 맷집의 축적이 그것이다. 하지만 이를 지탱하고 제시할 수 있는 평론 영역은 미약한 것이 사실이다. 이럴 때일수록 꾸준한 비평 담론을 통해 수필문학의 방향성 제시가 확장되어야 할 것이다. 예컨대 문학의 본질과 기능뿐만 아니라 작품의 의미와 가치를 판단 · 분석 · 평가하는 행위가 비평일 것인바 이 시대야말로 문학이 지녀야 할 근본 서정을 포괄하면서 다양성을 제시하는 평론의 역할이 중요해졌다는 말이기도 하다. 따라서 본 평론집에서는 저명한 수필가의 수필집과 작품을 토대로 수필이란 무엇이며, 무엇을 하는지, 어떤 가치가 있는지를 문제 삼아 작품이 지닌 의미를 파악하고 작가 또는 작품의 미래를 논하고자 했다. 필자의 짧은 식견 탓에 소상하지 못한 점 유감으로 생각하며 일련의 시각이 AI 시대 서정의 회복을 위한 창작의 방향성 제언이 되었으면 하는 생각에서 용기를 내어 묶는다. 이 책에 실린 평론은 여러 문예지에 기 발표된 작품들이며 개인 문집 평론을 포함한 것이다. 평론집이 나올 수 있도록 기회를 준 전북문화관광재단에 감사한 마음을 전한다.

仙隱里에서 배귀선

| 차례 |

04 머리말

제 1 부 상상, 바깥의 미학

12 01. 상상, 바깥의 미학
— 고경서 《감성어 낚시》

21 02. 외딴방의 아리아
— 김정화 《새에게는 길이 없다》·《하얀 낙타》·《가자미》

39 03. 새로움을 향한 랩소디
— 정희승 《일상예찬》

57 04. 존재의 소실점, 여백의 시간
— 박헬레나 《아직은 여백으로 두고 싶다》

66 05. 관계적 사유의 고처
— 추선희 《수필미학》(제32호)

제 2 부　자기 긍정의 오디세이

78　01. 자기 긍정의 오디세이
— 김산옥 《수필미학》(제34호)

91　02. 무규정적 원환의 연속체
— 권현옥 《수필미학》(제37호)

105　03. 시적 수필의 아포리아
— 라환희 《말이 되어줄래》

125　04. 경계의 사유 혹은 사유의 경계
— 이임순 《봄날의 꿈》

제 3 부　수필의 힘과 위로의 방식

144　01. 곡선의 사유와 미완의 여백
— 전오영 《노을 공책》

162　02. 치유와 상생의 미학
— 조일희 《네가 내게 온 까닭은》

180　03. 수필의 서정과 수사의 변용
—《솔바람소리》 문예지 작품을 중심으로

192　04. 수필의 힘과 위로의 방식
— 김정화 《새에게는 길이 없다》·《하얀 낙타》·《가자미》

제 4 부 불가역의 역설

212 01. 수필로 쓰는 수필론

225 02. 수필의 액체성과 이미지
— 2020년 신춘문예 당선 수필에 투영된 이미지

251 03. 하이브리드 시대의 수필
— 기혜영 《좋은수필》(제144호)

258 04. 불가역의 역설
— 헨리 데이비드 소로 《월든》(강승영 역) 에코 비평

제 1 부

상상, 바깥의 미학

01

상상, 바깥의 미학

– 고경서 《감성어 낚시》

1. 물활론物活論과 비유적 상상력

고경서의 수필은 지성과 감성이 결합된 상상이 핵심 코드로 작동한다. 상상력은 추상적인 것과 구체적인 것, 보편적인 것과 특수한 것, 자아와 세계, 사상과 감정 등 이 모든 대립되는 짝들을 포괄하고 융합하는 종합의 능력이라는 김준오의 언급처럼 문학에서 상상력이 차지하는 비중은 자못 크고 넓다. 또한 문학은 현상 또는 현실을 가로질러 모든 의미망과 언어를 통해 드러나는 존재에 대한 명명을 준비하는 작업이다. 이 같은 개념으로 볼 때 문학은 철학이 할 수 없는 것들을 발현한다. 진리는 문학을 통해 먼저 발화된다는 말로써 현시 불가능한 것들을 문학이 드러낼 수 있다는 말이기도 하다. 이때 수사학적 차원에서 문학을 문학이게 하는 요소 중 하나가 물활론이다. 물활론적 사고는 물질이 영혼 또는 정신을 포함하고 있다고 보는 것인데 정신과 사물을 연결하기 위해 언어를 매개로 하는 문학에서도 물활론적 사유는 의인적 사고에 연계해 자주 발견된다. 말하자면 어떠한 사실 혹은 경험을 주제화 할 때 표면적으로 드러내기보다는 의인화를 통해 에두르는 방식 등이 그것이다. 물활론적 감각은 고경서 수필의 특징 중 하나로 언어의 물질성과 화자의 전치를 통해 사유의 확장을 도모한다. 또한 고경서는 명사 은유 혹은 A=B와 같은 형태적 은유를 혼용해 문장의 평이성을 탈피한다거나 간결하고 명료한 은유를 통해 메시지 전달에 강렬함을 부여하며, 곳곳에 시적 표현을 투사하여 문장의 긴장미를 더한다.

① 내 이마에 〈○○농협 창고〉라는 초록 마크와 글씨가 박혀 있지 않다면 누구도 내 존재를 알아보지 못할 것이다. 슬레이트 지붕은 골골이 삭고, 페인트칠이 벗겨져 금이 간 벽면은 검버섯이 자리를 잡았다. 이렇듯 쇠잔한 몸집에 입성마저 추레하니 지나던 바람도 옆구리를 무시로 걷어차고, 발치를 핥던 햇살도 이내 그늘을 뜨고 만다.

— 〈농협 창고—모놀로그 기법으로〉에서

② 음매 음매 음매 음매 음매…

여보게, 두껍이.

나는 온종일 땅바닥을 깔고 앉은 내 그림자를 뱅뱅 돌리고 있다. 지열로 후끈한 눈을 홉뜬 채 땡볕을 노려보다가 시커먼 울음을 오물오물 씹는다. 노숙한 바람이 한가롭게 풀을 뜯는 방천에 귀를 열고, 자갈돌 구르는 소리를 듣던 때가 엊그제만 같다.

— 〈두껍아, 두껍아〉에서

③ 내 죄가 깊다.

큰 산맥을 넘고 힘찬 말발굽 소리로 달려온 삭풍은 어제의 그 용울림이다. 어찌하여 왕의 권위를 다 내려놓은 지금도 나를 배알하는가. 유택이라고 하나 선대들이 묻힌 거대한 고분군도 아니다. 이 왕산 야트막한 골짝에 시커먼 잡석으로 축조한 돌무지무덤이다.

— 〈어느 제왕의 독백 — 傳 구형왕릉〉에서

①, ②, ③에서는 물활론적 기법 차용에 따른 화자의 변이와 비유적 상상력이 두드러진다. 무정물인 농협창고의 발화를 통해 독거노인 문제를 거론한 ①에서 알레고리적 기법의 차용이 두드러진다면 ②는 동물을 통해 인간의 이야기를 적시한 우화적 형식이 눈에 띈다. 그런가 하면 ③은 망자(죽은 왕)를 화자로 내세운다. 이처럼 고경서는 화자의 변이를 통해 의미의 변주를 꾀하며 시적 표현과 소설적 서사의 차용을 통해 수필의 평이성과 상투성에서 오는 밋밋함을 상쇄한다. 예컨대 ①에서 이마의 "초록마크"가 아니면 자신을 알아보지 못할 정도라는 "농협창고"의 언표는 다양한 의미를 내포한다. 말하자면 새마을 운동 때가 자신의 전성기였다고 회고함으로써 사람의 일로 전치되는 ①은 농업사회에서 산업사회로의 전환에 따른 노인 문제를 화두로 다루면서 시대 비판 의식을 투각한다. "지나가던 바람도 옆구리를" 걷어차고 "발치를 핥던 햇살도 이내 그늘을 뜨고 만다."는 기표적 언술이 이미지를 극대화함으로써 전하고자 하는 기의의 진폭을 확장함은 물론 다층적 사유를 유발케 한다. 보내야 하는 세월이라서 더 야속하다는 농협창고의 고백에 이어 "나는 독거노인이다."라는 마지막

문단의 한 문장은 반전의 메시지를 추동하는데 이는 농협창고를 노인으로 전치함으로써 사람의 문제로 전환되기 때문이다. 이른바 '농협창고=노인'이라는 등식은 물활론(의인화)과 상상의 기능에 의한 것이며, 이를 토대로 이 시대 바깥과 낡은 것들에 대해 생각하게 한다.

②에서는 도입의 "음매 음매 음매 음매 음매…"와 결미의 "음매 음매 음매 음매 음매…" 글자 크기로 염소의 울음소리를 조절해 청각의 시각화를 염두에 둠으로써 공감각 수사를 실현함과 동시에 수미 상관 구성까지도 아우른다. 염소를 화자로 설정하여 그린벨트 해제와 신도시 개발에 따른 자연 파괴를 우의적으로 비판하는 수사의 변용은 다르게 말함으로써 작가가 전하고자 하는 의미망을 확충한다. 더하여 동화 《콩쥐팥쥐》와 전래동요 〈두껍아, 두껍아〉를 인용해 "선량하고 우직해 영악하거나 간사스럽지 못한" 두꺼비를 금욕주의자이자 무소유를 실현한 객체로 묘사한 반면 인간을 "루이뷔똥"에 비유해 금전만능 혹은 개발 광풍의 욕망에 허덕이는 존재로 격하한다. 이 같은 방식으로 세계의 부조리한 현상을 우회적으로 비판하는 그의 작품을 읽다 보면 계몽주의 시대 사회에 퍼져 있는 부조리한 실상을 화풍에 담은 고야의 시선이 연상되기도 한다.

③은 금관가야의 마지막 왕인 구형을 화자로 내세워 역사 인식을 드러낸다. 앞의 두 작품이 무정물과 동물을 화자로 했다면 이 작품은 망자를 화자로 한 데서 차이가 난다. 전쟁의 살육보다는 평화를 택했으나 나라를 신라에 복속시킨 왕이라는 이유로 돌무지무덤에 묻힌 것을 유추한다든가 正史보다는 野史적 입장에서 왕의 자책과 회한의 어조로 역사를 재인식한다. ①과 같은 모놀로그 형식으로 죽은

왕의 고백적 언술을 통해 승자 관점의 역사 기록에 대해 암묵적 물음을 던진 것이기도 하다.

2. 욕망의 양가성, 그 이면

욕망에는 욕심과 욕정의 의미를 지닌 욕망慾望과 무엇을 간절하게 바라고 원한다는 뜻의 욕망欲望이 있다. 전자가 부정적이라면 후자는 긍정과 부정이 양립한다. 표의문자인 한자어와의 혼합 언어체계 안에서의 해석일 수도 있겠으나 어쨌든 욕망의 내면에는 침묵과 파문, 안과 밖, 정과 부정, 대립과 비대립이 혼재한다. 고경서의 시적 묘사에 대한 천착 역시 기존으로부터 비켜서고자 하는 과정으로써 새로움을 향한 대립이자 욕망의 도발이라 할 수 있다. 관찰자적 입장에서 서술된 〈솟대가 운다〉에서는 대리운전기사를 솟대에 비유해 그의 심리를 추리하면서 "욕망의 과적" 혹은 "신화 속 이카로스가 밀랍의 날개로 태양을 향해 돌진하듯 욕망을 멈출 수 없었으리라"며 욕망을 탐색한다. 또한 홍옥을 시詩에 은유해 "내밀한 욕망으로 감성을 자극"(〈홍옥은 시다〉)하는 것으로 표현하기도 한다. 더하여 "욕망의 포식자로서 투기 또한 먹이사슬"(〈두껍아, 두껍아〉)이고 "감투가 많으니 세상에 관여한 욕망과 승부욕이 강해 보인다"(〈애기똥풀도 명함이 있다〉)며 세속에 물든 인간의 모습을 묘파하기도 한다. 이뿐 아니라 상당한 분량의 "욕망"이 작품 곳곳을 관류하는데, 고경서의 욕망 의식은 소거의 대상인 동시에 상상의 동력으로 작동한다는 데서 양가적이며 그에 따라 환기되는 묘사는 상당 부분 역동성을 함의하고 있다.

> 바닥은 지금 번득이는 눈으로 자신이 쳐놓은 덫에 뭔가 걸려들기를 기다리는 중이다. 앞다퉈가던 생명체가 발을 헛디뎌 고꾸라지거나 미끄러져서 허우적대면 득의만만한 미소를 짓는다. (중략) 끝없이 팽창하는 욕망을 주체하지 못하고 자멸로 이끄는 선봉자가 아니라면 구세주인가. (중략) 인간이 욕망을 다 보여주지 않듯 바닥도 깊은 속내를 꺼내지 않는다.
>
> — 〈바닥론論〉에서

고경서에게 바닥은 겸손을 내장하는 공간이면서 비상(상승)의 욕망이 내재된 양가적 공간이다. 태생적으로 바닥을 떠날 수 없는 지렁이에 한 사내의 죽음을 겹쳐놓음으로써 입체적 사유를 추동하는가 하면 지렁이처럼 바닥의 인생을 살아갔을 사내에 관한 신문 기사를 엇걸어놓음으로써 다시는 돌아올 수 없는 레테의 강을 건널 수밖에 없었는지를 유추한다. 아울러 자의식을 탐색하기도 하고 사회의 그늘진 곳에 물음을 놓아 리얼리즘을 형상화하면서 삶이 곧 문학이라는 작가 의식을 보여주기도 한다. 인간과 동물의 정황을 연상할 수 있도록 장치한 알레고리 기법의 얼개가 일방적이지 않은 고경서의 〈바닥론論〉은 "인간이 욕망을 다 보여주지 않듯 바닥도 깊은 속내를 꺼내지 않"기에 사내도 "단 한 번의 실족으로" 세상의 권력이라든가 명예로부터 밀려났을 것이라 추측한다. 이때 바닥은 세상의 중심이 아닌 바깥의 존재들이 거하는 장소로 환기된다. 그렇기 때문에 더 이상 내려갈 수 없는 바닥은 그 상대적 개념인 천장을 자연스럽게 소환한다. 불확실성에 은닉된 가능성 때문에 생은 희망을 추출할 수 있다는 것으로, 권력의 바깥 혹은 쫓겨난 존재들의 거소는 바닥이지만 긍정의 에너지가 위치하는 곳은 곧 천장이라는 암유가 그것이다. 즉, "바닥은 천장"이라는 은유에는 승화가 내재한다. 이 같은 물리적 사유의 행간에는 〈허공〉이라는 공간이 자리한다. 상승하려는 "인간의 욕망과 은밀히 결탁한 허공이 도전 의지를 보여주는 공간"으로 작동하는 것이 그것인데, 그 "허공"은 심덕 좋은 대상으로 의인화되면서 또 하나의 심층 공간으로 형상화된다. 일테면 그 허공은 "뭇 생명체들의 길이요 생명"인 동시에 바닥과 천장을 연결하는 대립 혹은 비대립적 언표의 양가적 공간으로써 욕망을 위한 희망의 공간이 되기도 한다.

이처럼 고경서의 수필집에는 "욕망"이라는 어휘가 현시적 또는 묵시적으로 상당 부분 대상화 되고 있다. 그 욕망의 기표들은 〈사진은 간헐적 그리움이다〉에 현시된 "무지갯빛 욕망" 외에 대부분 부정을 존재근거로 운용하면서 긍정을 배면한다. 라캉은 금지와 배제 원리에 따라 욕망을 부정으로 취급한 기존 윤리 인식에 균열을 가하는데, 이는 욕망의 긍정적 윤리를 적용한 정신분석적 관점의 해석이다. 하면, 고경서의 욕망 거개는 부정의 관념을 깨쳐 긍정으로 환원된다는 점에서 라캉의 욕망이론을 배태하기도 한다. 〈바닥론論〉에 거론된 바닥 역시 부정의 기표를 지닌 채 세상의 중심재로서 기능하기보다 바깥으로 밀려난 부류를 겨냥한 메시지일 것인 바, 바닥을 응시하고 관조하는 고경서의 사유에는 부정의 역설에 따른 긍정과 희망이 적층되어 있으며 문학적 상상을 통한 카타르시스의 정서가 배회한다.

3. 의미 바깥의 해시태그들

소셜 네트워크상의 검색을 편리하게 해주는 기호로 시작된 해시태그(Hash Tag)는 일상의 관심사에서부터 사회적 이슈까지 아우르는 문화 현상으로 진화했다. '기호hash'를 '묶는다tag'라는 어원 그대로 시간을 달리하여 각기 흩어져 있던 사유를 묶어낸 고경서의 《감성어 낚시》는 시대의 문제를 거론하기도 하고 내면적 성찰에 닻을 내리기도 한다. 그 과정에서 상상은 경계와 탈중심의 미학에 주목한다. 그 방법적 기제는 물활론에 기인한 의인화와 비유적 상상력이다. 공감각 시적 문장과 묘사가 대상을 향해 긴장의 끈을 놓지 않는 가운데 상상의 세계를 추찰하며, 시적 지향성에 따른 사유의 굴절은 고정성에 파격을 시도한다. 고유어와 한자어의 조율, 언어의 유희, 구성의 변용, 은유적 문장의 부림 등은 일상성에 변주를 가하거나 전복을 꾀하는 에너지로 기능한다.

무엇보다 화자의 변이를 통한 창작 방법을 모색함으로써 수필의 지경을 확장하는가 하면 욕망하는 주체의 표상에 상징적으로 접근한다. 이때 욕망의 거처는 허공과 바닥의 사이 혹은 틈이다. 그곳은 의미 바깥의 존재들이 침묵과 파문의 양가적 욕망을 거느린 채 끊임없이 유동하는 곳이다. 말하자면 북해의 작은 물고기 곤이 적토성산, 적수성연, 적후지공하여 대붕으로 성장해 존재의 전환이 일어나는 것과 같은 맥락으로써 고경서의 내면에 흐르는 상상은 욕망하는 주체의 승화 과정에 따른 바깥의 미학이라 하겠다. 주목할 것은 이 같은 고경서의 시적 묘사와 비유는 기존 수필 문학의 패러다임에 대한 저항이 내면화되어 있지 않으면 쉽게 표면화될 수 없다는 것이다. 이는 평범함으로부터 벗어나고자 하는 작가의 의지가 문학적 감각화를 부추기는 치열함이라 할 수 있겠다. 예컨대 프랑스 초현실주의자였던 앙드레 브르통(A. Breton)의 눈에 비친 사실주의자들은 비난의 대상이었다. 그의 눈에 사실주의자들은 메시지의 노예이거나 외양을 보고 베끼는 재현 또는 보고서와 같은 문체의 사람들이었기 때문이다. 앙드레 브르통(A. Breton)의 시선으로 볼 때 고경서의 메타포는 수필 문학의 깊이와 다양성 차원에서 상당 부분 긍정적이라 할 수 있겠다. 이를테면 하나의 목소리는 고음을 낼 수 있지만 아름다운 선율은 될 수 없는 이치와 같다. 하면 고경서 수필가의 작품에 간혹 엿보이는 수사의 불일치는 화음을 위한 과정으로서의 '몸살' 같은 것이라 하겠다. 그렇다하더라도 염두에 두어야 할 것은 묘사와 시적 표현들이 '말'의 성찬에 머무는 것이 아니라 전체 맥락에 매끄럽게 녹아들고 유기적으로 기여되어야 할 것이다.

결론적으로 문학의 본령은 스스로 살아 움직이는 무엇이라 볼 때 수필의 본질이 훼손되지 않는 범위에서 수사의 변용과 통찰, 세계에 대한 탐구적 차원에서의 미학 추구는 수필 문학의 깊이를 있게 하는 과정일 것이다. 따라서 고경서의 《감성어 낚시》에 낚인 문체는 수필 문학의 지경을 넓히는 과정이라 판단되는 바, 그녀의 작품 골골을 유영하는 물활론적 사유와 비유적 상상과 상상력 기저에 자리한 양가적 욕망의 오브제를 들여다보는 일은 유의미하다 할 것이다.

02

외딴방의 아리아

– 김정화 《새에게는 길이 없다》·《하얀 낙타》·《가자미》

1. 형식의 변주

김정화의 수필은 일률적이고 익숙한 형식을 경계한다. 기존 세계가 해석해 놓은 인식의 틀에 안주하기보다 이로부터 멀어지고자 하는데 이는 외딴방으로부터 새어 나오는 소리의 낯섦과 같다. 마치 헨리 데이비드 소로의 《월든》에 등장하는 숲의 오두막 같은 외진 사유는 김정화만의 아리아를 있게 한다. 이 때문에 그의 수필 몇몇은 선율이나 리듬에 변화를 주듯 형식의 변화를 꾀한다. 이때 수필의 원형이 흔들릴 수도 있겠으나 암시 또는 암유 등 언어적 기법으로 수필의 본질을 유지한다. 일테면 수필이 지닌 자율성이자 한계성을 나아감과 멈춤을 통해 안정감을 꾀한다.

미국의 신비평가인 클리엔스 브룩스는 《잘 빚은 항아리》에서 문학의 형식과 내용의 조화를 언급한다. 그의 말처럼 형식과 내용은 어느 하나가 어느 하나를 종속하거나 구속하는 관계가 아닌 서로의 속성을 인정하는 가운데 언어의 자율성을 획득하는 관계인 것이다. 물론 과거 문학사에서 형식을 강조한 예도 있었고 내용이 먼저라는 주장도 있었으나 이 같은 논쟁은 차치하고 형식과 내용의 관계에서 어느 쪽이 부실하거나 부재하면 완성도가 미약하거나 무의미한 작품이 되게 마련이다. 이러한 이유로 둘의 관계를 대립과 갈등이 아닌 조화와 상생으로 보는 것이다.

김정화 수필의 형식적 특징 역시 이 같은 맥락에서 접근할 수 있다. 기표로서의 형식과 기의로서의 내용의 관계가 상생의 의미를 내포한다. 이때 숫자 三과 만나게 되는데 예로부터 숫자 三은 대립과 갈등을 무화시키는 상생의 수로 해석했다. 우리 민족 고유의 경전인 《천부경》과 《삼일신고》, 《참전제경》의 마음을 밝히고 세상을 밝힌다는 천 · 지 · 인 삼재에 투영된 조화와 상생은 세 경전의 요체이다. 三을 우주 만물을 나타내는 기본수로 본 사상이다. 또 三은 단군 숭배 사상을 기초로 하는 대종교의 삼위일체(환인, 환웅, 환검) 사상과 만물이 시작하는 수를 三이라 한 노자 《도덕경》과 불가의 법신 · 보신 · 응신의 삼불三佛 사상과 기독교의 성부 · 성자 · 성령도 三이라는 숫자에 내재된 자성의 원리가 담겨있다. 이외에도 샤머니즘에서는 금성, 해, 달의 세 신령三神靈을 의미하는 삼신三神을 신앙의 주신으로 삼는다. 이렇듯 장구한 세월 속에 숫자 三은 종교적 철학적 영향으로 우리 삶 속에 다양한 모습으로 스며있다. 가령 '삼세번', '세 살 버릇 여든까지 간다.' 등 속담의 형태 또한 그 밖의 언어로 나타나고 있다. 이는 시작을 의미하거나 하늘을 의미하는 1과 대립이나 갈등 또는 분열을 내포하는 부정적 인식의 수인 2를 3이 조화롭게 한다는 상징으로써 김정화의 의식에 투사된 자율성의 아리아이기도 하다.

이러한 三의 변주는 김정화 문학의 한 형식으로 드러난다. 그 방식은 암시적 프롤로그를 적시하거나 시詩를 서막으로 인용하는 변주를 시도하는 가운데, 의미를 배면에 둔 三의 형식은 일률적 구성이 주는 시각적 단조로움을 상쇄하는 것은 물론 문학의 형식미까지 아우른다. 이 같은 형식의 자유로움은 등단 이후부터 최근 작품집에 이르기까지 두루 편재한다. 이에 三의 변주 형태를 띠는 김정화의 작품들을 살펴보고 아울러 희곡적 형식을 띠는 작품 역시 포괄적 의미에서 형식의 변주에 해당하므로 본고에 포함하기로 한다. 그의 수필집 1, 2, 3권과 선집 2권, 그리고 비평집 중에서 선집과 비평집은 제외하고 1집 《새에게는 길이 없다》, 2집 《하얀 낙타》, 3집 《가자미》가 이 평문의 대상이다.

2. 발효의 언표 방식

구슬이 서 말이라도 꿰어야 보배라는 속담이 겉 뜻과 속뜻을 지니는 것처럼 숫자 三에는 언어기호로서의 기표와 상생의 기의적 의미가 있다. 젓갈이 소금과 섞여 삭힘의 과정을 거쳐 목적물(발효음식)로 거듭나는 것처럼 三의 형식에 조화의 의미가 내장되어 있다. 이때 三은 대립과 갈등의 이분법적 논리를 초월하는 발효의 언어라 하겠다. 이러한 해석의 바탕에는 고대로부터 전해 내려온 우리 민족 고유의 경전과 민간 신앙에서부터 근대 서구사상에 이르기까지 종교, 철학 등 인문적 영향이 놓여 있다. 이처럼 우리의 의식 밑바탕에는 三이라는 숫자에 대한 긍정의 인식이 자리한다. 이 같은 인식이 김정화 수필의 형식적 특징에도 흐르고 있다는 추론이 가능하며 세 개의 챕터 또는 세 개의 이야기로 구분하는 형식에서 남다른 의미가 발효된다.

> "어머니가 왜 좋았어요?"
>
> 한동안 먼 산만 올려보던 아버지가 가만히 입을 열었다.
>
> "그냥 좋더라."
>
> — 〈압언壓言 1 – 그냥 좋더라〉에서

> 아이는 몇 걸음 딛다가 뒤돌아보고 또 뒤를 돌아보고 반복하였다. 아버지는 연신 손사래를 쳤다. 아이의 뒷모습이 보이지 않을 때까지 아버지는 묵묵히 서 있었다. 그 모습은 하나의 준엄한 목소리였다.
>
> — 〈압언壓言 2 – 계속 가거라〉에서

> 뼈째 삼키는 것. 그것은 갈치에만 해당하는 말이 아니다. 밥 그릇의 한 톨 밥알도 남기지 않는 세심, 두꺼운 고전을 끝까지 읽어 내는 끈기, 마라톤을 완주하는 집념. 무슨 일이든 온 힘을 다해 야무지게 하라는 말임을 이제야 깨닫는다.
>
> "뼈째 삼켜라."
>
> — 〈압언壓言 3 – 뼈째 삼켜라〉에서

〈압언壓言 1~3〉은 3집 《가자미》에 실린 작품으로 아버지와 관련한 이야기를 세 가지 소주제로 구성하고 있다. 〈압언壓言 1 – 그냥 좋더라〉는 가래떡처럼 길게 늘어선 방앗간 풍경 이야기와 "이삭 국수를 집어들던" 것을 언급한다. 더하여 "읍내 술도가에서 받아오던 양은주전자 속 막걸리의 텁텁한 냄새"와 "아랫목 콩나물시루에서 물 떨어지던 소리, 약식 고두밥을 한 움큼 집어먹던 찐더운 서리 맛 정짓간 시렁 위에 차곡히 쌓여 있던 보시기들"은 그냥 좋았던 것들이었다며, 가난한 시절의 따뜻한 기억을 손잡아온다. 이어서 아버지에게 어머니가 좋은 이유를 묻자 한동안 먼 산을 바라보다가 "그냥 좋더라." 라고 대답한다. 여기에는 꾸밈이 없다. 무엇을 무엇이라 하지 않는 '그냥'의 기표에는 논리나 증명이 필요하지 않다. 존재 그 자체로 그냥 그곳에 있을 뿐이다. 있는 그대로의 의미를 되새기게 하는 첫 번째 압언으로 사랑이라는 추상을 보여주기 방식으로 구체화해 전언한다. 누군가를 향한 마음이야말로 이유가 없을 때 가장 진실한 것이라는 것을 이면에 배치한 작품이다.

〈압언壓言 2 - 계속 가거라〉는 변변한 우산 하나 제대로 가질 수 없던 어린 시절, 아버지가 만들어준 요소비료 포대 비옷이 정서적 상관물로 등장한다. 비가 오는 날이면 "아버지표 우의를 입고 비닐 모자를 푹 눌러써야만 했"던 작가는 그때마다 "고개를 숙이고 내키지 않는 걸음을" 옮긴다. 아버지는 작가의 유년이 "보이지 않을 때까지" 묵묵히 서 있었고 그것은 작가에게 압언壓言이 되었다. 딸을 바라보던 아버지의 모습은 말 없는 말로 그 어떤 말보다 강한 내포를 지니며 부제인 "계속 가거라."와 맞닿아 지금의, 김정화의 길이 된다.

〈압언壓言 3 - 뼈째 삼켜라〉는 갈치구이에 관한 이야기로 아버지의 잠언과도 같은 말씀이 이야기를 관통하고 있다. 작가가 말이 아닌 '말씀'이라고 하는 것은 "뼈째 삼켜라"라는 문장이 언표로서의 의미를 넘어 작가에겐 전 인생을 밝히는 등불과도 같기 때문이다. 노릇하게 구운 갈치구이가 입맛을 돋운다는 도입을 지나 갈치를 잘 먹지 못하던 어린 시절 기억 속 갈치를 소환한다. 여기에는 사연이 있다. 가난한 시절 갈치구이 냄새는 손님이 온다는 징조였고 그날도 5촌 아재의 밥상에만 갈치구이가 오른다. 어린 김정화는 자신도 모르게 군침을 삼켰고 아재는 반을 뚝 잘라 작가의 밥그릇에 올려준다. 그 모습을 지켜보았던 아버지는 아재가 돌아간 후 갈치 한 토막을 구워 잔뼈까지 꼭꼭 씹어 삼키라고 한다. "자디잘게 가루가 되도록 씹고 또 씹었지만, 매번 목으로 넘어가는 것은 고인 침이었"기에 그땐 먹는 것을 포기했지만 세월이 흘러 뼈째 삼키는 일은 갈치에만 국한되는 것이 아니라 삶 전반에 점철된 진리 같은 것임을 작가는 깨닫는다. 어찌 작가만의 성찰이랴. 이 같은 경험의 상징적 투사는 불특정 독자를 향한 메시지이기도 할 것이다.

〈압언壓言〉 시리즈는 아버지에 관한 회억을 뼈대로 3개로 나눈 형식과 거기에 담긴 내용이 견고하게 엮여 있다. 이 작품의 각 편에 붙인 부제들이 5음절로 통일된 것과 어미 '-더라'와 '-라'의 취사가 리듬을 형성함으로써 형식미를 아우르는 동시에 '三'의 기의적 의미를 추출할 수 있기에 깊이를 더한다.

> 님은 갔습니다. 아아, 사랑하는 나의 님은 갔습니다. / 푸른 산빛을 깨치고 단풍나무 숲을 향하여 난 작은 길을 걸어서 차마 떨치고 갔습니다. / 황금의 꽃같이 굳고 빛나던 옛 맹세는 차디찬 티끌이 되어서, 한숨의 미풍에 날아갔습니다.

그대는 봄비처럼 깊게 울어본 적이 있는가. 시 한 구절로 마음 자락 젖어본 날이 있는가. 만가 같은 이별시에 참고 참은 심곡心谷이 터져 버린 밤이 있는가.

이별 하나 - 통곡痛哭

삼십 년 전 겨울 동짓날로 거슬러 올라간다. 한뎃솥 가득 팥죽을 끓이라는 주문에서 예순 인생을 접는 마지막 눈빛을 읽었다.

이별 둘 - 통절痛切

그 후 몇 달 뒤에 다시 찾아온 이별은 전혀 예상치 못했던 일이다. (중략) 그리운 자식들의 "운명의 지침을 돌려놓고 뒷걸음쳐서" 갈 수밖에 없는 망자는 제대로 눈을 감지 못하였지만, 어미를 보낼 수 없는 어린 자식들은 차마 똑바로 그 얼굴을 쳐다보지 못했다.

이별 셋 - 통증痛症

말 못하고 가슴 찢기는 아픔이 연의 끈을 놓쳐 버린 생이별이란 것을, 어디엔가 있을 "님의 침묵" 때문에 등줄기를 타고 내리는 절망의 무게가 체념할 수 없는 마음을 짓누른다.

— 〈'님' 따라기 - 그러나 "님은 왔습니다."〉에서

〈'님'따라기〉(1집 《새에게는 길이 없다》)는 -그러나 "님은 왔습니다."라는 부제와 함께 한용운의 〈님의 침묵〉 앞부분 3행을 프롤로그 형식으로 인용한다. "그대는 봄비처럼 깊게 울어본 적이 있는가."라

는 자조적 물음으로 본문을 연다. '그대'라는 인칭대명사는 작가 개인의 경험이 독자에게 직접적으로 전이된다. 1장 "이별 하나–통곡痛哭"은 아버지의 죽음을 애통해하고, 2장 "이별 둘–통절痛切"은 어머니의 죽음으로 애가 끊기고, 3장 "이별 셋–통증痛症"은 "연緣의 끈을 놓쳐 버린 생이별"의 애고를 얘기한다. "님은 갔지마는 나는 님을 보내지 아니하였습니다."라며 이별도 '있음'의 현상이 된다. 보냈지만 보내지 아니한 자아의 내면은 역설의 논리로 "'님'따라라기"도 "공즉시색空卽是色"이 아닐지 물으며 통곡과 통절과 통증을 구조화한다. 이러한 형식에 곁붙인 제목 〈'님'따라기〉에서 '님'은 작가 개인의 '님'에서 다수의 '님'으로 객관화된다. 《천부경》의 '일즉삼一卽三, 삼즉일三卽一'의 '三一'사상과 맞닿으며, 三이라는 숫자에 내재한 화기와 화합을 내장한다. 부모에 대한 회억을 통해 세계와 자아가 갈등하던 모습이 자기 자정을 통해 발효된 것이다.

〈끈〉 또한 세 개의 이야기를 끈의 의미와 연결한 작품이다. '이야기 하나'는 작고 수필가 허천과 오영재 화백의 이야기로 아침나절부터 저녁나절까지 함께 있으면서도 별말 없이 지내면서 서로의 존재를 잊어버릴 정도로 편안한 두 사람의 관계를 작가는 "완벽한 합일"을 이루는 관계로 상정하고 "마음의 끈으로" 묶어야 하는 우정의 끈에 대해 언급한다. '이야기 둘'에서는 이제 산문山門에 든 행자승과 노승의 선문답 같은 불가의 이야기가 등장한다. 보이지 않는 짐을 내려놓으라는 노승의 말을 행자승은 알아듣지 못한다. 작가는 이를 "세속의 끈, 마음의 짐"이기에 "버려야 할 끈"으로 해석한다. '이야기 셋'에서는 어느 부자가 아끼던 시계를 잃어버리고 찾을 수 없게 되자 아이들을 불러 시계를 찾으면 용돈을 주겠다고 제안한다. 아이들이 시계를 찾느라 야단법석했지만 찾지 못하고 돌아간 후 한 아이만 끝까지 남아 조용한 가운데 시계 초침 소리를 듣고 그 시계를 찾았다는 일화를 통해 침묵의 소리를 들을 수 있는 마음세계를 강조하며 "가려야 할 삶의 끈"에 대해 언급한다. 이처럼 끈이 지닌 의미를 '우정의 끈', '세속의 끈', '선택의 끈'으로 구성한 세 개의 형식으로, 이때 三의 언표는 자아와 세계, 대상과 대상 사이의 화합을 이면에 둔다.

3. 내면의 좀생이별

무가에서는 새벽별(금성)과 해와 쪽달이 만나는 춘분과 추분에 좀생이혼이 내린다고 한다. 이러한 현상을 관측할 수 있는 곳은 올림포스 전망대로 특별한 위도뿐이기에 고고학자들은 새벽별이 다니는 곳을 황금벨트(golden belt)라고 부른다. 빛(해)과 그림자(달)는 대립과 갈등과 모순을 지닌 상극관계이지만 민간신앙에서는 이들이 새벽별과 함께 셋이 한 자리에 모이는 춘분과 추분이면 화합의 기운을 발한다고 믿는다. 좀생이별은 이러한 민간신앙 차원의 의미를 지닌 새벽별의 시녀별로 육성六星을 말하는데 여기에는 신앙 속 숫자 三을 토대로 화합과 상생의 의미가 들어있다. 우주 운행의 원리로 볼 때 김정화의 새벽별에 대한 지향은 비상이거나 마음에 새긴 '돌편지'일 것 같다. 그러한 의식이 내재한 작품 속으로 들어가 보자.

〈비飛〉는 '흔적 지우기', '시선 너머', '솟대가 된 새'라는 세 개의 챕터로 나누어 이야기가 진행된다. '흔적 지우기'에서는 영양실조로 죽음 목전에서 사람의 손에 구해진 낙동강 독수리의 모습을 보며 인간의 환경 파괴에 대한 질책과 하늘로 돌아갈 수 없는 새에게서 "낙오자의 삶이 얼마나 기막힌 일인지"를 토로한다. '시선 너머'에서는 티베트 설산을 배경으로 검독수리 대형 맹금이 시체에 내려앉는 장면과 함께 티베트 민족 장례문화의 천장의식을 함께 해온 독수리의 생을 언급한다. 이때 "독수리의 입은 하늘로 이르는 문門"이라는 사유를 도출한다. 독수리가 이승과 저승을 매개하거나 이어주는 존재라는 인식은 다시 '솟대가 된 새'의 챕터로 이동한다. 죽음 목전의 독수리 눈동자에 비친 자신의 모습에서 지난한 삶을 떠올리며 "신과 인간 사이에서 비상을 꿈"꾸는 솟대가 되어버린 새로 치환한다. 화자의 마음이 솟대를 흔들자 새가 "날개를 퍼덕이며 하늘로 솟구치"고 그림자는 지평을 흔드는 것 같은 착시를 느낀다. 솟대 위의 새는 곧 자아의 내면으로 전이되어 비상을 꿈꾼다. 말하자면 현재(낙동강), 과거(티베트), 다시 현재(낙동강)로 이동하는 구도로 작가의 문학의 별은 좀생이별로 연결된다.

> 세상의 모든 물상은 편지다. 자연이 인간에게, 인간이 자연에게, 인간이 자연에게 띄우는 언어의 문양. 그래서 그들은 어떤 물건이든 흔적과 자국을 새긴다. (중략) 나는 때때로 편지를 읽고 싶을 때 불멸의 문양을 찾아 길을 나선다.
>
> 바위산을 돌아

세상에서 가장 큰 돌을 찾아 떠나는 여행길이다. 틈틈이 선돌의 설화를 듣고 석벽의 모양새를 눈에 담았다가 마음조차 단단해지자 용기를 내었다. 지구의 중심에 있다는 호주의 에이즈락을 찾아 배낭을 멨다.

돌벽을 지나

역사의 병풍이다. 돌에 새겨진 회랑의 그림은 멸망한 크메르 왕국의 실록이자 대서사다. 사원 안 벽면 전체에 파노라마처럼 펼쳐진 부조는 전쟁과 왕국의 역사를 전해준다. (중략) 어느 나라에서든 황제의 역사는 사라지고 도공의 예술은 남기 마련이다. 인간이 인간에게 보내는 묵언의 편지 앞에서 나도 모르게 눈시울을 적신다.

바위 그림 앞에 서다

멀리 암각화가 물 위에 모습을 드러낸다. 반구대를 반월로 감싼 사연호에는 가을 산이 반쯤 내려앉아 있다. 수직의 절벽에 새겨진 고대 짐승들도 산 그림자와 어우러져 물결에 출렁인다. (중략) 고대인들은 왜 바위그림을 그렸을까. 아마도 인간이 원하는 것을 바위에 새겨 신과 소통하고자 하였지 싶다.

나는 또 다시 돌편지를 찾고자 지도를 펼쳐든다.

— 〈돌편지〉에서

〈돌편지〉는 서막의 형식으로 돌편지를 찾아 떠나고, 1장 '바위산을 돌아', 2장 '돌벽을 지나', 3장 '바위 그림 앞에 서다', 그리고 끝은 돌편지를 찾고자 지도를 펼쳐드는 것으로 마무리 짓는 기행수필이다. "자연이 인간에게, 인간이 인간에게, 인간이 자연에게 띄우는 언어의 문양"을 바위에 새긴 '돌편지'로 은유한다. 호주 에이즈락의 거대한 바위산에 새겨진 문양이 잊힌 전설을 호명하게 하는 1장과 석공의 숨결이 느껴지는 회랑부조에서 크메르인의 삶을 읽고 황제의 역사는 사라지지만 도공의 예술은 남는다며 "인간이 인간에게 보내는 묵언의 편지"에 감동하는 2장을 지나 3장은 반구대 암각화에 관한 것으로 바위 그림에 관한 편지다. 공간과 시간의 이동을 3장으로 나눈 내용이 〈돌편지〉로 합일된다. 베일 뒤에 가려진 신부의 얼굴이 더 신비롭고 아름다운 것처럼 가림의 미학을 추구하는 〈돌편지〉는 은유에 의한 지적 유희 또는 주지적 언술이 보이는 작품으로, "불멸의 문양을 찾아 길을 나선"다는 여행의 목적 배면에 작가의식이 암유된 작품이다. 돌에 새긴 글자들은 일차적으로 고대인들의 희원이지만 이차적으로는 불멸의 문양에 대한 작가의 희원이다. 여행지에서 혹은 회랑에서 혹은 바위 그림 앞에서 작가의 내면에 새긴 불멸의 언어는 좀생이별을 향한 작가의 지향으로 수렴된다.

〈해풍海風과 문풍文風의 멋〉(– '고산'을 읽다)은 '1. 직신直臣의 삼성대', '2. 황학대에 부는 옛 소리', '3. 고산의 도道와 문文'으로 구성해 이야기를 이끌어 간다. '고산을 읽다'라는 부제에서 알 수 있듯 이 작품은 고산 윤선도에 대한 작가의 인식을 세 개의 챕터로 나누어 펼친다. 조선사회의 부패를 논쟁하거나 상소한 선비였기에 유배를 반복하는 고초를 겪은 고산의 기개와 절개를 칭송한다. 평론과 수필의 중간 형태로서 숫자 三에 대한 무의식이 반영된 작품으로 고산의 유배지를 지키던 동해 남부선의 간이역 '일광역'이 사라지고 "포구의 갈매기들만 고산의 시를 읊듯 끼룩거린다"는 진술에서 문인으로서 옛 문인을 예우하지 않는 사회에 대한 아쉬움이 묻어난다. 〈에스프리의 섬광〉(– 玄石 선생의 외로운 문학비) 역시 〈해풍海風과 문풍文風의 멋〉('고산'을 읽다)과 같은 구성으로 '1. 어둠과 고요', '2. 먼지 같은 삶', '3. 글과 사람'으로 나뉜 3장 형태를 띤다. 내용은 대신공원 편백 숲 초입에 자리한 작고 수필가 김병규 선생의 문학비를 찾아간 이야기다. "관심을 두지 않으면 산계곡의 여느 암석이나 다를 바 없"이 잡목과 수풀에 가려져 허술하게 방치되어 있는 김병규 선생의 시비에 서려 있는 외로움을 묘사하고 아쉬움을 토로하면서 선생의 일생과 작품 세계를 설명한다. 이때 문장은 은유와 이미지를 곁들인 간결체가 글의 힘을 느끼게 하며 간혹 문장의 리듬을 가미하듯 만연체가 혼합되어 김정화만의 문체를 형성한다.

그 외에도 〈영화 이야기, 하나 – 운명을 사랑하라, '토리노의 말'〉, 〈영화 이야기, 둘 – 힘들 때는 울어라, '인사이드 아웃'〉, 〈영화 이야기, 셋 – 끝나지 않은 세월, '지슬'〉은 그 접점이 무거움의 이미지로 통일된다. '토리노의 말'에서 작가는 운명에 거부하지 말 것을 권유한다. 그것은 영화 속 말馬에 대한 연민에서가 아니라 절망에 빠진 인간에게 던지는 작가의 말이자 감독의 전언이기도 하다. 두 번째 영화 '인사이드 아웃'에서는 사춘기 소녀의 머릿속 공간이 배경인 영화에서 상상력을 이끌어내는 것으로 작가는 위안을 삼는다. "울면 눈물 대신 사탕이 뚝뚝 떨어지는 상상의 친구 분홍색 코끼리 빙봉"이라는 캐릭터가 영화 속 소녀에게 힘들 때 기대고 싶은 대상이듯 작가에게도 그러한 대상으로 동일시된다. 세 번째 영화는 제주 4 · 3 사건을 다룬 영화 '지슬'이다. 작가는 영화가 이념을 시각화하기보다 학살의 참혹함을 알리고 역사의 상처를 통합하는 데 집중하고 있음에 주목한다. 그러나 부제에서 말하고 있듯 역사는 "끝나지 않은 세월"이라는 것에 방점이 있다.

따라서 三은 김정화의 무의식의 흐름과 같은 기능을 하는 메타포로서 문학을 향한 내면의 졸생이별로 치환되는데, 三의 형식에 대입한 내용이 의미의 굴절을 통해 수필의 폭이 확장된다.

4. 포괄적 허용

작품 〈여〉는 희곡 형식을 차용한 예이다. 三이라는 숫자의 상징은 아니지만 형식의 변주를 시도한 예이다. 여기에는 일신우일신日新又日新의 정신이 배어있다. 집필 과정에서 오는 매너리즘을 해소하기 위한 작가정신이 묻어나는 작품으로 수필에 희곡의 형식을 도입한 것은 문학 장르 간의 교섭이라 하겠다. 물론 전통적 수필 양식을 고수하는 측면에서는 허구와 사실의 구분을 염두에 두기 때문에 이 같은 장르 간의 교섭이 어색할 수 있다. 하지만 수필의 문학성과 미래지향적 차원을 강조하는 최근의 수필은 퓨전수필을 지향하는 추세이다. 이는 말할 것도 없이 수필의 본향을 유지하는 가운데 시도하는 변주이거나 변형일 것이다. 본고 역시 三의 형식 외에 이 작품을 포함시킨 것은 형식의 변주 차원에서 포괄적 허용인 셈이다.

* 프롤로그 – 서정주님의 〈무등無等을 보며〉를 읽으며 내 '바다의 무등'을 생각하다.

빈처貧妻 : 어. 머. 니.

나보다 더 오랜 잠에서 잠시 깨어나 보셔요. 오늘처럼 잔월이 뒤늦게 핀 꽃을 비추는 밤이면 으레 그날이 생각나곤 합니다. 기억하시는지요. 아득한 옛일이지만 잊을 수 없는 운명의 순간이었지요. 그 사람의 전갈을 받고 담담하게 옷매무시를 가다듬었으나 쉴 새 없이 요동쳐 내리는 가슴을 진정하느라 진땀을 흘렸지요.

빈처의 母 : (???)

(중략)

빈처貧妻 : 어. 머. 니.

오늘, 당신이 한번도 본 적 없는 제 딸의 손을 빌려 그동안 묻어둔 마음을 조금이나마 풀어놓으려 합니다. 지금은 백토가 되었을 당신에게 뒤늦은 사죄를 올리니 이제 아픔의 그늘 거두어 편히 잠드셔요.

* 에필로그 – 물 속에 잠겨 있다가 썰물 때만 물 위에 나타나는 바위를 '여'라고 하듯, 나에게 '여'는 마음이 침잠할 때 드러나 나를 일으켜 주는 어린 시절 외딴집의 기억이다. 나는 매일 아침마다 나의 '여'를 찾

아 바다의 무등에 숨은 해안 비탈길을 걷는다.

—〈여〉에서

〈여〉는 부모의 이야기를 의미화한 작품으로 형식과 내용의 결합이 잘 빚은 청자 같은 작품이다. 희곡의 형식을 취한 것은 작가(수필적 자아)의 어머니를 화자로 등장시켜 살아생전 못다 한 이야기를 화자의 어머니에게 들려주기 위함이다. 기실 작가의 어머니인 '빈처貧妻'가 화자로 등장해 '빈처의 母'(작가의 할머니)에게 이야기하는 구조이지만 숨은 화자는 작가인 셈이다. 말하자면 작가의 기억 속에 투사된 부모의 운명적 만남과 작가의 외딴집에 대한 기억이 '여'를 매개로 구성된 이야기다. 소작농의 딸이었던 어머니와 그 주인집 지아비였던 아버지의 신분의 격차를 뛰어넘은 사랑을 달리 구조화할 수도 있었겠으나 김정화는 희곡의 형식을 차용해 고정화된 형식으로부터의 탈피를 시도한다. 화자를 어머니로 내세운 배면이 암묵적으로 흐르는 이 작품은 희곡의 구조이기에 수필의 토대가 흔들리는 듯 보인다. 하지만 결미에서 "오늘, 당신이 한번도 본 적 없는 제 딸의 손筆을 빌려 그동안 묻어둔 마음을 조금이나마 풀어놓으려" 한다는 것으로 수필의 본질을 훼손하지 않는다. 그러니까 이 수필의 공간적 배경은 돌아가신 어머니와 할머니가 있는 저승이 된다. 저승의 어머니가 이승에 있는 작가의 손을 빌린 구조인 셈이다. 이렇게 볼 때 이 작품은 여러 모로 수필이 지닌 포용력을 활용한 예라 하겠다. 이러한 내용을 물 속에 잠겨 있다 썰물 때만 나오는 바위 '여'의 특성을 살려 작가의 마음 속 바다의 무등으로 치환하여 서술한다. 프롤로그에서는 서정주의 〈무등을 보며〉를 통해 '바다의 무등'을 생각하는 형식을 취하고 에필로그에서는 작가에게 삶의 비타민과 같은 어린 시절 외딴집의 기억을 언급함으로써 '여'를 통한 기억의 항해를 떠난 셈이다. 조모, 부모, 작가 3대가 등장한다는 점에서 3이라는 숫자와도 무관하지 않다.

5. 언어의 주물사鑄物事

김정화는 언어의 주물사鑄物事가 되어 현재와 과거의 시간을 잇대어 형상화한다. 고백의 문학으로서 수필은 과거를 회상하고 그 이면적 주제를 어떤 형식으로 언표할 것인가 고민하기 마련인데 김정화의 방식은 형식의 변주를 통한 의미화의 길로 연결된다. 말하자면 의미를 생성하는 하나의 지류로써 숫자 三의 변주를 통해 그가 해석한 문학의 길이기도 하다.

보편적으로 '三'이라는 숫자는 우리나라에서 복福의 의미로서 긍정을 내포하고 있으며, '三'은 동학의 천 · 지 · 인 사상과도 연결된다. 하늘과 땅, 그 사이에 사람이 존재함으로써 사람 사는 일이 천지의 매개로 작용하고 그 작용들은 여러 양태로 나타나는데, 김정화의 작품 속 三의 변주는 무의식에서 발현된 형식일 수도 있고 의식적인 장치일 수도 있다. 왜냐하면 三의 변주는 우리에게 낯설지 않은 낯선 시도이기 때문이다. 게오르그 루카치가 〈에세이의 본질과 형식〉(《영혼과 형식》, 반성완 · 심희섭 역, 심설당, 1988)에서 "형식은 하나의 세계관이고 하나의 입장이다. 또 형식은 그것이 생겨나는 바의 삶에 대해 갖는 일종의 태도 표명"이라고 언급한 것처럼 김정화의 수필 형식은 작가가 세계를 관조하는 태도라든가 삶에 대한 태도를 반영한다.

이때 발현되는 인식의 빛은 그 본질처럼 일시적 현상으로 멈추지 않고 끊임없이 기존에 균열을 가하면서 내면의 별로 지속될 것이다. 부연하자면 김정화의 내면을 떠도는 문학의 좀생이별은 그의 외딴방에 거주하는데, 이들은 서로 다른 의미를 형성하면서 쇠에서 물이 나고 물에서 나무가 나듯 상생의 자장 안에서 만상을 三의 상징에 대입고자 하는 것이다. 이러한 사유의 아리아는 인간이 홀로 존재하는 것이 아니라 하늘과 땅과 관계로 연결되어 있음을 암묵적으로 보여준다. 예컨대 三의 형식에 이면화 되어 있는 또 하나의 암유이자 변주이다. 수필집 1, 2, 3권에 고르게 편재한 이 같은 형식의 다양성은 김정화의 기억 속 '외딴방'에서 부화된 아리아인 것이다. 그러니까 '외딴방'[1]은 그의 사유가 시작되는 곳으로 자신과의 관계 회복의 방이기도 하며 대상과의 관계에서 오는 애별리고의 고통을 삭이는 방이기도 하다. 그 방에서 탄생한 언어의 음표들이 문학의 오선지에서 음역을 오르내리며 변주된다.

---

1. 외딴방'의 관형사 '외딴'은 《수필미학》 2020년 가을호 '작가 집중탐구' 코너, 김정화 작가론 〈수필의 힘과 위로의 방식〉, '외딴집의 원형archetype'에서도 일정 부분 언급했음을 밝힌다. 당시 청탁 원고 분량의 과다 때문에 '형식의 변주' 부분을 남겨두었다. 여기에 판화적 이미지를 더하여 《수필세계》에서 〈외딴방의 아리아〉로 만날 수 있게 되었다.

03

새로움을 향한 랩소디

– 정희승 《일상예찬》

1. 디히텐, 창의의 산실

새로움은 관습과 기존에 대한 저항이다. 이러한 저항 의식은 정희승의 《일상예찬》을 관통하는 명제이자 창작 정신이다. 그의 문학은 간접 경험을 통한 내적 사유와 대상을 통한 경험 사색으로 축조된다. 경험 주체인 작가의 내적 축적이 없다면 대상에 대한 다각적인 시각을 개방할 수 없을 것인데, 그의 작품 세계는 다층의 지적知的 또는 감정 경험을 바탕으로 새로움을 꾀한다. 내적 자극과 외적 자극에 의한 감정의 발로에서 출발한 것으로서 그의 문학에 적층되어 있는 새로움의 중심축은 탈脫일상이며 감각과 지각의 생생함이다. 따라서 관습적 일상을 탈피하는 찰나적 순간들이 이 책에 두루 편재한다. 다양한 형식을 도입하여 구조적 단조로움을 해소하고 의인화를 통해 사물의 본성을 탐구함으로써 반복되는 일상의 진부함과 관습적 사고에 굴절을 가하는 것이다.

모든 문학작품을 쓴다는 의미인 독일어 '디히텐(dichten)'은 정희승의 문학 지향성을 대변한다. "장르가 모호한 글쓰기를 좋아"하는 그의 '디히텐'적 문학 태도는 일상의 습벽, 고정성, 고착화 등을 배척하는 작품 세계와 연관되며, 랩소디 형식의 도입과 유크로니아적 시점을 잉태한 지점으로 그가 추구하는 문학적 새로움의 산실이다.

그가 추구하는 새로운 수필 세계는 다양한 형식적 시도와 사물 의인화 기법에 의한 시점의 운용을 통해 드러난다. 이때 작가의 시각은 대상과 사물의 외형에만 머물지 않는다. 대상에 대한 겸허한 관찰과 사유의 침윤은 사물에 대한 편견과 고정을 허물고 새로운 이미지를 생성함으로써 무엇이라 이름되어진 사물에게 자유를 부여한다. 이로써 대상은 고정된 상태가 아닌 스스로 운동하는 사물로 변주된다. 대개 물활론 사상이 깃들어 있는 사물수필은 사물을 현시되는 그 자체로만 보지 않고 사물과 인간, 사물과 사물이 서로 관계를 맺으며 의미를 창출하므로 대상을 다르게 보는 방식이라 할 수 있다.

그의 이 같은 시도는 수필의 지경을 넓히는 방편이자 새로움을 향한 정신의 일환으로 볼 수 있다. 그러나 한편 염려스러운 것은 새로움이 또 다른 새로움으로 이어지는 가교의 역할을 하기보다 새로운 카르텔로 함몰될 수 있다는 것이다. 지난 연대 몇몇 수필가들의 이론이 수필의 고착화를 불러일으켰던 사실을 수필 문단은 기억하고 있다. 이러한 맥락에서 어떠한 양식이나 새로움은 틀에 갇혀 있거나 고정성을 띠는 것이 아니라 물처럼 유동적이어야 하며 또 다른 새로움을 있게 하는 과정으로 이해되어야 할 것이다.

2. 랩소디 형식과 그 밖의 형식적 시도들

문학에서 형식이란 각각의 내용을 담는 그릇과 같은 것이다. 예컨대 일상의 잡다한 것들, 우연한 것들이 전혀 무가치한 것이 아니라 소용이 있도록 하기 위해서는 전체의 형식에 맞게 조직되고 배치되어야 하듯 하나의 작품 속에서 낱낱의 어휘들이 어떻게 조직되고 배치되느냐에 따라 그 어휘들 개개의 의미 또는 전체의 의미가 이전의 의미를 넘어서게 되는 것이다. 이때 형식은 무의미한 장식이 아닌 유의미한 공간으로 재창조된다.

정희승의 《일상예찬》은 천편일률에 가까운 수필의 형식에 음악의 형식이라 할 수 있는 랩소디 형식을 도입한다. 그는 "랩소디와 같은 텍스트는 드레스를 짓는 양제사의 옷본처럼, 단편들, 조각들이 유기적으로 연결되어 배치될 수 있"다며 형식적 새로움의 차원에서 랩소디의 특성을 언급한다. 말하자면 "제3의 형식, 즉 에세이도 시도 소설도 아닌 형식을 산출할 가능성을 열어놓는" 것이라는 롤랑 바르트의 언술에서 이론의 틀을 찾는다. 이는 수필의 습관 혹은 관성적인 형식에 폭력을 가한 쉬클로프스키의 형식적 낯설게 하기의 차용이라 할 것이다. 랩소디 형식이라는 그릇에 담는 내용으로서 사물을 낯설게 하는 방식 역시 일상 사물에 새로운 감각을 부여해준다.

각 장을 봄, 여름, 가을, 겨울 사계로 나누고 계절에 맞는 작품으로 구성한 《일상예찬》은 계절마다 그에 어울리는 이야기 조각으로 이어붙이는 구성이다. 봄의 장에서는 봄이라는 주제에 맞는 글의 옷본들을 이어붙이고 여름과 겨울도 그와 같은 형식으로 배치한다. 봄과 여름, 겨울에는 그에 어울리는 각각의 랩소디를 삽입하는데, 가을

의 장에는 랩소디를 끼우지 않은 것도 형식적 일탈이라 볼 수 있다. 일테면 새로움을 향한 형식적 입체감으로 액자 속에 액자를 끼워 넣은 구조이다.

각 장의 작품들은 길고 짧게, 무겁고 가볍게, 높고 낮게 리듬감을 담보하고 있어 지루함을 상쇄해준다. 요컨대 일률적인 길이의 수필집이 주는 답답함을 소거해주는 형식이 비교적 허술하지 않다. 특히 사계의 구성은 사물들의 순환과 인간 삶의 순환이 겹쳐지면서 글의 멈춤이 아닌 흐름을 내재하고 있다. 이는 봄의 랩소디 1 〈문득〉에서 "벌거숭이"와 "알몸"으로 대상화되는 자아와 타자들은 겨울의 랩소디 6 〈은밀한 소묘〉에서 저울 위에 올라간 "나부"로 연결되어 어휘소 간의 순환적 알레고리의 형식을 구축한다. '알몸', '벌거숭이', '누드', '나부' 등의 어휘는 현상학적 측면에서 빈손으로 태어나 빈손으로 돌아간다는 생사에 대한 무언의 메시지를 함의하고 있으며, 작가의 세계관 내지 인식 구조가 불가의 虛 · 無 · 空의 세계를 연상하게 한다. 다시 말해 이러한 사고체계를 바탕으로 어휘가 지닌 의미들이 서로 거리를 두지 않으며 언어적 알레고리를 형성해 긴밀하게 연결해 줌으로써 랩소디 형식의 미적 구축에 일조한다.

추상어인 사랑을 타자인 '너'로 의인화시켜 자아와 대화를 나누는 형식을 취해 '진정한 사랑'에 대한 작가의 관점을 피력(랩소디 3 〈너에게 가는 길〉)하기도 한다. 이때 사랑에 관한 철학적 사유와 형식적 일탈의 사고가 나타난다. 여기서 너는 자아의 또 다른 자아로서 타자화된 자아이기도 하다. 이렇게 대상화된 '나'와 대화하는 기법으로 인해 화자인 '나'와 청자인 '너'는 동일인물이며, 화자가 내면의 자아를 응시하는 형태로 내가 나를 바라보는 거울의 이미지를 내포하고 있는 작품이다.

더하여 낭만적 상상과 랩소디 형식(〈겨울밤〉, '일기쓰기')이 조화를 이루기도 한다. 단조로운 삶에 균열을 가하는 낭만주의자가 된 자아가 잠든 아내의 곁에서 아내(그녀)를 따라갔던 과거를 회상하며 감상적 자아가 되어 기억을 재생산한다. 화자가 과거 속의 나와 아내를 바라보는 관점을 취하는 낭만적 상상과 문학적 형상화가 가미된 작품으로 작가는 자신이 상상한 이야기를 일기 속에 아름다운 신화로 끼워 넣고 싶지만 일기장에는 "신화를 끼워 넣을 가짜 페이지가 없"는 것이다. 이러한 기교로 수필의 본령을 유지하면서 타 장르와의 경계를 모호하게 설정해 엇걸려 놓을 뿐 장르의 경계를 허물지 않는다. 이는 장르의 부분적 수용으로 수필의 확장을 시도한 예로 랩소디의 형식이라는 문학의 그릇 형태라 하겠다.

정희승은 랩소디 형식 외에 다양한 형식을 시도한다. 그가 추구하는 디히텐적 창작 정신은 문단의 파격으로 나타난다. 수필의 형식에서 문단의 구분은 시에서 연과 같은 구실을 하는데 대개 서너 줄을 기본으로 하며 그러한 틀에서 한두 줄을 가감하는 형식이 보통이다. 그런데 작가는 한 줄 한 문단의 형식을 즐겨 차용한다. 샌드위치 기법처럼 작품과 작품 사이에 파격을 끼워 넣어 일률적 평이함을 상쇄함은 물론 강렬한 인상을 남기는 결미로 이끌거나 남다른 형식미의 효과를 얻는다.

무심코 시가 사라진 백지를 살펴보았다.

세상에, 어찌나 눈이 부신지 백지를 똑바로 바라볼 수가 없었다.

— 〈시 도둑〉에서

시집을 읽고 있는데 잠자리 한 마리가 시집 위에 앉은 사건에 상상력을 가미해 위트 있게 그린 작품(〈시 도둑〉)이다. 위에 든 예처럼 정희승의 수필에는 한 문단 한 줄의 형식이 빈번하다. 위 작품의 결미 부분처럼 수필의 일반적 형식을 탈피한 것은 주제의 강조이기도 하고 수필의 단조로움에 가하는 낯설게 하기의 하나로 볼 수 있다. 주제를 시적으로 함축해 표현했다는 점에서 한 줄 한 문단의 형식이 일견 타당해 보인다.

잠자리가 시집에 앉은 이유가 시를 탐냈기 때문이라는 착상에서 시작된 이 작품에서 작가의 자연관 내지 세계관을 엿볼 수 있다. 읽고 있던 시집의 지면에서 "시가 사라진 백지"를 보았다는 어구는 문학의 휘발성과 관련된다. 상황 맥락을 통해 시 도둑을 잠자리로 전치시키고 있으나 그것은 시적 반향의 다른 표현이다. 시(문학)가 살아서 독자(작가)의 감정에 이입된 현상을 달리 표현한 것으로 좋은 작품은 휘발성이 강해 공간과 시간을 초월하고 독자의 영혼에 울림을 준다는 의미이다. 곧 문학의 존재론적 맥락과 같은 것으로 시적 승화의 하나이다. 이처럼 문학은 독자에 의해 재창조되는 것인데, 이 과정에 작가와 독자만이 아니라 잠자리까지도 동등한 위치로 수용한다. 이는 작가의 디히텐적 창작법에 따라 장르와 장르의 경계를 모호하게 하는 기법이며, 인간과 동물의 경계를 무화시키는 장면으로 통섭에 방점이 찍혀 있다. 결국 시가 사라지자 백지만 남아 눈이 부셔 바로 볼 수가 없다는 문학적 상상과 형상화의 결미는 빔의 철학과 깨달음의 경지를 보여준다.

다양한 형식적 시도 중의 하나로 작가는 자신의 일기를 직접 인용하기도 한다. 기존 형식으로부터의 일탈은 구속을 벗어나 자유로운 형식의 변용을 수용하는데 여기에는 낯선 듯 낯설지 않은 새로움이 깃든다. 작가는 일기 쓰는 일에 대해 "'나'가 실현한 하루의 삶을 타자, 곧 타아의 관점에서 해석함으로써 자신을 이해하는 것"으로 본다. 그 '타아'는 날것의 삶을 텍스트로 전환하여 의미의 지반을 형성한다. 여기서 '나'에 대한 이해는 언어 텍스트 안에서 일어난다. 그때 자아는 "말하면서 말해지고 쓰면서 쓰"(〈일기쓰기〉)이는 존재가 된다. 즉, 나는 해석하면서 동시에 해석된다. 체험이 근원적인 것으로 육체적인 부분을 감당하는 것이라면 경험은 어떤 객관적 대상에 대한 감각이나 지각 작용에 의해 깨달음에 이르는 과정이라 할 수 있다. 그러므로 일기 쓰기를 통해 체험을 경험으로 매듭지어주지 않으면 '나'는 의미를 생성하지 못하고 그 시간 또한 무의미하게 흘러가 버린다는 것이다. 이러한 점에서 일기 쓰기를 통해 새로운 자아를 발견한다는 것은 창작 행위의 본체이며 이지적이고 영적인 인식 주체를 의미화하는 초석이라 할 수 있다.

정희승은 그 밖에도 산문시와 같은 형식을 수필의 형식에 대입하기도 한다. 아래와 같이 내용을 시적으로 압축하여 시의 형식과 유사하게 구조화한 작품이 그것이다.

①

집에서 멀지 않은 들에 나갔다가 빛깔이 하도 고와 민들레꽃을 여남은 송이를 땄다. 집에 돌아오니 아무도 없어 썰렁했다.

혼자 밥을 먹으려니 왠지 처량한 생각이 들었다. 물에 만 밥에 민들레꽃을 몇 송이 올렸다.

— 〈민들레 꽃밥〉 전문

②

느티나무 아래에서는 이방인이 없다.

그늘이 있는 이여, 어서 들게.

— 〈매미 한적〉 전문

위 두 작품은 시적 형식이 농후하다. ①은 사물에 대한 인식이 남다른 시각을 보여주는데, 물아일체처럼 사물과 나의 경계를 모호하게 설정한 수필의 차용이 그것이다. 자아의 외로움을 상쇄하기 위한 대상 즉, 자연물로 민들레를 끌어온다. 민들레를 의인화한 것으로 수필의 낭만적 새로움이라 할 수 있으며, 자연과 인간의 합일의식을 살필 수 있는 부분이다. ② 역시 시적 형식의 수필이지만 〈민들레 꽃밥〉과는 또 다른 '손바닥 수필'과 같은 형식이다. 파격적인 형식에 대한 논의의 쟁점화가 있을 수 있겠으나, 시적 형식을 차용함으로써 형식의 새로움이 생성되었으며 짧지 않은 여운을 남긴다는 데서 내용의 깊이를 가늠할 수 있다. 느티나무처럼 큰 교목은 그 품이 넓어 대상을 차별 없이 품어 주므로 대개 '큰 사람'으로 은유하기도 한다. 〈매미

한적〉이라는 제목에 투영된 것처럼 여름의 중턱 한더위에는 누구나 그늘을 찾아 들기 마련인데, 그 아래 "이방인 없다"라는 지점에서는 분별이나 차별이 없는 균등한 자연미를 담아내고 있다. 더하여 '그늘'이라는 어휘는 더위를 피하는 장소로서 긍정적 의미와 어두움을 배면한 부정적 의미를 동시에 지닌다는 데서 중의적인데, 이 작품의 어휘 역시 여기에 닿아 있다. 이렇듯 모든 설명을 거세한 이 작품은 다분히 시적 내용과 형식을 보여준다. 정희승의 이 같은 시도는 '디히텐'의 창작 정신과 '제3의 형식'이라는 이론적 원리 차원에서 수필의 형식적 새로움으로 수용할 수 있을 것이다. 또한 그의 수필은 랩소디 형식 외에 다양한 형식적 파격에 이지적 감성과 내용의 긴밀성이 서로 조화를 이루이며 유의미한 형식 공간을 창출한다. 그렇게 새로움을 추구하면서 수필의 본질을 희석하거나 흩어 놓지 않는다. 그가 수필에 가한 새로움의 강제력이 유의미한 낯설게 하기로 인식되는 것은 장르의 경계를 허무는 듯 허물지 않는, 그 경계에 흐르는 긴장감이 생동하기 때문이다.

3. 유크로니아적 시점의 운용

시간의 이상향을 의미하는 유크로니아는 창의의 순간으로 영혼의 시간을 함의하기도 한다. 정희승의 수필은 그러한 유크로니아적 시간을 결정적인 순간 혹은 불멸의 순간으로 치환해 그 시간의 공간에서 작품의 본을 오리고 깁는다. 이 과정에서 소설의 시점을 수필 공간에 도입함으로써 수필의 문학성 재고는 물론 그 지경을 넓히려 한다.

정희승의 시간에 대한 인식은 "삶이 시간을 소유하고 있는 게 아니라, 시간이 삶을 소유하고 있는"(《너에게 가는 길》) 구조다. 이는 관습적 일상에 시간을 맡기지 않는 자의식의 발현이며, 이러한 일반적 시간 인식으로부터의 탈피야말로 그가 추구하는 유크로니아적 시간 생성의 근원이다. 이처럼 문학의 새로움은 대상에 대한 관습적 사고의 탈피 혹은 관성의식에 대한 불화에서 출발한다. 즉, 기존 세계와의 불화는 공간과 시간의 선상에서 탄생하는 새로움의 발판인 것이다.

통상적으로 소설의 범주에 드는 시점을 수필에 적용하기도 하는데 정희승 수필 역시 그러한 시도를 하고 있다. 장르의 경계가 모호한 글쓰기를 즐기는 그의 작품에서 소설의 시점 차용이 빈번히 나타나는 것은 작가의 이러한 창작 정신의 반영일 터이다. 물론 수필에서 시점의 차용이 없었던 것은 아니기에 이를 남다른 시각으로 보기는 어렵다. 다만 정희승의 유크로니아적 시점의 운용이 새로운 것이다.

수필의 시점은 일인칭 주인공 시점이 주를 이루며 수필적 자아가 대상을 타자화할 경우 대개 일인칭 관찰자 시점을 차용하는데 정희승의 의인화 수필 혹은 사물수필 등이 이에 해당한다. 여기에는 작가의 정서가 일정 부분 억제되는 대신에 대상이 중요한 부분을 차지한다. 화제가 중심이 되는 관찰자 시점은 관찰과 묘사, 장면제시, 보여주기 기법이 사용되므로 자아의 정서가 억제되고 있다는 점에서 객관적이며, 대상을 생생하게 전달하는 강점이 있다. 그러나 이러한 시점의 맹점은 사물을 있는 그대로 묘사함으로써 생길 수 있는 건조함이나 무의미한 내용의 나열에만 그칠 수 있다는 점이다. 예컨대 대상 사물이나 풍경에 대한 객관적인 기술만을 나열함으로써 작가의 사유가 결여되거나 의미화가 이루어지지 않아 작가가 말하고자 하는 주제의 구현이 미약해질 우려가 있다는 것이다. 특히 주제의 문학인 수필에서 시점 차용은 수필의 정체성을 모호하게 할 수 있기에 작가의 노련함이 요구된다. 이러한 전제하에서 유크로니아적 시점 운용 원리를 적용해 정희승의 작품을 고찰할 수 있을 것이다.

정희승은 〈도브 타임〉을 통해 자신의 문학 세계를 요약 제시하는데, 이 작품의 부제 '불멸의 삶에 관한 시론'을 통해 그의 창작지표를 집약한 것으로 이해할 수 있다. 그가 명명한 '도브 타임'은 "일상을 지배하는 시간 밖에서 이 세계를 기웃거리는 영원의 다양한 모습들"을 입힌 시간이다. 작가의 '도브 타임'론은 어떻게 살아가야 할 것인가라는 삶의 근본적인 물음에 대한 문학 철학적 해명이며 어떻게 자신만의 도브 타임을 여느냐의 문제로 귀결된다.

가령 '도브 타임'은 주야가 바뀌는 순간, 시간의 공백을 틈타 드러난다. 오후 네 시 반의 시간, 빛이 어둠으로 들어가는 순간으로 사물들이 점진적으로 하강하는 시간이다. 이 시간은 시스루 옷감을 투과하는 것 같은 시간으로, 작가의 관찰에 따르면 그 시간의 좌표를 생래적으로 감지하는 비둘기가 어디론가 홀연히 사라지는 시간이다. 작가는 비둘기처럼 도브 타임에 들어 옥타브라는 남자와 멜로디라는 여자의 만남을 관찰하며 서술한다. 수필적 자아가 관찰자로 변화하여 서술한다는 점에서 소설의 1인칭 관찰자 시점을 차용하여 수필의 외연은 물론 내연을 확장한다. 작가는 이처럼 두 가상의 인물을 내세워 그들이 도브 타임에 드는 순간을 서술한다. 만남, 즉 삶 속의 인연은 시간 밖의 시간이랄 수 있는 도브 타임의 적용을 받아서 일어나는데 그것은 우연을 가장한 필연과도 같은 것으로 부지불식간에 도브 타임으로 들어갔기에 인연이 생성된다고 보는 시각에서 관찰하고 서술하는 방식이다.

그는 시간에 대한 다양한 예시와 함께 "일상을 지배하는 시간과는 형식"이 다른 "영원이라는 순수한 시간"을 살 수 있는 도브 타임의 포착을 강조한다. 신비주의자들의 시간 개념에서부터 기독교의 카이로스의 시간까지 시간의 인식체계를 보여주는데 이러한 경로를 통해 자아가 닿고자 하는 지점은 결국, 시적 발화의 순간이다. 곧 문학의 도브 타임으로 작가가 문학적 시간으로 들어가는 시간의 이상향으로서 유크로니아의 시간이다. 이는 종래의 수필 창작 방법에 안주하지 않고 기존의 균질한 시간의 결에 균열을 냄으로써 가능해진 발상의 전환일 것이며, 작가에게 도브 타임은 불멸에 관한 삶의 시론으로서 창작의 모토이자 창조적 산모의 시간이기도 하다.

유크로니아적 시점을 수용한 형태로 의인화 기법의 작품을 들 수 있다. 예컨대 "자전거는 빠르지도 그렇다고 느리지도 않다. 게다가 조용하고 겸손하다."라든가 "자전거가 꿈을 꾸고 있다는 걸 지나는 사람들이 알 수 있도록"(〈봄꿈〉) 천천히 페달을 밟았다는 데서 대상을 관찰자적 입장에서 의물화擬物化해 기술하는 시점이 그것이다. 자전거의 속도는 문명에 대한 우회적인 비판의 사물로 환원된 예이다. 또 작가의 특별한 경험을 사물에 대입하기도 하고 이지적 감성이 투영된 의인화를 통해 긴장감을 유발하기도 한다. 가령 "당신은 전혀 의식하지 못하지만, 환풍기의 팬이 졸다가 하마터면 자신의 의무를 깜박 잊어버릴 뻔했다는 듯이, 간헐적으로 허둥대며 돌아"가는 장면과 "팬은 목욕탕 안팎의 미묘한 기류 차이를 반영하면서, 한가하다

못해 권태롭다는 듯이, 거푸 하품을 해대면서 소리 없이 돌아"(랩소디 6 〈은밀한 소묘〉, '온탕 속의 여인')가는 장면의 의인화 기법도 마찬가지다. 이처럼 정희승의 수필에서 의인화는 유크로니아적 시점의 운용 차원에서 상상적 공간을 연출함으로써 새로움을 확보한다.

> 단조롭고 반복되는 일상에 묻혀 산다고 해서 욕망이 사라지는 게 아니다. 실제 삶과 누리고자 하는 삶 사이에는 거대한 심연이 있다. (중략) 어쩌면 삶은 단조롭고 지루한 일상이란 베이스 선율 위에 실린 삐딱한 재즈 음악 같은 것인지도 모른다. 욕망은 늘 엇박자로 어긋나고, 주도면밀하게 세운 계획은 세상과 불화한다. 그때마다 당신은 상처를 입고 고통을 당한다. 하지만 지금 당신은 그런 세상의 소음이나 고성방가에서 잠시 물러나 온탕에 몸을 담그고 있다. 느긋하게 일상의 찌든 때를 불리면서 뼈와 근육 사이에 스며든 피로를 풀어내고 있다.
>
> — 랩소디 6 〈은밀한 소묘〉, '온탕 속의 여인'에서

이 작품은 관찰과 사유를 층층나무처럼 쌓아 올리는 기법으로 온탕 속의 여인을 당신으로 치환해 장면을 제시하고 시간의 유연성을 보여준다. 작품 속 관찰자적 자아는 십 대 시절 몰래 훔쳐본 여탕의 기억을 소환한 현재의 '나'이다. 말하자면 수십 년이 흐른 후 자아가 과거의 기억을 재생산해 구조화한 것으로 이때의 "기억하기란 단순히 기억된 대상을 복원하는 작업을 뜻하는 것이 아니라 기억하는 주체의 깨달음이 침투해 있는 어떤 과정"(최성만, 《발터 벤야민 기억의 정치학》, 길, 2014)인 것이다. 여기서 차용된 관찰자적 시점은 작가를

자아가 아닌 서술자의 위치로 변모시킨다. 이러한 시점의 선택은 과거의 기억을 더듬어 기술할 수 있다는 면에서 유용하며 〈도브 타임〉과 같은 결정적인 장면의 기억을 형상화하기 위해 적절한 시점 운용이라 할 수 있다. 십 대의 도브 타임을 현재의 도브 타임으로 끌어온 유크로니아적 시점의 차용이다. 이는 '온탕 속의 여인'을 통해 세상과 불화하는 인간의 욕망과 "실제 삶과 누리고자 하는 삶" 사이에 있는 거대한 심연을 드러내고자 함이다.

인간의 의지를 넘어서는 이상과 현실의 대척을 무화시키고 가벼워질 수 있는 곳으로서 온탕이라는 공간은 유토피아적 공간이며 유크로니아적 시간이기도 하다. 탕이라는 공간 속 시간은 인간의 번뇌나 탐욕을 내려놓는 시간이기도 하다. 이러한 온탕의 풍경을 묘사하기 위해 몽환적인 분위기를 연출하고 이를 관찰자로서 보여주는 기법이 유크로니아적 시점과 결부되어 있다. 기존 수필 양식의 한계를 벗어남으로써 온탕 속 여인(당신)은 개체적 자아로 머물지 않고 수필 속 자아로부터 불특정 다수의 인간으로 확장된다. 작가는 온탕의 수증기 속에서 세속적인 옷을 벗어버린 나부는 나부에만 그치지 않는다는 상징을 통해 인간의 생사가 빈손이라는 의미를 복기하고 있으며, 어떻게 살아가야 할 것인가, 라는 인간의 근본적인 화두를 던진다.

> 예외 없이 두 가지 본질적인 물음에 직면한다. '어떻게 살 것인가?' 하는 수평적 물음과, '나의 존재는 무거운가, 가벼운가?'하는 수직적 물음이 그것이다. 누구도 이 두 질문을 피해갈 수 없다. 저울은 이런 수평적인 물음과 수직적인 물음이 교차하는 지점, 곧 삶의 중심에 놓여 있

다. 저울은 또한 세계의 중심에 놓여 있기도 하다. 옴파로스omphalos는 델피 신전에만 있는 게 아니다. 둥근 지구 위에서 중심은 어디든 될 수 있다. 고집불통인 저울이 자위를 틀고 앉은 자리, 다시 말해 코기토의 자리가 바로 옴파로스이다.

— 랩소디 6 〈은밀한 소묘〉, '크로키, 저울 위의 나부'에서

저울이라는 상관물(사물)을 통해 세계를 해석한다. 저울에 오르는 행위는 그저 일상적인 일일 것인데 자아는 그 행위를 세계의 중심에 드는 일과 다르지 않다고 해석한다. 몸이 몸으로서만 존재한다면 그 영원성을 상실하게 될 것이다. 하지만 몸이 정신과 일체를 이룸으로써 그 의미는 무한해진다는 의미를 산출한다. 저울 위에서 우리 몸은 이상적인 영의 세계와 현실적인 육의 세계를 동시에 올려놓는다. 이러한 맥락에서 미셸 푸코의 유토피아적 몸의 사유에 접근할 수 있다. "인간의 몸을 가진 내가 불투명한 동시에 투명하고, 가시적인 동시에 비가시적이고, 생명인 동시에 사물이 되는 데는 마술도, 요정의 나라도, 영혼도, 죽음도 필요하지 않다"(미셸 푸코, 《헤테로토피아》, 문학과지성사, 2014)라는 푸코의 몸에 대한 인식은 정희승의 '저울 위의 나부'와 무관하지 않다. 푸코의 언술에 의하면 우리의 몸이 유토피아이기 위해서는 자신 스스로를 자신의 몸에서 벗어나게 해주는 주체는 바로 몸 자체였다는 것을 인식하는 것이다. 이는 정희승의 문학이 추구하는 탈일상의 진의가 다름 아닌 자신이 바로 자신의 짐이라는, 삶의 본질에 대한 물음에서부터라는 인식과 닿아 있는 지점이다. 인간의 근본적인 물음인 어디에서 와서 어디로 가며 어떻게 살 것인가

의 문제인 것이다. 저울 위 나부의 형상을 스케치하는 기법에 삶의 본질을 탐구한 작품으로 의미의 낙차가 크다.

저울은 세계의 중심(옴파로스)에 대한 사유의 상관물로서 자아가 세계를 읽는 인식의 도구이다. 곧 데카르트적 명제의 약칭인 코기토와 같은 맥락에서의 옴파로스이다. 저울 위에 올라간 나부는 무게의 개념으로서 수직적인 물음으로만 존재하는 것이 아닌 영적인 존재로서 수평적 물음으로도 존재하는 것이다. 저울이라는 사물을 통해 세계의 중심은 지구의 어디든 가능하다는 지론을 편다. 삶의 방법으로서의 물음과 무게 개념으로서의 물음을 동시에 올려놓을 수 있는 매개로서 저울이야말로 그러한 상관물이라는 통찰의 맥락이다. 이러한 사물 인식의 새로움은 불멸의 삶과도 직결되며 이는 유크로니아적 시간에서 창조되는 것이다.

사계 중 겨울의 랩소디는 냉철하고 사유가 깊다. 기승전결의 구성적 차원에서 결말에 해당하는 구조가 유기성을 확보한 이유일 것이다. 시에서 결절점이 있듯 이 책의 결절도 몸의 사유와 정신의 사유를 융합한 겨울의 랩소디에 함축되어 있다. 일상이 존재한 이후 탈脫일상도 가능한 것이므로 일상의 아름다움을 체험할 수 있고 경험할 수 있다는 지점이 《일상예찬》인 것이다. "당신과 우리를 위대하게 하는 것은 영광이 아니라 상처이며 일상의 비루함"이라는 인식은 이 책을 관통하는 사유이다. 그러므로 작가에게 탈脫일상적 창작 정신은 일상의 충일을 위한 일상 탈피로 인지되며 이는 인간과 사물이 지녀야 할 미덕이라는 데 그의 인식이 놓여 있는 것이다.

4. 새로움 없는 새로움

문학의 새로움은 실험을 즐기는 태도에서 발원한다. 대상 또는 세계에 대한 응축과 굴절과 구성의 새로움 역시 수필문학의 지경을 넓히는 기제이자 과정으로써, 대상에 대한 새로운 시각과 관조는 탈일상의 사유와 이해를 아우르며 대상과의 상생을 도모한다. 이는 기존에의 안주가 아니라 구태의연함에 저항하는 창작 정신으로 틀에 박힌 형식, 일률적인 과거 지향적 소재, 진부한 비유, 빤한 주제 등을 다르게 보고, 굴절시키고, 비틀어보는 사고의 유연성에서 기인한다. 이는 변화를 두려워하기보다 변화를 즐기는 탄력적이고 입체적 사고라 할 것이다. 이러한 맥락에서 볼 때 정희승의 수필에 나타난 형식적 새로움과 시점의 운용 차원에서의 시도는 새로움이라 하겠다. 단조로운 일상과 관습적 사고에 의한 천편일률적 길이의 수필에서 탈피한 랩소디 형식과 시처럼 짧은 수필 형식의 도입, 그리고 소설 시점의 운용 등이 그것이다. 이때 그는 대상에 대한 외경과 일상을 기본 정신으로 수필의 새로움을 위해 탈일상적 사고와 사물의 본성 탐구에 집중한다. 소재로 차용한 대상 사물에 대한 의인화를 통해 대상과 자아의 경계를 무화시켜 물아일체를 이루면서 대상에 대한 감각적이고 인지적 통찰과 상상을 덧입혀 작가의 사상을 새로운 형식에 대입함으로써 문학적 새로움을 획득하기도 한다.

한편 시에서처럼 수필에서도 주제를 드러내기 위한 형상화의 한 방법으로 이미지와 이야기 그리고 서정을 들 수 있다. 정희승의 수필은 묘사를 통한 이미지와 리얼리즘적 요소를 가미한 이야기, 그리고 낭만적 서정이 융합된다. 더하여 주지주의적이고 이지적인 감성에 형식과 시점의 운용을 덧입혀 수필문학의 새로움을 추동한다. 이런저런 이론과 철학을 인용하여 작가의 관념과 주관을 객관화하는 양식을 취하는 과정에서는 자칫 현학에 치우칠 우려를 안고 있으나 다행히 알레고리와 상징과 간간이 차용된 이미지와 비유가 그 우려를 상쇄하며 비켜 간다.

그러나 그의 수필에서 시도된 일련의 새로움은 수필작법의 하나로서 과정이어야 할 것이다. 모름지기 새로움은 정체되거나 고착되기를 거부하기 때문이다. 하면, 정희승의 시도는 수필 창작의 새로움을 모색케 하는 계기로서 하나의 기능일 것이다. 새로움에는 새로움이 없기 때문이다.

04

존재의 소실점, 여백의 시간

– 박헬레나 《아직은 여백으로 두고 싶다》

1. 사유의 매개어, 아직

언어적 존재인 인간은 외부적 수용과 반응에 대해 동물처럼 즉각적이지 않고 복잡한 사유 계통을 밟는다. 이 같은 언어 사유는 이성적 사고뿐만 아니라 상상의 영역까지도 두루 아우르는 인간 정신 활동으로 예술적 언어 또는 언어적 예술의 관계를 추동하기도 한다. '아직'이라는 부사를 매개로 시간적 존재의 의미를 추출한 박헬레나의 사유 역시 끝없는 질문으로 이어지면서 시간의 보편성과 편향성에 대해 다르게 보기를 시도한다. 이때 소용되는 매개는 여백이며 그 공간에 배면된 시간이다. 《아직은 여백으로 두고 싶다》에는 이러한 시간에 대한 사유가 두루 편재하는데, 무형의 시간을 유형의 시간으로 변모시킴으로써 존재를 감각화한다. 예컨대 원로문인의 행사에 초대된 스토리를 통해 늦었다는 것과 늦지 않았다는 것의 시간 구분을 무화시키는 〈잃어버린 시간〉에서는 절대적 시간을 상대적 시간으로 변모시킴으로써 유한과 무한의 경계를 넘어선다.

이 수필집의 머리글에서 박헬레나는 "글은 쓸수록 어렵고" 책을 "묶어내는 일 또한 갈수록 두렵다"면서 "실하지 않은 열매"가 부끄러우나 "남루한 꿈의 결실"이라 고백한다. 2008년 등단 이후 첫 번째 수필집 《바람 부는 날》과 두 번째 수필집 《꽃이 왔네》를 펴낸 이력을 지녔음에도 글 열매가 부끄럽다는 겸허 이면에는 간절한 작가정신이 여백으로 자리하고 있으며, 사유의 갈망이 의미의 거울에 투영되어 있다. 이 같은 고백은 그의 문학이 개인의 서정을 넘어 타자의 감성과 영혼에까지를 염두에 둔 것으로 존재와 시간의 소실점이라 하겠다. 이때 '아직'이라는 어휘는 박헬레나의 문학적 위치 또는 존재의 좌표에 대한 물음이자 성찰의 매개로서 시간의 여백 혹은 여백의 시간으로 귀결시키는 근원으로 발화된다. 말하자면 미완으로서 가능성을 뿌리에 둔 부사 '아직'을 매개로 삶의 고백적 서사와 존재의 성찰을 씨줄과 날줄로 엮음으로써 꿈꿀 수 있는 존재를 현현하는 것이다. 가스통 바슐라르는 《꿈꿀 권리》(설화당, 1980)에서 모네, 샤갈, 바로끼에, 칠리다 등 인상파와 초현실주의 화가를 비롯 여타의 미술품을 분석함으로써 무의식의 영역으로서 꿈꾸는 존재의 중요성을 언급한다. 미지의 여백에 그리는 몽상의 미학으로서 꿈은 예술의 창조적 영역이라는 제언이다. 하면, 박헬레나의 세 번째 작품집을 관통하는 어휘 '아직'이라는 부사는 바슐라르적 몽상을 견인하면서 그의 시간적 사유를 있게 하는 매개라 할 수 있겠다. 이 같은 시간의 사유를 바탕으로 개진한 박헬레나의 《아직은 여백으로 두고 싶다》를 통해 술어적 의미의 변주와 여백으로서 객체지향의 공간 의미를 톺아보고자 한다.

2. 술어적 의미의 변주

문장 안에서 술어는 주체적이기보다 객체적이다. 자신을 위한 존재로 기능하기보다 주어나 목적어를 뒷받침하기 때문이다. 언어학에서만이 아니라 논리의 판단이나 명제를 설명하는 논리학에서도 주어에 대하여 긍정 또는 부정의 견해를 드러내는 보조적 역할을 한다. 예컨대 주연이 아닌 조연과 같은 역할을 감당하는데, 문학 역시 관계적 삶에서 주체보다는 타자의 이야기를 보여주는 술어의 자리에 위치한다. 박헬레나는 이러한 객체적 의미를 이면한 술어의 기능을 능숙하게 활용함으로써 사유의 확장과 의미의 변주를 시도한다.

> 맨정신으로 삶과 대적한다는 것은 또 얼마나 피곤한 일입니까. 가끔은 삶의 양념이 되기도 하는 것이 취하는 맛 아니겠습니까.
>
> — 〈취하다〉에서

이 작품은 난과 매화 등 자연에 취한다는 이야기로 경어체 어미를 사용해 독자에게 친근감을 준다. '취하다'라는 술어를 통해 화자는 "맨정신으로 삶과 대적한다는 것"이 얼마나 피곤한 일인지를 자문한다. 종종 삶의 터전을 전쟁터로 비유하기도 하는데, 화자는 이러한 사회에서 무엇인가에 심취하는 일이야말로 "삶의 양념"과 같은 것이라 말한다. 흔히 '취하다'라는 동사는 술이나 약 기운이 온몸에 퍼지는 것 혹은 사람이나 물건에 시달려 정신이 흐려지는 것을 의미한다. 즉, 무엇에 열중하여 황홀해지는 것으로서 도취의 성격을 지닌 술어적 차용이다. 화자 역시 난과 매화 등 자연에 도취함으로써 삶이 좀 더 순화되기를 염원한다. 말하자면 그의 취함은 여백의 미를 호명하는 것으로서 이는 〈'미' 음계로〉라는 작품에서 '미'라는 음계가 "너무 높지도 낮지도 않은, 가장 편안하게 낼 수 있고 순하게 들을 수 있는 소리"라는 경험 사유를 도출한다. 일테면 모가 나지 않은 둥근 소리로서 '미' 음계는 "평화의 소리, 자연의 음색"이라는 사유와 맥을 같이 하는데 이 역시 술어적 의미의 한 축으로써 원형적 세계 이해의 방식으로 기능한다.

> 사람 사는 일이 늘 웃을 일만 있는 것은 아니니 대식구 속에 부대끼는 내 가슴도 때로는 거품을 문 채 부글거렸다. 팽창된 거품이 터지기 직전쯤 인내의 한계점에 도달한 내 입에서는 하지 않았으면 더 좋았을 혼잣말이 터져나오기도 했다.
>
> — 〈끓이다〉에서

앞의 작품이 자동사 '취하다'를 통한 사유 전개라면 이 작품은 사동사 '끓이다'를 통해 사유를 펼친다. 호박범벅을 끓이던 화자는 대식구의 식사를 위해 끼니마다 갖가지 국을 끓여야 했던 과거를 회상하고 다시 현재로 돌아와 호박의 기포를 달의 표면에 비유한다. 끓이는 일을 통해 생의 비등점을 발견한 화자는 "비등점에 이르는 마지막 1% 뚫는 일이 그 직전 단계에 이르는 에너지와 맞먹을 수 있다"고 언급한다. 즉, "끓기 전 99%와 끓기 시작의 마지막 1%는 동률이다."라는 과학 너머, 사유를 추출한다. 그러니까 "끓인다는 것은 아우름이다." 라는 작가만의 세계를 펼친다. 문학은 신도 무릎을 꿇게 할 수 있어야 한다는 전제에서 볼 때 이 같은 그의 시선은 현상학 너머를 갈구하고 있음을 어렵지 않게 알 수 있다.

두 작품 〈취하다〉와 〈끓이다〉는 풀이말인 술어적 제목을 차용해 생각을 풀어낸다는 점에서 입체적이다. 술어가 변형을 근본으로 한다는 데서 생성을 배면한다면 박헬레나의 사유도 유동적 생성으로 치환되는 것이다. 즉, 존재와 생성이라는 형이상학적 이원론 차원에서 고유명사는 고정성으로 존재 혹은 이성을 상징한다면 술어는 흐름으로써 생성의 사유를 거느린다고 하겠다.

여기서 하나 더 짚고 넘어가야 할 부분은 '때문'이라는 의존명사에 관한 사유의 변환이다. 표면적으로 술어적 용법은 아니나 삶의 성찰과 깨달음을 이야기하는 박헬레나의 작품 〈때문에〉 역시 '때문에'가 아닌 '덕분에'로 변화된다는 데서 술어적이기 때문이다. "대가족 속의 하루 세끼 밥상차림"이 화자를 "종일 부엌에 묶어 놓았다"고 회상하며 그렇게 묶인 일상의 반복이 시시포스의 돌처럼 느껴져 몸과 마음이 지칠 때면 남편에게 "당신 때문이라고" 타박했으나 돌이켜보면 지금 자신의 건강은 그때 타인을 위해 차린 밥상으로부터 비롯되었음을 깨닫는다. 지난날 함께 식사한 모두가 은인이라는 것으로, 직선의 사유가 아닌 타원의 사유를 이끌어냄으로써 원형적 여백을 염원한다.

3. 여백, 객체지향의 공간

동양 회화의 특징적 조형 요소 중 하나인 여백은 그림으로 채우지 않고 비워둔 공간을 말한다. 이는 미의 여백뿐만 아니라 말 없음의 있음을 내장함으로써 의미의 확장과 다의성을 염두에 두는 기능을 하는데, 미완의 여백으로서 바깥을 향한 문학의 공간을 생성한다. 이때의 바깥은 '나' 중심의 사유가 아닌 '너' 중심의 사유를 의미하는 것으로 객체지향적 사유라 할 수 있다. 이 같은 시선으로 세계를 바라보는 박헬레나는 한국화와 서양화를 비교하면서 여백의 의미를 설명한다.

> 화선지를 빈틈없이 채운 서양화에 비해 한국화는 여백을 중시한다. 그림보다 더 깊은 화의를 담고 있는 여백, 나 역시 비어 있는 공간에 많은 의미를 둔다. 여백은 기다림이다. 타인을 위한 배려요 여유다. 바깥을 향하여 열어놓은 가슴이며 사람을 좋아하는 나의 사랑법이다.
>
> — 〈아직은 여백으로 두고 싶다〉에서

화자는 집에 있는 물건들도 한 가지 기능으로만 존재하는 것이 아니라 말한다. "교자상 하나 놓인 거실은 식당도 되고 침실도 되고 때로는 공부방"으로도 사용된다. 이는 좌식생활에서 오는 공간 활용으로 동양 회화에서의 여백과 같은 공간이다. 이러한 여백을 기다림이요, 배려요, 여유라고 의미화한 화자는 여럿이 함께하는 공간이며, 주체보다 타자를 위한 공간으로 해석한다. 따라서 이때의 여백은 "바깥을 향하여 열어놓은" 사랑의 공간으로 기능한다는 데서 객체적이다. "두레상 펴고 둥그렇게 둘러앉"을 수 있는 공유를 소망하기에 화자는 "침대를 쓰는 편안함을 유예"하는 것이다. 그 유예의 공간은 문학적 꿈의 공간으로 전이되어 〈아직도 꿈꾸는 여자〉에 이른다. 화자는 문학에의 꿈과 잠의 꿈을 희미하게 중첩시킨다. 여고 시절 지드,

모파상, 헤세에 심취하고 체홉, 톨스토이를 만난 화자는 학과 공부보다 문학에 더 애정을 쏟았던 시절을 회억한다. 그러면서 "현실과 꿈이 날실과 씨실로 적절히 교직되어 결 고운 비단으로 짜였으면" 좋았을 것이지만 그렇지 못한 문학의 현실을 유감으로 드러낸다. "돌아보면 씨실이 지나치게 굵은 부분, 날실이 약해서 구멍 난 부분, 내 삶은 들쭉날쭉 거친 비단이"라며 '아직'이라는 시간적 의미에 덧대어 수필 작품의 유예를 언급한다. "때 묻지 않은 어휘를 건져낼 꿈을" 꾸며 "묵은 나무등걸에도 꽃이 필지" 모른다는 희망을 슬어놓음으로써 불확실성의 논리, 그 이면에 바슐라르적 '꿈꿀 권리'를 은폐한다.

이외에도 딸이 보내온 전통 이불을 통해 시간의 흐름을 언급한 작품 〈위대한 스승〉에서는 사용하지 않아도 삭아가는 솜이불을 소재로 소멸되어 가는 것들에 대한 시선을 드러낸다. "생물이건 무생물이건 모든 존재는 시간을 먹은 만큼 변화한다"는 것이다. 어쩌면 지극히 평범한 논리일 수 있으나 그는 "바위도 시간을 먹으면 모래로 변한다"며 시간에 투영된 변환의 이미지를 언급하면서 "세상살이보다 더 위대한 스승이 있을까"라는 화자만의 시간관을 생성한다. 또한 〈너 지금 어디쯤 서 있는가〉를 통해서는 존재를 묻는다. 망팔望八의 시기에 자신의 위치를 묻는 것은 왜일까, 이는 존재의 위치를 묻는 것이자 작가로서의 소명의식 때문일 것이다. 이순 중반에 수필 문학에 입문해서 이십여 년에 이르는 동안 세 권의 수필집을 상재했으나 수필의 문학성이라는 산은 높기만 하고 문학의 골짜기에 깊숙이 들어선 지금도 "그것의 참 의미가 무엇인지 알지 못한다."는 고백은 작가정신의 소박한 언명이라 하겠다.

4. 順音의 설계자

박헬레나에게 여백의 시간은 유무형의 간극을 초월하는 순간의 포착과 같다. 무의미한 시간의 흐름을 의미화하는 작업으로서 그것은 문학적 성취의 결과일 것인바, 이때 그는 사유의 느슨함을 경계하면서 순한 소리[順音]의 설계자가 된다. 그에 따르면 '미' 음계는 평화의 소리요, 순음에 가까운 소리이다. 따라서 박헬레나의 문학은 순한 소리가 모여 만든 존재를 향한 여백의 시간으로서 수필의 화음이라 명명할 수 있을 것이다. 이러한 소리 창조의 근원에는 기존의 신변잡기식 수필로부터 탈피하려는 작가정신 때문이지 싶다. 그렇기 때문에 작가는 작품으로 말한다는 인식 일단을 보여준다.

간접 체험이든 직접 체험이든 작가의 체험을 바탕으로 하기에 경험의 구조화 과정에서 사실의 왜곡이 일어나지 않아야 한다는 수필의 당위는 상상력을 저해한다는 문제와 맞닿는다. 이에 대한 논쟁은 수필 문학의 발전을 위한 노정의 하나이다. 수필 한 편을 창작하기 위해 고뇌와 고투의 흔적이 엿보이는 박헬레나의 수필 역시 문학성 담론의 심층을 고민한다. 언제나 그렇듯 그 과정은 만만치 않다. 개미귀신 같은 함정이 글의 여기저기에 도사리고 있게 마련이기 때문이다. 그 함정을 발견하기 위해 수백 번의 퇴고를 했다는 어니스트 헤밍웨이의 이야기는 금과옥조와 같다. 일고의 허술함도 허용하지 않는 철저함이 곧 퇴고의 정신인 것처럼 박헬레나의 수필에 나타난 술어적 의미 변주라든가 객체지향적 여백으로서 문학성에 천착하는 정신도 이와 다르지 않을 것이라 여겨진다. 일테면 지적 작용을 통해 이미지화되거나 무엇이라 의미화되는 순간 그것은 그 의미로부터 해방을 염두에 두어야 한다는 말로써 작가적 사유는 고답과 정전正傳적 사유로부터 비켜있어야 한다는 말이기도 하다. 따라서 박헬레나의 미결정 여백은 빔이 아닌 채움을 위한 존재의 소실점으로 작동하면서 실존적 시간의 사유와 언어 부림을 통해 끊임없이 순음과 내면 들여다보기를 주저하지 않는다. 다음 작품집에는 어떠한 없음의 있음 혹은 있음의 없음이 독자의 시선을 머물게 할지 궁금하다.

05

관계적 사유의 고처

고苦고考고高의 울안 읽기

– 추선희 《수필미학》(제32호)

낱낱의 어휘를 묶어 사유의 공간을 만들고 그 울안으로 독자를 안내하는 작가는 영혼의 옷을 짓는 사람이다. 추선희의 신작 두 편과 발표작 두 편에는 대상과의 관계에서 발생하는 생의 고통苦通과 성찰에 따른 세계의 고찰考察과 그 결실인 사유의 고처高處가 엿보인다.

대개 관계론을 다루는 철학으로 노장사상과 불교와 주역을 드는데 이들 중에서 불교는 세계를 고해苦海로 해석한다. 생로병사의 고통에 애별리고愛別離苦, 원증회고怨憎會苦, 구부득고求不得苦, 오음성고五陰盛苦를 더하여 八苦를 언급한다. 말하자면 세계에 존재하는 모든 것은 대상과의 관계에서 또는 자기 자신과의 관계에서 고통을 경험한다고 보는 것이다.

인간이 고통을 경험할 때, 이 세계에 고통이 있다는 것과 고통이 있음을 아는 것에는 차이가 있다. 즉, 정해놓은 이념과 관념의 테두리 안에서 세계를 소유하려는 태도로 세계를 인식하고 접면하는 것보다 있는 그대로 바라보는 존재적 태도로 접할 때 세계 인식과 사유의 창이 무한하기 때문이다. 이러한 맥락에서 볼 때 추선희는 고통을 대상화하여 있는 그대로 인식하고 그것을 통해 자신을 돌아보는 사유 체계를 보여준다. 이러한 반성적 자아가 자신과 세계를 재발견했을 때 새로운 '나'로 변모되는 형태를 띤다. 이때 그가 차용하는 세계 해석 방편은 체험을 통한 울림에서 비롯된 멈춤과 흐름이며 이를 통해 관계적 사유를 드러낸다. 이 같은 주체적 자아의 내면을 품은 그의 작품 〈엄마가〉, 〈주름살〉, 〈불어라, 봄바람〉, 〈청록青綠 방향〉을 통해 작가가 인간의 고통[苦]을 인식하는 지점과 고찰[考]하는 방식을 살피고, 추선희의 사유가 머무는 고고[高]함의 울안을 읽고자 한다.

*

〈엄마가〉는 노모의 외로움과 병듦[苦]을 통해 세계를 해석하고 〈주름살〉은 작가 자신의 얼굴에 생긴 눈가의 주름과 미간의 주름을 통해 늙어감[老]의 현상을 언급한다. 예컨대 노모의 외로움은 노년에 홀로 지내는 데서 오는 무기력과 병듦으로부터 기인하고 화자의 주름살은 구분 짓고 구별하는 마음에서 발생한다는 것으로 노모와 자신의 체험을 통어하는 가운데 생로병사의 고통을 해석하는 방식이다. 이때 추선희 작가의 문체는 슬픔을 직설화법으로 현시하기보다 간접적으로 제시한다.

엄마가 외롭다 한다.

횡단보도 앞에서 신호가 바뀌기를 기다리고 있었다. 제사 준비를 도와드리러 갔다 함께 시장에 다녀오는 길이다. 엄마가 저 앞을 본 채로 불쑥 말했다.

"할 일도 없고 하고 싶은 일도 없고 세상에 혼자 있는 것만 같아. 몸서리치도록 외로울 때가 있어."

(중략)

엄마가 날 부른다.

화장실에서 목욕 중인 엄마가 나를 부른다. 들어간 지 삼십 분이나 지나 이제야 부른다.

(중략)

엄마가 요양병원에 계신다.

지난해 가을이 절정일 때 요양병원으로 갔다.

(중략)

소용돌이는 위로 위로 올라 목을 지나고 콧속을 지나고 두 눈으로 물길을 낸다. 엄마, 엄마, 엄마.

— 〈엄마가〉에서

노모의 외로움과 병듦과 늙음을 세 컷의 장면으로 구성한 작품으로 생로병사의 苦가 내재한다. 횡단보도 앞에서 "엄마가 외롭다 한다.", 목욕탕에서 "엄마가 날 부른다.", 요양원 장면의 "엄마가 요양병원에 계신다."라는 세 문장을 각각의 문단으로 처리해 각 장면의 소주제를 함의하는 형식이다. 장면의 전환에 따라 한 줄을 비워둠으로써 말 없음의 있음을 가중하여 노모의 외로움[苦]에 대한 암묵적 이미지를 증폭시킨다.

횡단보도 앞은 부단히 흐르던 인생이 잠시 멈추는 장소로 생의 숨고르기를 내포한 사유의 공간이다. 노모의 발화는 그러한 지점을 포착한다. "할 일도 없고 하고 싶은 일도 없고 세상에 혼자 있는 것만 같아. 몸서리치도록 외로울 때가 있"다는 노모의 발화는 인간으로서 인간을 바라보게 하는 변곡점이 된다. 그러던 노모가 급기야 요양병원에 들어가게 되고 일 년이 채 지나지 않았는데도 화자는 노모를 떠올리지 않는 날이 많아진다. 그걸 깨달은 화자의 가슴에서 소용돌이가 일어난다. 이때의 "소용돌이는 위로 위로 올라 목을 지나고 콧속을 지나고 두 눈으로 물길을" 내는 슬픔의 상승 이미지로써 작품 속 세 컷의 장면과 세 감각 기관의 변증법적 이미지를 3의 변주[2] 형식으로 구성해 생의 시큰함을 경험하게 한다. "요양병원"에 있는 어머니를 떠올린 화자의 마음은 그래서 "물길"이 된다. 그 눈물은 보이지 않는 땅 속 깊은 곳 원류 같은 것이기에 막을 수 없다. 때문에 '엄마'라는 단어의 취사는 '어머니'라는 호명보다 더 근원적 슬픔을 기저에 둔다. 외로움과 병듦과 늙음과 대비되는 언어의 취사에서 오는 감정이

2. 평자는 〈외딴방의 아리아〉(《수필세계》, 2021년 봄 68호)에서 김정화의 수필에 나타난 '3'의 형식 변주에 대해 이미 논한 바 있음을 밝힌다. 숫자 3은 대립과 갈등을 무화시키는 상생의 수로 인식되기도 하는데, 우리 민족 고유의 경전인 《천부경》, 《삼일신고》, 《참전제경》과 함께 대종교의 삼위일체(환인, 환웅, 환검)가 그것이며, 만물이 시작하는 수로 인식한 노자와 동학의 천지인과 성서의 삼위론 등이 그것이다. 흔히 '福三'이라는 의미와 함께 기회와 배려가 침윤된 '삼세번' 또한 우리 삶 주변에 무의식적으로 자리하고 있는 바, 추선희 역시 무의식 또는 의식에서 三의 변주를 형식에 대입한 것으로 추론해 볼 수 있겠다.

기 때문이다(추선희 작가는 '어머니' 이야기를 할 때 '엄마'라는 단어를 취하는 경향이 있다). 생로병사라는 인간의 근본적 苦를 다룬 작품으로 고통이 선험적인 것이 아니라 삶과의 관계 속에서 인식해 나가는 과정임을 보여주는 것이다. 추선희는 그러한 고통의 해석을 자신의 어머니를 통해서 말하고 있지만 그것은 인간의 문제로 확장된다.

어머니를 주체로 개진한 〈엄마가〉와 달리 〈주름살〉에서는 시간의 흐름에 따른 현상을 다룬다. 이 작품은 눈가 주름과 미간 주름에 대한 인식의 차이를 통해 깨달음에 이르고 이후의 사유의 흐름에 변화를 야기하는 형태이다.

> 주름 몰래 흘러가는 시간은 없다. 이제는 눈가 주름뿐 아니라 미간 주름도 공평하게 사랑하려고 한다. 이유 없는 감정이 없고 모든 감정은 죄가 없기 때문이다. 감정 이후의 나의 처신이 바르냐 삐딱하냐, 그대로냐 달라지느냐의 문제다.
>
> — 〈주름살〉에서

눈가의 주름과 미간에 생긴 주름에 대한 사유를 통해 세계 이해의 방편을 제시한다. 긍정적으로 바라보았던 눈가의 주름과 달리 미간 주름에 대해서는 차분한 성정으로 미루어 생길 리 없다며 부정적 시각을 내비친다. 미간의 주름은 관계의 삶에서도 차이를 드러낸다. 어중간한 관계에서는 미간 주름이 태연하다가도 가족이나 가까운 이에게 외려 더 미간의 주름이 세로로 골을 내는 것이다. 그러나 화자는 몸이 아프고 나서 차츰 미간 주름을 이해하게 된다. 미간의 주름 역시 눈가의 주름처럼 자신의 감정의 산물이라는 것을 깨닫게 된다. 때문에 추선희는 "처신이 바르냐 삐딱하냐, 그대로냐 달라지느냐"를 거론하며 주름살을 생의 문제로 인식한다. 말하자면 늙음의 현상인 주름을 매개로 구분하고 배제하는 인간의 윤리적 문제를 덧그리는 것이다.

*

〈엄마가〉와 〈주름살〉이 四苦 중 늙음[老]의 현상과 관계한다면 〈불어라, 봄바람〉은 바람의 현상이 화자에게 번뇌를 생성시키고 이를 통해 화자의 인식이 변모하는 양상을 보여준다. 또한 〈청록靑綠 방향〉은 색에 대한 인식의 변화를 통해 세계와 자아의 관계에서 나타나는 결핍의 정서를 보여준다. 이때 번뇌와 결핍의 고통은 고통으로 끝나지 않으며 그러한 과정을 통해 다음 단계로 나아가는 에너지로 작동한다.

> 이제 지진이든 이별이든 오해든 상처든 겉으로야 그리 흔들리지 않는다. 잠깐 휘청대다가도 큰 숨 한번 쉬고 나면 제자리에서 멀리 벗어나 있지 않다. 생의 봄이 지나가 버리니 오히려 들뜨고 어수선한 봄날이 좋아지고, 흔들리지 않으니 흔드는 것이 그립다. 평정심이 덜 익은 탓이라도 상관없다.
>
> — 〈불어라, 봄바람〉에서

과거 호불호의 경계를 명확하게 줄 세웠던 화자는 봄을 싫어한 이유를 바람 때문이라고 밝힌다. 대개 봄바람에 대한 인식이 긍정인데 반해 화자는 "겨울 동안 가라앉아 있던 것들을 들쑤"시는 부정적 대상으로 인식한다. 그러나 대상에 경계를 지우고 구분을 한 자신의 행위가 오만이었음을 자각한다. 이러한 인식의 전환은 작가의 사유체계에 내장된 인과적 시간의 흐름에 의한 것으로 "생의 봄이 지나가 버리니 오히려 들뜨고 어수선한 봄날"이 그리워지는 이유로 치환된다. 이 같은 인식 체계는 "지진"에서도 이어진다. 지진이 일어났을 때 불안해하는 사람들과 달리 침착하게 대응하는 자신을 또 다른 자아가 응시한다. 뜻밖의 자아 발견이 어색해진 화자는 자신의 "태연 무심이 평정심인지 체념인지, 고요인지 비관적 수용인지" 모르겠다며 혼란스러운 감정을 토로한다. 하지만 "단단하면서 푹 익은" 감각적 서글픔이 변화된 자아를 호명하는데, 이 과정은 "이제 지진이든 이별이든 오해든 상처든 겉으로야 흔들리지 않는" 상태로의 자의식을 경험하게 한다. 일테면 평면적 시간을 벗어나 입체적 시간으로 나아감에 따라 작품 속 화자와 바람의 현상이 관계를 맺으며 "바람 때문에 싫어했던 봄이 바람 때문에 좋아졌"다는 내적 여정의 회귀를 통한 깨달음에 닿는다. 〈불어라, 봄바람〉이 바람을 사유의 상관물로 한다면 다음의 〈청록靑綠 방향〉은 색의 관계를 매개로 한다.

보통의 우리는 색이든 공간이든, 사람이든 사물이든, 이 마음이든 저 마음이든, 자신에게 부족한 무엇을 향해 흐른다. 빈자리를 채워서 중심을 잡아줄 무엇을 향해 쉬지 않고 흐른다. 알고도 모르는 척, 몰라서 깜짝깜짝 놀라면서 흘러간다. 그 와중에 무엇에 끌리고 누군가와 맹목적인 사랑에 빠지는 것이리라. 그리 착각하는 것이리라.

— 〈청록靑綠 방향〉에서

이 작품에서는 색의 관계성을 통해 결핍에 관한 사유를 전개한다. 청과 녹에 대한 의미가 유난히 각별했던 화자는 청록에 빠져 "십 년이 흘러도 헤어나질" 못하다가 청록 애착이 그냥 좋아서라기보다 심리적 결핍에 의해서라는 것을 알게 된다. 청의 보색인 황과 녹의 보색인 적이 화자를 나타내는 색으로, "황은 정신과 지성의 상징으로 심리적인 활동을 북돋우며, 적은 남성적인 힘과 관련된 강력한 고무제라"는 것이다. 이때의 앎은 피상적인 앎에서 한 단계 나아간 세계의 진실에 대한 앎으로의 확장이다. 보색관계를 통해 오음성고五陰盛苦에 해당하는 색감의 苦와 인간 존재 원리를 나타낸 것으로, 대상과의 관계를 넘어 자기와의 관계를 보여주는 대목이다.

"색이든 공간이든, 사람이든 사물이든, 이 마음이든 저 마음이든" 자기 자신에게 결핍된 것을 향해 흐른다는 행간은 대상과 대상이 서로 의존관계에 있음을 의미하며, 이면적 진실을 염두에 둔 사유라 할 수 있겠다. 한편 "나의 '없음'과 너의 '없음'이 서로를 알아볼 때, 우리 사이에는 격렬하지 않아도 무언가 고요하고 단호한 일이 일어"난다는 신형철의 글을 인용한다. 신형철이 언급한 '없음' 즉, 無의 개념은 불가의 空이거나 노자의 유무상생 철학을 배면한다. 이를테면 虛·無·空은 어떤 것을 어떤 것이게 해주는 성질이 없는 비본질 상태로 현상을 넘은 관계론적 사유를 추동한다. 하지만 추선희의 인식 주체는 "빈자리를 채워서 중심을 잡아줄 무엇을 향"한다는 결핍의 방향성 논리를 취한다. 그렇더라도 자신의 내면에 흐르는 청록의 지향에 따른 보색관계를 통해 황색과 적색을 껴안는다는 것으로써 신형철이 언급한 無의 개념은 일견 암시적 배경으로 기능하기도 한다.

*

인간의 지성사는 단계적으로 상승하는 과정을 거친다. 眞에서 善으로, 善에서 美의 단계로 상승하는 과정에서 상위 단계는 하위 단계를 포함한다. 말하자면 단계와 단계가 단절이 아닌 서로를 포함하는 가운데 서로에게 영향을 미치는 상호 호혜의 관계처럼 추선희의 수필에 투영된 지적 인식 또한 이러한 단계성에 따른 포함 관계를 보여준다.

모든 예술은 정지가 아닌 흐름에서 진화할 수 있다. 수필 역시 이러한 흐름을 견지해야 한다는 점에서 추선희의 수필에 내장된 사유의 유동은 미래성에 즈음하며, 관계론 철학의 입장을 관류하는 기제로도 작용한다. 이는 무엇을 규정하는 것이 아닌 비본질적 사유 구조를 지녔기 때문이며 구분으로부터 이탈하고자 하는 작가만의 사유 때문일 것이다.

흐르는 물이 살아 있는 물이고 그 물이라야 생명을 살리듯 문학의 생명성 또한 흐름을 긍정한다. 이는 흐름의 메타포를 지닌 관계 철학의 핵심 범주 같은 것으로 문학 또한 이와 다르지 않다. 때문에 추선희 작품은 단색에서 벗어나 다양한 컬러를 지향한다. 더하여 서름서름하지 않은 문체와 거칠지 않은 사유 표면에 관계적 사유를 추동함은 물론 타자와 세계 혹은 자아와 세계의 이해를 담담하게 담아낸다. 이때의 문장은 서로 밀고 당기면서 긴장감을 채굴하고 주제를 향한 감각적 성찰은 고명처럼 얹어져 울림을 주기도 한다. 이를테면 추선희 수필의 울안에서는 노모를 통해 인간의 외로움과 늙음의 현상이 관계 맺기도 하고(〈엄마가〉), 얼굴의 주름을 통해서는 이것과 저것을 구분하는 세계에 대해 통찰하면서 내가 나와 관계 맺는 세계(〈주름살〉)를 보여준다. 또한 바람의 현상을 현상으로 흘려보내지 않고 바람을 통한 자아와의 관계를 성찰(〈불어라, 봄바람〉)한다거나 보색 관계를 통한 내면으로의 침윤(〈청록青綠 방향〉) 과정이 관계적 사유의 고처를 담지한다.

이상 네 편의 작품을 살폈다. 읽는 재미에 덧붙여, 끊임없이 재해석되는 철학처럼 새로운 관점을 제시하고자 했다. 이는 경험 미메시스에 그치는 일부 수필문학의 경도를 경계하고자 하는 필자의 수필 사랑에 기인한 의도이기도 하다. 부여된 작품만으로 추선희의 수필 문학 세계를 가늠할 수는 없다. 그러나 적은 수의 작품에도 불구하고 다양한 사유가 내재되어 있음을 볼 수 있었다. 추후 추선희 수필의 울안에 어떤 관계적 사유가 곁들지, 궁금하다.

제 2 부

자기 긍정의 오디세이

01

자기 긍정의 오디세이

– 김산옥 《수필미학》(제34호)

1. 긍정의 시원

김산옥의 수필은 정자나무 아래에서 나누는 이야기처럼 자분자분하다. 서로 보듬고 다독이는 긍정의 평상에는 들고나는 여유로움이 있으며 때로는 옷감을 짜듯 섬세함이 있다. 그렇기 때문에 쉽게 놓칠 수 있는 장면도 소재로 취하여 작품으로 승화하는데, 자기 긍정의 세계관으로부터 촉발된 그의 사유는 동구 밖 연못의 동심원과 같은 효과를 유발한다. 이때 "있는 것은 아무것도 버릴 것이 없으며 없어도 좋은 것은 없다"(백승영, 《니체, 디오니소스적 긍정의 철학》)는 니체 철학처럼 김산옥의 세계 이해 방식은 대상으로의 전이를 통한 보다 더 나은 상태의 긍정을 추구한다. 휴머니즘의 무늬와 사회 문화적 현상을 투영한 이야기에서 긍정의 철학을 유추할 수 있으며, 깨달음과 성찰의 의미를 부여함으로써 세계 인식의 시선을 확장한다. 이렇게 볼 때 김산옥의 긍정적 세계 이해에 따른 사유의 메커니즘은 곧 그의 문학에 드리운 긍정의 배아이며 리얼리티의 시원이기도 하다.

또한 김산옥은 '나의 창작방법'에서 "시 같은 수필 소설 같은 수필"의 모색에 대해 언급한다. 세계를 있는 그대로 모방하거나 재현하지 않고 재해석하는 창조적 주체로서의 시선에 다가서고자 하는 것이다. 이러한 창작 지향은 수필의 문학성 논쟁을 불식할 수 있는 시도이기도 할 것이며, 경험 사실의 진술이라는 수필의 태생적 한계를 넘어서기 위한 작가정신의 발로이기도 할 것이다. 때문에 김산옥이 구사하는 언어의 질감은 모성성과 이타적 긍정의 담지를 넘어 때론 유유幽幽의 시간을 걷는 관조이기도 하고 때로는 어린아이처럼 순수한 시선을 엇걸려 놓는다.

보이지 않는 세계와 들리지 않는 소리를 기표화 함으로써 감동을 그려내고자 하는 김산옥 수필가의 바람처럼 그의 문체는 일정 부분 시적 묘사와 서사적 입장에 닿아 있으며, 그의 감각은 시대성도 간과하지 않는다. 일테면 리얼리티와 성찰의 시선으로 가족애의 실천과 잊혀져가는 문화의 소산에 대한 물음을 던짐으로써 자기 긍정과 타자 긍정의 시각을 확보한다. 타자를 통해 나를 보기도 하고 나를 통해 타자를 보는 성찰적 리얼리티와 무소유적 삶의 의미를 생성함으로써 인간애적 이야기를 씨줄로 풀고, 경험적 자아의 깨달음을 날줄로 엮어 자기 긍정의 오디세이를 실현한다. 이러한 맥락에 바탕을 두고 김산옥의 신작 2편 (〈만약에〉 외 1편)과 발표작 5편(〈늦게 피는 꽃〉 외 4편)을 통해 긍정적 삶의 통찰이 투사된 그의 수필 세계를 들여다보고자 한다.

2. 휴머니즘의 무늬

《실존주의는 휴머니즘이다》에서 샤르트르는 "인간은 인간 스스로가 만들어"가는 존재임을 언급한다. 실존이 본질을 앞선다는 그의 언술은 이 시대 가족이라는 울타리를 간과할 수 없게 하는데, 이 지점에 김산옥 수필의 휴머니즘이 얼비친다. 가족은 시대를 초월하는 보호막으로써 한 사회와 국가를 지탱하는 원초성의 이미지를 함의한다. 최근 우리 사회에 일어나는 인문학 열풍 역시 이러한 맥락에서 접근할 수 있다. '가화만사성家和萬事成'이라는 교시성 어휘가 사어가 되지 않고 시간과 공간을 초월해 왕왕 회자되는 이유도 여기에 있다. 가족애를 바탕으로 가족의 의미와 가치문제를 간접적으로 묻는 김산옥의 오디세이는 인간 실존의 문제와 닿아 있으며 더러 휴머니즘의 무늬로 나타난다.

> 그날 남편이 내 얼굴을 씻겨주지 않았다면 지금 아버님 세수시켜드리는 일이 그저 밋밋하고 형식에 불과했을 것이다. 내 생에 가장 어긋나는 착각일지라도 아버님은 지금 내가 얼굴 씻겨드리고 손발 씻겨드릴 때, 가장 행복할 거라고 믿고 싶다. 오래전 잊힌 어머니의 따뜻했던 손길을 기억할지도 모른다고.
>
> — 〈세수〉에서

예부터 우리 민족에게 세수는 그 의미가 남다르다. 아침에 일어나 세수를 먼저 하고 대상을 마주하는 것이 상례였다. 일상의 청결함을 중요시한 문화이기도 하지만 세수는 자신의 외면과 내면을 가꾸는 상징적 의미를 내포한다. 이 작품은 그러한 의미를 중층화해 보여준다. 즉, 씻는 것과 씻겨주는 것의 의미를 통해 가족애를 되새기게 하는데, 전자가 자의적이고 자신을 향한 행위를 의미한다면 후자는 이타적 의미를 배태한 어휘로 대상과 대상을 연결하는 행위로 작동한다. 그러니까 후자에는 봉사와 희생정신의 저류가 충일한데, 남편이 화자를 씻겨준 것으로 인해 시아버지를 세수시켜드리는 일이 형식적이지 않고 마음을 다한 행위로 이어질 수 있다는 인과적 서술은 마음이라는 현상이 서로 관계 맺고 있음을 무언중 시사하는 대목이다. 또한 화자가 매일 아침 시아버지의 얼굴을 씻겨드릴 때 화자의 내면을 자극하는 것은 모성애적 감성이다. 화자의 어머니가 어린 아기였을 적 자신의 얼굴을 씻어주었듯 누군가의 얼굴을 씻어주는 행위는 인간을 인간이게 하는 원류로써 모성적이며 생래적 발로가 아니면 어려울 수 있다.

전문성을 담보로 노쇠한 부모를 요양원에 모시는 일이 보편화되어 가고 있는 시대다. 그럼에도 불구하고 거동이 불편한 부모를 공양하는 김산옥의 〈세수〉는 가족애를 넘어 인간애의 회복과 실현으로 다가온다. 이 작품에서 휴머니즘의 무늬를 보는 이유이다.

> 자꾸만 토해서 뱃속에는 아무것도 없었다. 그 와중에도 허기가 찾아왔다. 언니 등에 엎드려 내려다보는데, 저만치 개울창에 찔레꽃이 막 피어나고 있다.
>
> (……)
>
> 지금도 그때 언니 등에서 내려다본 찔레순을 잊지 못한다. 작은 등

으로 나를 매달고 산비탈을 올라가던 언니 모습은 더욱 잊을 수 없다.

— 〈우리 언니〉에서

'언니'라는 호칭은 다의적이다. 하지만 이 작품은 〈우리 언니〉라는 제목에서 알 수 있듯 어떤 암시나 포괄적 의미를 함축한 제목이라기보다는 가족의 의미로서 '언니'임을 알 수 있다. 화자의 '언니'는 동생을 배려하고 사랑을 실천하는 존재로 의미화된다. 갑작스러운 복통으로 신음하는 화자의 유년을 "작은 등으로" 업고 산비탈을 오르는 장면은 가족애의 정점이다. 그 때문에 화자에게 찔레순은 초인 같은 언니의 모습과 함께 저장된 기억의 디아스포라이다. 그 기억은 자신의 자녀들에게 교훈적 의미로 전이 되어 세대를 이어가는 인간애의 암묵적 상징으로 기능한다. 이는 자기 긍정에서 비롯되는 것인데, 푸코가 《주체의 해석학》에서 "자기 배려는 자기 자신에 대한 배려이고, 자기 자신을 돌보는 행위이며 자기 자신에게 몰두하는 행위"라고 말하는 것과 그 맥을 같이 한다. 그러니까 배려는 자기 배려에서 비롯되어 혈육을 넘어 타인 배려로 나아감을 보여주는 것으로서 이 작품 역시 긍정의 철학을 함의한다.

요즘 젊은이들은 아기를 업지 않고 앞으로 안아 어깨에 거는 아기 띠를 사용한다. 업으면 아기 다리가 휘어진다는 등, 가슴에 심장 소리를 듣게 해줘야 한다는 등 여러 가지 이유로 처네 포대기를 멀리한다. 딸아이 직장 관계로 내가 육아를 돌봐야겠기에 불편한 슬링 띠를 마다하고 처네를 원했다.

— 〈그곳에서〉에서

문학 행사에 참석한 화자가 목성균의 〈누비처네〉라는 작품 낭송을 들으며 추억 속의 연둣빛누비처네를 떠올린다. 처네를 매개로 가족의 결속과 우리 문화의 한 단면을 연결하는 이 작품에는 시어머니가 등장한다. 연둣빛누비처네는 두 딸을 낳은 후 느지막이 셋째를 임신한 화자에게 시어머니가 선물해준 것이다. 여러 겹으로 얼키설키 얽힌 기억이 '누비처네'라는 사물을 매개로 실타래처럼 풀려나오는데, 화자에게 연둣빛누비처네는 짐작컨대 한 가문의 대를 이어야 한다는 의미와 함께 아들을 낳아야 한다는 무언의 압력이 내재된 물건일 것이다. 말하자면 시어머니가 선물한 처네의 연둣빛은 아들을 상징하는 색이자 딸만 낳은 화자에게 무언의 권고장 같은 의미를 상정한다. 시어머니의 바람이 누비된 누비처네를 통해 가족의 결속을 내포하는 동시에 남아선호 사상에 침식된 문화의 이면적 진실을 우회적으로 적시한 대목이기도 하다. 일견 울컥한 기억으로 읽히기도 하지만 그런 가운데서도 긍정의 서사가 흐른다.

> 이북 황해도 연백이 고향인 시아버님은 육이오 때, 피난 내려와 처자식과 생이별을 했다. 시조부님은 전쟁이 끝나면 바로 올라오라고 돈 보따리만 싸 들려서 아들 삼 형제를 이남으로 피난시켰다. 전쟁은 끝났지만, 남북이 가로막혀 가족이 있는 곳으로 갈 수 없었다. 38선은 그어지고 가족과 영영 이별이 되고 말았다.
>
> — 〈그렇게라도- 굿을 하던 날〉에서

이 작품은 이산의 아픔을 지닌 가족사를 통해 역사의 한 부분을 환기시킨다. 다양한 관계적 실존들이 뒤엉켜 사는 현대인들에게 한국 전쟁의 상흔인 이산의 아픔은 점점 잊히는 현실이다. "이북 황해도 연백이 고향인 시아버님은 육이오 때, 피난 내려와 처자식과 생이별" 한 아픔을 안고 산다. 어느 날 시아버지의 한을 풀어주기 위해 굿을 하게 된 화자는 그 일에 직접 참여한 경험을 묘사함으로써 굿에 대한 낯설고 묘한 경험을 살풀이하듯 풀어놓는다. 굿이라는 민간신앙과 한국사의 아픔인 이산가족 이야기를 긍정으로 융화시킨 작품으로 화자의 내면에 휴머니즘의 무늬 하나를 덧그린다. 혼귀를 불러들여 대화하고, 울고 웃는 무속인들을 보며 "믿기지 않는 그들의 한 서린 울음이 연극이었다면 격조 높은 예술"일 정도라고 술회한다. "그렇게라도"라는 제목으로 미루어 화자에게 그러한 무속적 행위가 희미해져 가는 가족이라는 최소 단위의 연대를 통해 풀이됨을 알 수 있다. "최첨단 기술이 하늘을 치솟는 문명 속에서, 전설 속에서나 있을 법한 일을" 실행했다는 자부심과 인간으로서 도리를 해냈다는 결론에 다다른 것은 긍정의 한 형태라 할 수 있을 것이다.

3. 사이 혹은 크레바스crevasse

사이라는 말에는 대상과 대상의 소통이 전제되지만 빙하氷河나 눈 덮인 골짜기의 갈라진 틈의 의미를 지닌 크레바스에는 그러한 통로의 의미보다는 불안과 공포가 내재한다. 김산옥의 수필에 나타난 소유욕의 탈피에 따른 무소유적 깨달음의 주제를 드러낸 작품에서 이처럼 상반된 의미를 지닌 사이와 크레바스(틈)를 추출할 수 있다.

욕망은 말 그대로 무엇인가를 더 많이, 더 나은 상태를 원하는 마음이다. 그러나 '많다'라는 개념은 항시 '더 많다'라는 개념에 비해서 상대적으로 항상 적다는 개념이 된다. 인간인 이상 무한히 소유적 태도만을 고집할 수도 없고 무한히 무소유적 태도만을 고집할 수도 없다. 하여 권력욕, 지식욕, 명예욕 등 인간의 욕망은 끝이 없기에 소유와 무소유의 사이에서 늘 서성인다. 인간의 내면에 잠재되어 있는 사이와 크레바스인 셈이다. 김산옥은 영생불멸에의 직시(〈만약에〉)와 스스로를 행복에 이르게 하는 지식욕(〈늦게 피는 꽃〉), 편견을 불식시킨 인식의 전환(〈예기치 못한 사태〉)을 통해 사이와 크레바스를 극복하고자 한다.

> 이제부터라도 비움으로 내게 주어지는 오늘을 살고 싶다. 만약에 내가 죽더라도 가볍게 길 떠날 수 있게, 애착도 버리고, 소유욕도 버리고, 구석구석 쌓아놓은 일상의 찌꺼기도 모두 비우며 살고 싶다. (…) 비우고 나면 금세 그 자리에 주리를 트는 번뇌 속에서 날마다 마음 다잡아 본다.
>
> — 〈만약에〉에서

만약 자신이 죽은 후를 생각해 보라는 백중기도 날의 화두를 통해 무소유의 삶을 실천하고자 하는 이 작품은 지극히 인간적인 성찰의 메시지를 담고 있다. 자신이 죽음에 이르게 된다면 "애착도 버리고, 소유욕도 버리고, 구석구석 쌓아놓는 일상의 찌꺼기도 모두 비우며 살고 싶다"라는 고백이 그것이다. 즉, 죽음이 코앞에 닥쳐도 죽음을 인식하지 못하는 물음을 이면에 둔다. 죽음이란 인간의 인식 밖에서 노는 그림자라는 것이다. 하지만 김산옥은 "피사의 사탑처럼 쌓아놓고 쓰러질까 염려하며" 살아가는 현재의 자신을 돌아본다. 집안 곳곳에 자리 잡은 물건들이 화자를 깨닫게 하는 대상으로 작용해 화자의 소유욕을 경계한다. 물건의 소유적 가치가 아닌 물건이 물건으로서 지닌 감동과 그 감동 경험이 나를 지금의 '나'가 아닌 다른 나로 다시 살게 해야 하는데 그렇지 못함을 자각한 것이다. 그러나 사람의 마음이란 "비우고 나면 금세 그 자리에 주리를 트는 번뇌"가 일어난다. 하여 화자는 "날마다 마음 다잡아"보며 다짐을 한다.

일찍이 "탐욕도 벗어놓고 성냄도 벗어놓고/ 물같이 바람같이 살다 가라"던 나옹선사도, '자발적 가난'을 실천한 소로우도 무소유적 삶을 강조한 바 있다. 어떤 분별심이 없는 상태를 진정한 무소유라 정의하는 불가에서처럼 물질이든, 명예든, 지식이든 무조건 더 많이 갖는 것이 소유를 의미하지 않는다. 그렇다고 무조건 적게 갖는 것이 무소유를 의미하지도 않는다. 무소유는 소유의 다른 한쪽이다. 소유가 없으면 무소유를 주창할 이유가 없다. 그러니까 무소유란 소유적 삶과 무소유적 삶 사이에서 갈등하는 인간 내면의 크레바스인 것이다. 이에 따르면 이 작품 속 자아는 영생불멸하는 대상이란 있을 수 없다는 깨달음을 통해 현재인 '오늘'의 중요성을 인식함으로써 크레바스가 아닌 사이를 붙든다. 이러한 깨달음과 실천적 사유의 기저에는 자기 긍정의 오디세이가 있다. 더하여 미래를 추론하고 예측하는 '만약'이라는 가정법은 미래적 의미만을 내장한다기보다 그 의미 안에는 과거와 현재의 시간까지도 덧입혀져 있다.

> 나는 언제나 '그럼에도 불구하고'라는 긍정어를 쓰며 살아간다. (……) 나는 남보다 나에게 존중받고 싶다. 나를 행복하게 해주고 싶다. 나에게 자존감이 없었다면 아무것도 이루어내지 못했을 것이다. 뒤늦게 하는 공부가 부끄러워 자존심만 내세워 멀리하였다면 내가 하고 싶은 공부는 영영 못 했을 것이다.
>
> 나는 아직도 꿈꾸며 산다.
>
> — 〈늦게 피는 꽃〉에서

'현고학생부군신위顯考學生府君神位'는 벼슬하지 못한 선친의 신위에 '학생'이라는 신분을 부여함으로써 그 격을 높이는 역할을 하기도 하지만 인간은 죽어서도 배워야 할 만큼 사는 동안 공부해야 하는 존재라는 것을 염두에 둔 말이기도 할 것이다. 그래서일까, 김산옥의 배움의 열정은 유교 경전 《논어》의 '학이'편을 떠오르게도 한다. 그 시대 가난으로 인해 상급학교에 진학할 수 없었던 화자가 뒤늦게 검정고시를 거쳐 방송통신대에 들어가 국문학도로서의 꿈을 키운다. 이 과정은 부정 접속사인 '때문에'보다 긍정 접속어인 '그럼에도 불구하고'를 통해 자기 존중이라는 사유의 틀을 생산한다. 자존심만 내세우고 학업에의 꿈을 포기했다면 원하는 자신의 모습을 세울 수 없었을 것이라는 고백이 당연한 진술 같지만 그 안에는 자기 존중과 자기 긍정적 삶의 원동이 내재되어 있다. 그러나 "아무리 작은 것이라도 그 뜻을 이루기까지는 거기에 주어지는 무게만큼"의 생채기가 있기 마련이다. 하지만 김산옥에게 그 "생채기들은" 상처에 머물지 않고 삶의 에너지로 승화한다. 자존심과 자존감의 사이 혹은 크레바스

(틈)를 극복한 셈이다.

> 다음 날 면회하러 갔다. 다행히도 염증 수치도 떨어지고 활동량이 늘었다. 녀석은 살그머니 내 옆에 다가와 곁을 준다. 개에 대해 그토록 질색하던 내 마음은 이제 어디에도 없다. 어느 틈에 녀석은 우리 가족의 일부가 되어있다. (……) 따지고 보면 녀석도 나도 짐승에 불과하다. 나는 말을 할 뿐이고 녀석은 말을 못 할 뿐이다. 어찌 편견을 두리.
>
> — 〈예기치 않은 사태〉에서

애완견 키우는 것에 대해 반대했던 화자는 어느 날 딸이 데리고 온 "세부"라는 강아지 한 마리로 인해 그동안 자신이 편견에 갇혀 있었음을 인식한다는 이 작품 역시 내면의 크레바스를 드러낸다. 식구들이 모두 출근하고 나면 애완견 "세부"와 화자 단둘이 남게 된다. 처음엔 마음을 줄 수 없어 "완벽한 타인"처럼 지냈으나 1년여가 지난 어느 날, 세부가 동물병원에 입원하는 사건을 계기로 화자와 강아지 사이에 감정이 움트게 된다. 이를테면 갈등의 시간이 흐르면서 적적함과 외로움을 상쇄하는 매개로 작용하는데 그 위로의 에너지 비중이 한쪽에 치우치지 않고 동등한 입장으로 승화됨으로써 가족관계가 이루어진다. 갈등의 골에 소통의 물꼬가 생성되어 대상에 대한 편견을 불식시킨 것이다. "살다 보면 이런저런 일들이 있기 마련이지 싶어 늘 긍정적인 마음을 갖는" 화자였지만 소유의 감정과 무소유의 감정 사이에 끼어 있던 편견이 존재했음을 깨닫고 인식의 전환을 일으킨 것인데, 깨달음은 일상의 변화를 야기하고 변화는 또 다른 생성의 길로 나아간다는 것으로, 실존이 본질을 앞선다는 샤르트르의 언술이 닿아 있는 지점이기도 하다.

4. 그늘 경작술

문학은 삶의 이야기를 언어로 경작하는 예술이다. 언어의 씨앗을 어디에 어떻게 뿌리고 가꾸느냐에 따라 발아하는 형태는 천양지차이다. 문학을 하나의 개념으로 정의할 수 없는 이유일 것이다.

일본 문단의 기인奇人으로 불리는 마루야마 겐지는 예술가를 음지식물이라 언급한 바 있다. 이 말은 양지적 입장을 넘어 보이지 않는 곳에서 이끼처럼 살아가는 존재들에도 시선이 닿아야 한다는 것으로 예술가를 향한 암묵적 상징일 것이다. 따라서 김산옥은 "진정한 민낯으로 독자를 만나"고 그늘져 "후미진 곳"에 존재하는 소리에 귀 기울이고자 한다. 그의 내면을 흔드는 음지의 대상들은 "가녀리게 작은 풀꽃일 수도 있고, 귓불을 스치는 바람결"이거나 풀숲에서 우는 "풀벌레 소리일 수도 있으며, 재래시장 좌판에 앉아 졸고 있는 노인"일 수 있다. 일상의 작고 소소한 것들을 밝힘으로써 음지의 경작술과 같은 창작 의도를 드러낸다.

음지 속에 양지가 있듯 음지는 음지 그 자체로만 존재하지 않는다. 세계는 변화를 거듭하는 유동의 공간으로써 톱니바퀴처럼 음지와 양지가 맞물려 있다. 김산옥 수필에 내재한 긍정의 사유도 결국 이러한 기조에서 출발한다. 그것은 가족애를 통해 휴머니즘의 실천적 지성을 감당하거나 가족사를 통해 역사를 되짚기도 한 사유로 드러나기도 하고, 사소하지만 요긴했던 사물인 "처네"를 복원하여 사라져가는 문화에 대해서도 허투루 넘기지 않는 작가정신을 표출하기도 한다. 더하여 깨달음을 통한 실천과 배움의 정신, 그리고 편견을 불식한 인식의 전환을 통해 긍정의 메시지를 전한다. 이러한 바탕에 시적이고 소설적인 수필에의 지향을 '나의 창작방법'에서 언급하고 있다. 그러나 소설의 서사라든가 시적 표현에 즈음한 상징과 이미지 등 여타의 요소들이 아직 작품 속에 두드러지지 않는 것으로 미루어 그 과정에 있는 것으로 보인다.

모름지기 문학은 새로움을 추구해야 하는 당위적 존재이다. 때문에 김산옥의 문학적 기투 역시 스스로 변화하는 문학의 특성을 염두에 둔 시도라 하겠다. 공자의 '종심소욕불유구從心所欲不踰矩'라는 말처럼 文道에 어긋남이 없는 새로움을 향해 있다 할 것이다. 이 때문에 본 평론 제목에 언표한 김산옥의 '자기 긍정 오디세이'는 수필의 미래를 위해 오늘도 그늘의 언어를 경작하는 것일 게다. 이는 작가이기에 가능한 행적으로써 공동체적 삶의 지향이며 염원이기도 할 것이다.

02

무규정적 원환의 연속체

– 권현옥 《수필미학》(제37호)

1. 부재의 에네르기

오늘날은 이전 사회와 다르게 개별적 존재자들의 다양성이 조화를 이루어내고 있다. 글쓰기에서도 이러한 다양성은 필요하다. 이는 곧 다양한 사회에 대한 좋은 글의 배면이 목적일 것인 바, 그 과정으로써 三多를 언급하고 대상에 대한 관심과 관찰 또는 이론적 배경을 통한 분석과 안목의 폭을 넓혀야 한다고 강조하는가 하면, 이런저런 글쓰기에 대한 개념을 나름의 경험과 기존의 이론적 틀을 대입하여 언급하기도 한다. 원칙적으로는 맞는 말이다. 하지만 그것은 어디까지나 기본의 성실에 둔 과정으로써의 일반적 배경이다. 요컨대 텍스트는 완결이 아닌 과정으로써의 기호이며 이는 다양성을 염두에 둔 긍정 사유의 확장을 전제로 한 언급이다. 말하자면 글은 정형이 아닌 무정형의 가능성을 지닌 대상으로 환언할 수 있기 때문에 기능 또는 방법론적 차원에서의 접근일 뿐이다. 《수필미학》으로부터 최근 건네받은 권현옥의 신작 2편과 발표작 5편에서 간혹 보이는 긴밀성 부재 역시 긍정의 과정으로 생각해 볼 수 있다는 말이기도 한데, 이 같은 아쉬움에도 불구하고 권현옥 수필에 나타난 존재 불안의 양가성과 사유의 매개로서의 감각 그리고 전언으로서 기표와 기의적 전개는 눈여겨 볼만한 부분들이다. 권현옥은 "창작의 속성"을 언급하며 수필을 향한 자신의 고뇌에 대해 "누구도 써보지 않은 문장으로, 시각으로 바꾸는 일이"(〈나의 수필관〉)결코 만만치 않은 일이기에 갈수록 어렵다며 창작의 고통을 토로한다. 필자는 이 고백에 시선이 꽂혔다. 창작 과정에서의 겸손함이 느껴졌기 때문이기도 하지만 권현옥 사유 이면에 침출된 '긍정'의 에너지를 보았기 때문이다. 하늘 아래 새로운 것은 없다는 말처럼 완벽한 것은 없다. 문학은 더 그렇다. 하면, 예술은 모름지기 권현옥의 과정처럼 부재를 에너지 삼아 원환 운동의 연속체가 되어 나아갈 뿐이다.

2. 존재의 불안에 투영된 양가성

존재는 근원적으로 어둠과 죽음에 대한 불안을 등에 지고 산다. 바위를 지고 산등성이를 오르는 시시포스처럼 존재의 불안은 끝없이 반복된다. 하나의 불안이 스러지면 또 하나의 불안이 마음을 비집고 들어서는 심리적 현상이 권현옥의 작품에도 드러나는데, 가시성에 의한 존재론적 불안만이 아닌 양가성이 내재되어 있다. 이 같은 불안의 기제는 빛의 부재로서의 어둠이거나 부조리한 죽음에의 인식에서 비롯된다. 권현옥의 신작 〈나쁜 영화〉에는 어둠에 기인한 불안이 투영되어 있고, 〈무거운 명령〉에는 관습법에 의해 죽음을 당하는 부조리한 죽음에의 비판적 인식이 나타난다. 사회 내부에 오랫동안 인정되고 습관화되어 온 규범이나 생활 방식으로써 관습법에 따른 불안이 그것인데, 어떤 관습은 존재를 무겁게 압박하면서 죽음으로 내몰기도 한다. 어쨌거나 어둠에 의한 것이든 관습에 의한 것이든 불안은 존재를 드러내기도 하고 존재를 감추기도 한다는 점에서 양가적 이미지를 띤다.

> 눈을 떠 보아도 감아도 어둠. 어둠이 그렇게 무서운 것이었다면 나는 이제껏 어둠을 보지 못한 것인가. 언제나 환하게 켜진 도시의 가로등이나 상가의 불빛과 앞 동과 뒷동의 불 켜진 방들만 봤나보다. 어둠은 언제나 있었는데 오늘 내가 요란하게 불안해진 것이라면 눈으로 본 것과 상상으로 본 것 중 가장 안 좋은 것들로 결합한 영상 때문이었다.
>
> — 〈나쁜 영화〉에서

무서움은 공포의 감정과 연관된다. 하이데거는 《존재와 시간》에서 "무서움의 대상, 무서워함 자체, 그리고 무서움의 이유"라는 세 가지 관점에서 무서움을 고찰하는데 이 세 가지에 의해 심경의 한 상태로서의 공포가 형성된다고 언급한다. 즉, 무서워하는 것은 "세계 속에서 무서운 것이 접근해 올 수 있음을 처음부터 미리 내다보고 세계를 열어보는 것이다." 그러니까 "무서움을 두려워하는 이유는 무서워하는 존재자 자체, 즉 현존재 자체"인데 이 존재 자체의 관련성을 인식한 존재의 두려움인 것이다. 이처럼 무서움 혹은 두려움은 대상으로부터 기인하지만 자기 불안에서 비롯되기도 한다. "혼자" 숲속 휴양림에 간 화자에게 칠흑 같은 어둠은 존재의 불안으로 다가오고 누구도 그 공포감을 불식시키지 못한다. 불안을 떨쳐내기 위해 텔레비전에 의지하다가 누웠으나 그럴수록 잠은 달아나고 망상이 두려움을 가중시킨다. 그러다가 문득 "어둠이 그렇게 무서운 것이었다면 나는 이제껏 어둠을 보지 못한 것인가"라며 자문한다. 어둠은 없다가 있는 것이 아니라 빛의 이면이었음을 자각한 것이다. 더하여 "눈은 창이면서도 거짓 창일 때가 많다"는 사유에 이른 화자는 르네 마그리트의 〈거짓의 눈〉을 떠올리며 시각의 오류를 언급하기도 한다. 이어 "사람 관계망 때문에 지치고 귀찮고 신경 쓰여 피하고 싶었"던 화자는 다시 "사람 가까이 있고 싶은" 자신을 발견한다. 잠시나마 그 영역에서 벗어나고자 했던 마음과 달리 숲속에 혼자 있게 됨으로써 관계의 소중함을 깨달은 것은 물론 자신의 내면에 드리운 양가적 심리를 직시한다. 이러한 인식의 양가성은 햇살이 창으로 당도한 아침이 되었을 때 찾아온다.

> '부서진 사월', 제목은 4월의 아름다움이 부서졌음을 설명한다. 4월은 씨앗과 뿌리의 존재를 자신 있게 드러내는 아름다운 시기다. 그러나 한 청년은 관습법으로 인해 살인을 할 수밖에 없었고 관습법으로 정한 죽음의 유예기간을 살다가 관습법에 의해 복수를 당하는 시기의 이야기다. 이승에서 저승으로 가는 이야기지만 사실은 저승에서 잠시 빌려온 이승의 순간으로 존재하는, 주인공에게는 잔인한 달이란 뜻일 게다.
>
> — 〈무거운 명령-이스마엘 카다레의 《부서진 사월》〉에서

조국 알바니아의 현실을 다양한 방식으로 보여주는 작가 이스마엘 카다레의 소설 《부서진 사월》을 통해 삶과 죽음을 지배하는 관습법을 비판하는 이 작품 역시 존재의 불안이 내습한다. 카다레는 신화와 전설의 형식을 도입한다든가 조지오웰의 소설 《1984》의 형식을 차용해 디스토피아와 같은 자국의 현실을 우회적으로 드러내는 방식을 주로 택한다. 카다레는 이러한 작법이 표현의 자유가 부재한 공산국가 체제에서 자신이 택할 수 있는 방법이라 언급한다. 그가 이 책에서 다룬 알바니아의 '카눈'이라는 관습은 살인에 대해 살인을 허용하는 제도로써 악법이나 다름없다. 예컨대 그조르그 집에 오래 전 방문한 손님이 누군가에 의해 살해당하게 되는데, 손님을 신성한 존재로 여겼던 카눈의 법은 손님의 죽음에 대해서도 복수를 해야 한다는 관습이 있다. 그로부터 시작된 그조르그 집안과 원수 집안의 피의 복수극이 벌어진다.

권현옥은 형이 죽은 후 그조르그가 관습법에 따라 복수를 실행하고 그 역시 원수 집안의 복수에 의해 희생되는 것을 비판하며 알바니아의 전통법 "카눈은 삶보다 죽음에 초점을 두었"다며 존재의 불안을 각인한다. 또한 부당한 관습에 의해 청년의 삶이 지상에 뿌리를 내리지 못하고 만물이 생동하는 4월에 죽음을 맞이해야만 한다는 것에 대해 안타까움을 드러냄으로써 '부서진 사월'이 지닌 상징을 추측하기도 한다. 여기서 눈여겨봐야 할 것은 청년이 관습에 의해 살인을 할 수밖에 없었고 또 관습법에 따라 죽음의 유예기간을 살다가 원수에 의해 복수를 당하는 이러한 죽음이 4월에 일어난다는 것이다. 어느 나라든 문화가 있게 마련이고 각 나라의 문화가 지닌 고유성은 존중

되어야 하는 것이지만 알바니아의 "관습법은 이 젊은 청년에게서 불안과 체념으로 시간을 갉아"먹는다는 데서 존재의 불안을 보여준다. "책장을 덮는" 순간 자신이 "커다란 세트장을 빠져나온 것처럼 그 안의 삶과 그 밖의 삶에 잠시 멍해"지고 "사월의 빨랫줄에 무거운 명령이 바람에 날"리면 "삶과 죽음의 냄새가" 날리는 것 같아 "슬프고도 아름다운 표현들이" 화자의 내면에 매달리는 것 같다는 존재 사유의 일단을 보여준다. 그러니까 《부서진 사월》이 지닌 상징과 관습의 부당함에 대해 언급하면서 그에 따른 비애와 미감의 표현들이 화자의 인식에 상처를 내고 어떤 공백으로 현시된다. 따라서 언급한 신작 두 편은 존재론적 불안의 지점을 관통한다. 〈나쁜 영화〉에서는 어둠 속에 혼자 있게 된 것으로부터 기인한 두려움이 존재의 불안을 호명한다면 〈무서운 명령〉에서는 관습에 따른 죽음을 인식하는 존재의 불안이 기저한다.

3. 사유의 매개와 대상으로서의 감각

흔히 감각의 세계는 물질적인 영역으로, 사유의 세계는 비물질적이고 정신적인 영역으로 구분하기도 한다. 감각과 사유의 이분법적 사유는 플라톤이 그의 저서 《국가》에서 감각적인(sensible) 것과 가지적인(intelligible) 것으로 나누어 설명한 데서 비롯된다. 철학자 화이트헤드가 서양 철학 2천년은 플라톤의 각주라고 언급한 것은 플라톤의 이분법적 사유가 서양 형이상학의 기틀을 마련한 부분이기도 하지만 그로 인한 이분법적 사유가 고대와 중세를 거쳐 근대까지도 영향을 미쳤다는 언급이기도 하다. 이처럼 세계를 둘로 나누어 파악하는 데는 옳고 그름이라든가 좋고 나쁨의 가치가 개입하는데, 이러한 가치관에는 어떠한 기준이 있게 마련이다. 정해진 기준에 부합하지 않으면 그르고 기준에 부합하면 옳다는 이분화에 의한 가치 정립은 대상 또는 자아의 관계에서 충돌을 일으키기도 하는데 이때 대립과 갈등에 의한 충돌이 모두 부정의 결과만을 초래하는 것은 아니다. 분열이라든가 파괴를 요구하기도 하지만 때로 재생 혹은 생성을 배면하면서 고정성에 틈을 내는 매개로 작동할 수도 있다.

> 모르핀이 링거 선을 따라 들어가면 무력함이야말로 견디기에 가장 좋은 무기라는 듯 환자는 온몸에서 힘을 놓고 견디고 있었는데 턱밑의 수염은 체념한 영혼의 몸에서 무심히 자라고 있었다. (중략) 호스피스 병동의 긴 복도, 환자복을 입은 아픈 뼈와 살과 슬픈 영혼, 간간히 몽롱함 사이로 죽고 싶을 만큼의 고통과 살고 싶은 간절함이 깊은 호흡으로 고요를 흔들고 있는 곳이었다.
>
> — 〈돌아가는 길〉에서

인간에게 죽음은 필연적인 것으로 깊은 사유의 대상이기도 하다. 이 글의 화자 역시 죽음이 임박한 "환자복을 입은 아픈 뼈와 살과 슬픈 영혼"을 생각한다. 때문에 "죽고 싶을 만큼의 고통과 살고 싶은 간절함"에 대한 양가적 이미지가 감각화 되어 있다. 호스피스 병동에 입원한 시아주버니를 방문한 후 집으로 "돌아오는 길이" 멀게만 느껴지는 화자는 집에 돌아와서도 삶과 죽음에 대해 생각한다. 시아주버니의 "야윈 등을" 쓰다듬을 때 명치에 휑한 바람이 스치는 것 같았다고 하는 대목이 보이지 않는 내적 정서라면 "수염"은 외적 대상으로서 시적 텐션을 유발하며 삶과 죽음에 대한 현상학적 상관물로도 기능한다. 더하여 시아주버니의 "마른 등이 손바닥에 '드드득' 남아 있었다"고 술회한 화자는 '드드득'이라는 의성어를 한 번 더 언급하며 따옴표로 강조한다. 이는 손으로 만져지는 죽음의 감각이 떠나지 않음에 대한 슬픔의 극점으로 작동하는데, 대상에 대한 감각은 통찰의 세계를 자극하기도 하고 때로 더 깊은 사유의 세계로 나아가는 에너지가 되기도 한다. 결국 이 작품은 이승을 떠나는 자에 대한 안타까움과 남은 자들의 슬픔이 어디선가 찾아오고 어디론가 돌아가는 일로써 "허공"과 같은 것이며 삶은 턱에 매달린 "수염"과 같은 것으로 치환 감각화한다.

> 침이 입안에 있으면 착한 침이고 입 밖으로 나온 침은 나쁜 침이다. 퇴계 이황도 '매일 아침 침을 삼키면 건강에 좋다'는 말을 하지 않았는가. 입안의 침은 입안을 살균하고 음식물의 분해와 소화를 돕고 잇몸과 치아를 건강하게 하는 조용한 조력자다. 그러나 그 좋은 침이 입 밖으로 나와 존재를 알리면 더럽다고 말할 밖에 없다.
>
> — 〈침〉에서

입안의 침샘에서 분비되는 타액에 대한 평범한 현상이 작품화되는 예로써 이 글을 통해 전개되는 작가의 인식은 언표적 의미에 착근한다. 침에 대한 상반된 인식은 다양한 예시들을 통해 침이 입안에 있을 때와 입 밖으로 배출되었을 때의 차이를 언급한다. "침은 입안을 살균하고 음식물의 분해와 소화를 돕고 잇몸과 치아를 건강하게 하는 조용한 조력자"로써 이로운 것이지만 입 밖으로 나오면 나쁘다는 인식에 대한 예화들을 제시한다. 어린 시절 어머니가 군것질거리를 나눠주면 침을 발라놨던 것을 추억하기도 하고, 두레상에 앉아 식사할 때 음식에 침이 묻어도 더럽다고 인식하지 않았다는 것을 언급하기도 한다. 또한 키스와 뽀뽀의 차이를 언급하며 침이 달콤하게 느껴졌던 젊은 시절을 회억하기도 한다. 더하여 침을 좋은 것으로 인식하던 시간으로의 회귀를 꿈꾸지만 "바늘구멍처럼 그쪽 세상이 좁아져 있다"고 토로한다. 이처럼 침이라는 감각 대상물을 통해 사유를 이끌어내는 권현옥의 〈침〉에는 좋고 나쁨의 구분이 없었던 시간으로의 회귀와 염원이 담지되어 있다.

4. 전언으로서의 기표와 기의

언어에는 얼과 혼이 배어 있다. 말 속에는 말의 표면적 성질만이 아니라 보이지 않는 정신세계를 배태하기 때문인데, 언어를 매개로 의미를 전달하고 그 의미에 혼의 정서를 담아내기도 하는 문학을 흔히 혼의 언어라 칭하는 이유이기도 하다. 언어학자 소쉬르는 언어를 기표(시니피앙)와 기의(시니피에)로 이루어진 것으로 설명한다. 어떤 소리를 들었을 때 소리 이미지인 기표를 통하여 개념으로서 기의는 드러난다는 것이다. 이때 기표와 기의는 서로 일대일 대응관계가 아니라 기표들의 차이 혹은 기표와 기의 차이에 의해서 의미를 산출한다. 일테면 하나의 기표에서 곧바로 기의로 넘어가는 것이 아니라 기표들 사이의 차이에 의해서 의미가 발생하는 것으로 언어의 구조와 체계를 언급한 소쉬르적 입장의 전언이다. 이러한 언어의 체계를 드러내는 방식인 기표와 기의로서의 언어적 특성이 권현옥의 발표작 세 편에서도 부분적으로 드러난다.

> 절대로라는 말이 지켜져야 할 게 있고 버려야 할 게 있었던 가봐. 감정의 흐름이나 정서적 판단의 것은 장담할 수가 없다는 걸 알았지. 규범이나 질서에 속하는 거면 절대로라는 말을 계속 써먹을수록 우리 사회가 좋아지겠지.
>
> — 〈절대로 절대로〉에서

다른 작품과 달리 대화체 형식을 취한 이 작품은 '절대로'라는 부사의 의미를 부각한다. 절대로는 부정어와 함께 쓰이거나 일부 단어와 함께 쓰여 '어떤 일이 있더라도 꼭'이라는 의미를 분명하게 이르는 말이다. 한정 또는 결연을 넘어 사유를 확장하기도 한다. 화자가 처음 '절대로'라는 부사를 기의적 개념으로 의식하기 시작한 것은 사춘기 때 "'엄마처럼 아버지처럼 안 살 거야'"라는 반항적 발화로부터 기인한다. 이때부터 화자의 의식에는 기의로서 '절대로'라는 부정어가 쌓여간다. 식사 후 식당 앞에서 이쑤시개로 이를 쑤시며 나오는 일을 하지 않을 거라는 다짐과 "절대로 강아지 안고 다니는 저런 여자가 되지 않을 거야, 난 절대로 애기 사진이나 보여주는 할머니 되지 않을 거야"라는 부정적 기의가 의식을 지배한다. 반 페이지 가량의 부사어 "절대로"의 쓰임에 대한 문장의 나열은 자칫 지루함과 주제를 산만하게 할 수 있다. 그럼에도 불구하고 이렇듯 장황하게 나열한 의도는 무엇일까. '절대로'라는 어휘 사용은 신중해야 한다는 것에 방점을 두기 위함으로 판단되며, 특히 감성의 영역에서는 '절대로'라는 부사를 함부로 남발하지 말아야 한다는 취지의 언술일 것이다. 말하자면 부사 '절대로'는 사회적 "규범이나 질서"에 관해서는 기의적으로 소용되어야 하지만 "감정의 흐름이나 정서적" 부분에서는 규범을 넘어 기표적 맥락의 전언이어야 한다는 것이다.

> 여전하다는 말은, 전과 같다거나 크게 변하지 않았다는 뜻이어서 못함도 더함도 없이 생각한 대로니 쉽게 반가워할 수 있는 조건이었다. 간혹 부정적인 말의 뜻이 들어있을 수 있지만 그것은 서로 간 알고 있는 습성의 인정인 경우가 많다.
>
> — 〈여전하십니다〉에서

이 작품 역시 언어를 대상으로 주제를 의미화한다. 형용사 '여전하다'는 "전과 같다거나 크게 변하지 않았다는 뜻이어서" 어떤 대상이 현상적으로든 이면적으로든 "못함도 더함도 없이" 변함없는 상태를 말한다. 이러한 의미의 발화는 미용실 의자에 앉아서부터 시작된다. 일정을 쪼개어 미용실에 간 화자는 자신이 미용실에 오게 된 경위를 앞의 작품 〈절대로 절대로〉에서처럼 다소 장황하다 싶게 설명한다. 이유는 '여전하다'의 기표와 기의에 스민 정서를 강조하기 위함일 것이다. 이 어휘가 기표로서 소리 이미지로 저장되어 있다가 내면 심상으로 의미화된 지점은 오랜만에 친지의 장례식장에 간 화자가 사촌오빠로부터 "너도 늙어가는 구나, 얼굴에 연륜이 보이네,"라는 대목에서 비롯된다. 인사치레로 여전하지 않은데도 여전하다는 말을 사용한 것이라든가 예전에는 여전하다는 말이 진부하고 색다름이 없다는 것으로 느껴졌으나 나이가 들고 보니 그 말이 오히려 편해진 것 같다는 느낌이 든 것이다. 그래선지 하던 대로 머리를 하겠느냐 묻는 미용사의 질문에 화자는 평소와 다르게 해 달라고 주문한다. 그 후 어느 행사에서 지인으로부터 "여전하시네요."라는 말을 들은 화자는 다행이라는 생각을 하게 된다. 여전하다의 기표들이 통사적 과정을 거쳐 긍정이든 부정이든 기의로 표출되는 것처럼 화자에게도 부정과 긍정의 기표는 기의의 산출을 도모한다.

> 혼자서는 뜻도 없이 맥없이 있다가 앞에서 관형어가 수식만 해주면 벌떡 살아나고, 살아난 이상은 힘이 세다. 일명 의존명사인데 그 중에서도 문맥을 더욱 쥐고 흔드는 것이 있다. 서술어를 꼼짝 못하게 하는 '리씨', '수씨', '나위씨'가 그렇다. 수식하는 말은 말馬이 되어 앞에서 이끌고 불완전 명사는 딱딱하지만 굳게 허리를 편 의자가 되고, 뒤에 오는 서술어는 바퀴가 되어 아는 길로 가는 안전한 장치를 갖는다. 고집불통으로 보일 수 있지만 매력 덩어리다.
>
> — 〈불완전 명사와 경비 아저씨〉에서

언어를 소재로 사유를 전개한다는 점에서 앞의 두 작품과 유사하다. 다만 프롤로그를 설정해 글의 문을 열고 소제목으로 "불완전한 확신, 리씨", "불완전한 자신감, 수씨", "풍족한 낭만, 나위씨"로 중심 내용을 전개한 후 에필로그로 문을 닫는 구조가 색다르다. 온전히 홀로 존재할 수 없는 의존명사의 특성에 아파트 경비의 특징을 대입하여 전개하는 이야기가 그것이다. "'있다' '없다' 중에서만 골라 써야 하는 불완전 명사"처럼 사는 사람은 "불완전한 확신"에 차 있는 경비 "리씨"다. 또한 "'있다' '없다'"의 길로만 "왕래하는 알 수 없는 '수씨'"는 강하지만 약할 때도 있고 부정과 긍정을 동시에 활용한다. 이는 경비 아저씨, 수 씨가 "주민의 동태를 누구보다 먼저 눈치 채지만 너무 아는 척할 수도, 모르는 척 할 수도 없"는 정황을 채집한 것이며 "잠을 잘 잘 수도 없고 안 잘 수도 없"는 상황과 닮아 있다. 경비 아저씨인 "리씨"의 경우와 마찬가지로 "수씨"의 정황은 "우리"의 삶과 다르지 않다는 확장성을 배면한다. '리', '수'와는 다르게 불완전 명사 '나위'는 술어로서 '없다'만을 수용할 수 있는데 부정 술어 뒤에 긍정의 의미를 내포한다는 특징이 있다. 그래서 "풍족한 낭만, 나위씨"라는 부제가 수용된다. 물론 불완전 명사이기에 긍정의 시너지를 혼자서 누리기보다는 "바라보는 사람의 너그러움과 변함없이 대응하는 누군가가 있을 때의 결과"로써 생성된 긍정의 의미라는 것이다. 이처럼 이 작품은 의존명사 '리', '수', '나위'를 들어 아파트 경비의 삶과 병치한다. 아무리 잘난 사람도 의존명사처럼 누군가에게 기대어 살아가야 할 때가 있고 못난 사람 또한 마찬가지라는 인식의 확장이 사뭇 드러난 작품이다.

5. 의미 생성의 과정

작품은 작가의 세계에서 독자의 세계로 이접된다. 작품을 매개로 일어난 작가와 독자 사이의 상호 교차에 의한 지적 · 정서적 소통인 셈인데 이때 발생하는 의미 생성은 작품과 텍스트를 구분해서 해석한 롤랑 바르트의 비평적 견해를 통해 비견해 볼 때, 텍스트는 멈춤이 아닌 반복과 흐름을 내장하며 의미의 연속체를 이룬다 할 것이다. 이때 텍스트는 기본적으로 적실한 단어의 취사 혹은 어구와 어구, 문장과 문장의 자연스러운 흐름과 문단 간 긴밀성 등이 정황에 맞게 삼투되어 끊임없는 원환 운동을 보조해야 한다. 그 때문에 텍스트는 의미를 제시하지만 파동의 과정으로 존재한다. 말하자면 의미를 생산하는 작가도 의미를 수용하는 독자도 과정의 과정으로서 존재하는 텍스트의 텍스트인 것이다. 하면 다소 불완전한 텍스트라 할지라도 원환 운동의 과정에 포함될 수 있다는 점에서 권현옥이 언급한 것처럼 시간이 더할수록 힘들고 어렵더라도 창작의 고통을 가까이할 일이다. 지금까지 권현옥의 작품을 살펴보면서 의미 생성이 원환적 과정의 연속성에 있음을 추론할 수 있었다. 홀로 휴양림에 간 화자가 어둠이 빛의 이면이라는 자각에 이르는(〈나쁜 영화〉) 과정이라든가 이스마엘 카다레의 소설 《부서진 사월》의 관습법에 따른 부조리한 죽음을 비판하면서 존재 불안의 인식(〈무거운 명령〉)을 양가적으로 의미화하는 장면이 그것이다. 더하여 호스피스 병동을 방문한 후 "수염"이라는 객관적 상관물을 통해 삶과 죽음의 의미를 반추하기도 하고(〈돌아가는 길〉), 〈침〉의 좋고 나쁨의 구분이 없었던 시간으로의 회귀를 감각화하여 의미를 생성하기도 한다. 그런가 하면 〈절대로 절대로〉, 〈여전하십니다〉, 〈불완전 명사와 경비 아저씨〉를 통해 언어가 지닌 기표와 기의의 관계성 차원에서 의미를 전언한다. 이는 관계에서 다른 관계망으로의 전이적 생동을 통한 의미의 생성을 보여주는 것이며, 원환적 입장에 즈음한 개별적 좌표로도 기능한다.

03

시적 수필의 아포리아

– 라환희 《말이 되어 줄래》

1. 관습적 메커니즘에 대한 문제 제기

라환희의 첫 수필집 《말이 되어 줄래》는 수필 문학의 메커니즘에 대한 문제 제기의 다름 아니다. 시적 수필이 나아가야 할 하나의 지류를 제시하는데 그는 자서에서 자신의 문학관에 대해 "정례화되지 않은, 답을 구하는 비문"과 같은 것이라 말한다. 이는 규정된 것에 대한 물음이자 관행적 사고에 대한 내부적 저항이며 새롭게 보기를 향한 염원이기도 할 것이다. 이 때문에 그는 유형에서 무형에 이르기까지의 대상을 향해 끊임없는 질문을 던진다. 라환희에게 이 물음은 수면에 이는 동심원 같은 것이며, 시적 수필의 울림으로 작동한다. 그래서인지 시적 수필에 기능하는 라환희의 유비는 동심원(이미지)과 침잠(주제)하는 돌멩이의 관계처럼 그 심미적 거리가 왜곡되거나 멀지 않으며, 주제 또한 수면 아래로 가라앉는 효과를 얻는다. 이러한 지향에서 출발한 라환희의 시적 수필은 소설의 서사와 시적 형상화, 그리고 극적 요소 등 다양한 문학적 기법을 수용해 수필의 갱신을 도모해야 한다는 평론가집단의 언술과도 접면한다. 하지만 시적 묘사 또는 표현이 자칫 수필의 순기능을 왜곡할 수도 있다. 그러나 라환희의 언술은 이러한 염려를 무화한다. 예로, 그는 창작 과정을 김치 담그기에 비유하면서 "화룡점정의 시적 장치를 적절히"(〈발효〉) 가미하는 방식이라 밝힌다. 이 같은 의식을 바탕으로 라환희는 기존과의 충돌로 비롯된 틈새의 언어를 시적 이미지로 구현하면서 수필의 본령을 아우른다. 여기서 만나게 되는 문학적 기제는 묘사와 이미지이며 이를 통해 시적 수필로 나아간다. 하지만 '시적 수필'이라는 명칭은 일견 장르 경계의 모호성을 배태하고 있으므로 그 자체에서 발생하는 시적 수필의 아포리아와 직면하게 된다. 여기서 거칠게나마 문학의 속성에 따른 분류를 생각해 볼 수 있는데, 가령 낭만주의적 속성이 강하면 낭만주의 문학으로 실존주의적 속성이 강하면 실존주의 문학으로 분류하듯 수필 역시 시적 요소가 짙으면 시적 수필로 서사적 속성이 강하면 서사적 수필로 명명할 수 있을 것이다. 분류에 즈음한 그의 시적 사유에 따른 유비는 하나의 이미지에 머물지 않고 독자의 독자성에 따라 표변된다. 이것은 원형 보편성이 내재된 라환희 수필이 지닌 힘으로써 수필 문학의 심층으로 안내하는 하나의 기제로 기능한다. 말하자면 그는 대상을 직접 말하기보다는 에두르거나 보여주고(showing) 굴절시킴으로써 부호(문면) 너머의 세계를 염두에 둔다.

한편 라환희의 시적 수필은 문학의 심미성과 쾌락성에 기울어진 유미주의적 작품 세계를 보여준다. 성찰과 메시지 전달에 주안점을 두는 수필에서 이러한 유미주의적 수필의 시도는 정형화된 틀에 충격을 가함으로써 수필 문학의 광의를 추구한다. 이때 작가의 사유는 자서에서 언급한 것처럼 "있음"에서 "없음"을 경험하고 "없음"을 통해 "있음"을 발견한다. 일테면 라환희의 시선은 경계의 안이 아닌, 바깥을 향하고 있으며 정신적 토대는 관습적 수필에 대한 저항에서부터 출발한다. 저항의 방식은 존재론적 물음과 시적 수필로 언표되며 바깥을 향한 사유는 안과 밖의 이분법적 대립이 아닌 뫼비우스의 띠와 같은 사유를 내장하고 있다. 그 사유를 따라가다 보면 한 편의 작품에 여러 장의 스케치가 겹쳐지기도 하고 하나의 그림으로 독대하는 느낌을 주면서 다분히 회화적 이미지를 산출한다.

이처럼 작가는 의식의 고착에 충격을 가해 문학적 울림을 양산해야 하는 존재이다. 그러기 위해서 작가는 늘 울타리 너머를 염탐하고 관습과 익숙한 패러다임으로부터 새로움을 추구해야 할 것이다. 그러나 시류가 강압하는 세태적 새로움에서 비롯된 구현이 아니라 초월에 즈음한 재생적 차원의 겸손에 기인한 추구이어야 할 것이다.

2. 상상력, 이미지에 이르는 길

이미지는 상상력을 거느린다. 또 상상력은 이미지를 거느린다. 두 명제는 주어와 목적어의 위치를 바꾸어도 어색하지 않다. 그만큼 밀접한 관계에 있으며 문학의 근본 명제인 형상화와도 관련이 있다. 흔히 이미지의 궁극은 시적 전언에 있다고 하는데 이는 문학의 궁극을 말하는 것으로서 수필도 이의 범주에 든다고 할 것이다.

이미지를 감각적 이미지, 비유적 이미지, 상징적 이미지로 분류한 프레밍거에 따르면 감각적 이미지는 오감에 의해 생성된 정신 현상의 이미지화로서 감각 체험과 인상에 바탕을 둔다. 하나의 사상이나 정서가 감각을 통해 심리 현상 속에 독특한 인상체계를 형성한다는 것이다. 비유적 이미지는 비유된 형상으로서 비유 전체가 이미지를 생성하고 상징적 이미지는 상징 그 자체가 이미지를 형성한다.

라환희 수필의 이미지는 시각적 이미지를 중심으로 비유적 이미지와 상징적 이미지를 거느리는데 묘사를 통한 시적 형상화를 추구하는 그의 작품에서 이미지는 빠뜨릴 수 없는 기제이다. 때로는 이미지를 주재료로 혼합하여 주제를 부각하기도 하고 때로는 부재료로 이미지를 활용하여 주제를 뒷받침하기도 한다. 특히 모성에 대한 기억의 원형과 이미지 기법의 조합으로 시적 수필을 생산할 때 모성을 입힌 기억은 가공되지 않은 날것 그대로 재현되지 않는다. 기억은 문학적 주체인 작가에 의해 상상력이 투사된 시적 이미지로 재생산된다. 그러한 모성의 기억을 호출하여 문학의 공간에 입히는 라환희의 방식은 묘사를 통한 장면 제시와 시적 표현을 작품의 요소요소에 투입하는 것이다.

따뜻한 기억이 있는 공간은 적막해도 쓸쓸하지 않다. 색색의 채송화 사이 괭이밥풀을 뽑던 어머니와 장작불에 졸은 고구마 조청이며 구름 같은 산자를 넣어두던 장독대가 있는 풍경은 내 마음의 항아리 속에서 홍시처럼 익는다.

길어진 맨드라미 그림자가 발치에 이른다. 꽃대를 세우느라 애달았는지 다른 해보다 더 작고 진한 꽃이 올려다본다. 텃밭 귀퉁이에 혀를 박고 있는 호미를 빼 든다. 손잡이까지 금세 녹이 오를 것 같은 호미가 질긴 소리쟁이 뿌리를 물고 늘어지는 동안 박새 떼 돌아왔는지 대숲이 소란스럽다. 장독대를 따라 우후죽순 밀고 올라오는 기억에 북을 돋운다. 잡풀에 몸살 앓던 맨드라미가 잎을 편다. 쪽문을 닫기 전에 그나마 말끔해진 장독대를 휴대폰에 담는다.

— 〈꽃물〉에서

거동이 불편한 구순의 어머니가 맏오빠네로 거처를 옮긴 후 빈집이 된 어머니의 집을 찾아간 장면으로 시작되는 이 작품은 모성의 기억을 호명하면서 감각적 이미지를 추동한다. 빈집의 뒤란에 핀 맨드라미와 어머니를 곁붙일 수밖에 없는 이유를 적시함으로써 뒤란은 작품의 전면에 등장하고 그 공간을 묘사하는 것으로 이미지를 구현한다. 작가에게 맨드라미는 어머니의 지난한 삶을 생각게 하는 꽃으로 모성을 상징하는 상관물이자 시각과 미각 이미지를 산출하는 기제이다. 막내로 자란 작가는 군입정을 좋아해 잦은 배앓이를 했는데 그때마다 어머니는 맨드라미 꽃물을 달여 준다. 그것은 성인이 된 작가의 기억 속에 잔잔하게 흐르다 지친 듯 검붉은 맨드라미를 통해 모성적 이미지로 호명된다. 이렇게 모성을 길어 올린 기억의 공간은 따스해서 "적막해도 쓸쓸하지 않다." 외려 적막으로 인해 작가의 기억은 깊이를 더하고 그러한 이미지를 시적으로 승화시킨다. "텃밭 귀퉁이에 혀를 박고 있는 호미를 빼" 드는 묘사라든가 "장독대를 따라 우후죽순 밀고 올라오는 기억에 북을 돋운다."라는 문장은 시각적 이미지를 동반한 시적 형상화가 이루어진 장면이다. 이러한 기법은 라환희 작가의 개성적 스타일이자 러시아 형식주의자 쉬클로프스키의 '낯설게 하기'의 다름 아니다. 그녀의 수필이 지닌 이미저리는 대개 이러한 형태의 문장을 수용한다.

가령, "특별히 할 일 없는 여행객처럼 모항의 아침을 할짝거리며 물이 든다. 잔뜩 구부린 나무에 밤새 품었던 참새 소리를 털어내며 빛이 든다"(〈詩, 두 발로 읽기〉)라든가 "밤새 낮아진 기압이 전나무 향을 길가에 쌓은 듯 걸음을 옮길 때마다 향이 피어오른다. 앞서가는 미자의 로브 카디건이 향에 젖어 휘감긴다"(〈민낯의 시간〉)라고 하는 등의 표현이 그것이다. 이처럼 작가가 치열하게 작가의식을 투영하는 것은 시적 이미지를 위한 고뇌의 흔적일 것이며 그에 따른 물음이 문체로 발현되는 증거일 것이다. 이로 인해 한 편의 작품이 기승전결을 갖추는 것은 물론 그 조직이 장단과 고저를 적절하게 배열하면서 리듬과 격조를 안배하는 것 또한 허투루 하지 않는다. 〈꽃물〉은 라환희의 시적 문체와 작가의식이 투영된 대표 작품이라 할 수 있다.

라환희가 기억의 유로를 따라갈 때 그곳에는 어머니가 존재한다. 누구에게나 모성은 존재의 근원적 감정과 관념에서 멀지 않다. 질긴 소리쟁이 뿌리처럼 작가의 내면에 잠재되어 있는 기억의 뿌리는 경험을 거쳐 현실로 재현될 때 실감을 이룬다. 다져지고 매만져진 시적 감성의 골은 감각적 이미지로 형상화되기 때문이다. 이처럼 라환희의 이미지들은 모성을 길어 올리는 분위기와 정서를 아우르며 심리적 근경으로 표출된다.

온전히 혼자가 되는 침묵의 시간, 생과 사의 경계를 넘어 이생의 부족함이 채워지는 용화이기를 바라는 마음을 읽기라도 했는지 염하는 이가 한 치의 오차도 없이 마지막을 여민다. 모두 내려놓은 흔적이 희다. 모서리 없이 둥글다. 다음 생은 결 고운 생이라야 한다고 고치 위에 붉은 장미를 마침표로 얹는다.

유리문 밖에 주문처럼 춘설이 내린다. 꽃이 피었다가 지는 한순간을 백 년처럼 살다간 생이 노랑나비로 탈바꿈할 봄의 문턱이다.

— 〈우화〉에서

여덟 식구가 복작이던 집은 매미처럼 빠져나온 우리들로 인해 공허해졌다. 마지막까지 집을 지키던 어머니마저 나비로 빠져나와 빈집으로 있은 지 두 해. 조금씩 기울고 있는 집을 더 방치할 수 없어 철거 절차를 밟는다는 것에 서명했지만 마음이 텅 빈 것 같다는 언니의 말을 토닥이며 덧붙인다. 집은 사라지는 것이 아니라 우리의 기억 속으로 이건移建하는 것이라고.

— 〈선퇴〉에서

〈꽃물〉이 거동이 불편한 구순의 어머니에 대한 생전의 기억을 그렸다면 〈우화〉와 〈선퇴〉는 어머니 사후를 소재로 한다. 〈꽃물〉에 비해 이미지가 적게 사용되었지만 이들 작품 역시 시적 표현을 산출하면서 모성적 이미지와 관련을 맺는다. 〈우화〉는 어머니를 염하는 염장이의 언어에 대한 작가의 반감으로부터 시작되어 어머니의 환생을 염원하는 것으로 마친다. 염을 마친 염장이가 "곱게 화장도 해드렸습니다."라고 평상 어법으로 말을 했을 것이지만 그것을 받아들이는 작가에겐 생경하고 "삭제되어야 할 문장"인 것이다. 일제강점기와 한국 전쟁의 한가운데를 살아온 어머니 세대들의 삶이 대개 그러하듯 작가의 어머니 역시 변변한 화장품 하나 있을 리 만무할뿐더러 그 생은 지난하기만 했지 싶다. 이 때문에 곱게 화장도 해드렸다는 염장이의 평범한 한 문장이 작가의 마음에 반감을 일으키고 그에 따른 감정적 언술이 노출되고 있으나 비유적 이미지가 이를 상쇄한다. 육신을 염하는 것은 망자가 이승과 메별하는 마지막 순간으로 산자의 슬픔이 극에 달한다. 그렇지만 염을 마친 어머니의 모습을 "모두 내려놓은 흔적이" 희다고 묘사하고 있으며 동시에 "모서리 없이 둥"근 형상을 누에고치의 모습에 비유함으로써 어머니의 환생을 소망한다. 어머니의 "다음 생은 결 고운 생이라야 한다고 고치 위에 붉은 장미를 마침표로 얹는" 소망의 이미지와 연결해 "노랑나비로 탈바꿈할" 것이라는 염원을 비유적으로 제시한 결말이다. 예컨대 염을 마친 어머니를 고치의 이미지와 병치시켜 우화등선을 염원하는 것인데 이는 부모의 죽음 앞에서 누구나 희원할 수 있는 감정으로 작가와 독자의 상호성에 입각한 보편(원형)적 감정을 덧입힌 이미지의 생성이다.

〈선퇴〉 역시 어머니 사후 가족의 추억이 서린 집을 철거하는 동의서와 관련해 집과 가족의 관계를 비유적 이미지로 형상화한 작품이다. 집이란 누구에게나 가장 편안한 거처로서 그곳에서 머물렀던 시간들이 축적된 추억의 공간이다. 그러한 집이 철거된다는 것은 충격이 아닐 수 없다. 하지만 그것은 표피적 공간의 사라짐일 뿐 작가와 가족의 "기억 속으로 이건移建하는 것"이라고 결론을 짓는다. 요컨대 기억 속으로 옮겨진 집은 낡아지지 않을 것이므로 그 기억은 영원성의 메타포를 지닌다고 할 것이다.

이처럼 모성과 연결된 이미지를 생산해내는 작가의 방식은 독자의 상상력을 추동하게 한다. 상상력이 거세된 작품은 수월할 수 있으나 감동에서는 빈약할 수밖에 없다. 문학이 되기 위해서는 최소한 독자로 하여금 생각할 수 있는 여지의 부여가 필연적이다. 라환희의 작품 거반에는 상상력과 이미지가 등가를 이루면서 타래처럼 이어진다. 옥타비오 파스 역시 《활과 리라》에서 "하나의 구에 농축되어 있거나 혹은 천 페이지에 걸쳐 풀어 헤쳐져 있거나 간에, 모든 이미지는 대립되거나 무관심하거나 혹은 서로 멀리 떨어져 있는 요소들을 가깝게 접근시키거나 결합"하는 힘이 있다고 언급한다. 그에 의하면 서사, 희곡, 서정에서의 이미지는 결론적으로 멀리 있는 것도 가깝게 밀착시킨다. 그러니까 통일하는 힘이 있다. 옥타비오 파스는 문학 3대 장르에 국한해 언급했으나 수필 역시 이러한 이미지를 포괄해야 할 것이며 이는 라환희의 수필의 지향점이기도 하다. 물론 이미지 구사에서 주제와의 긴밀성은 필수라는 전제를 수용해야 함은 두말할 나위 없는 일일 것이다. 그러한 후에야 이미지는 완결성을 획득하고 깊은 울림을 줌으로써 타자를 향한 존재 전환의 계기를 마련할 것이다.

3. 미시의 세미화

문학은 곧 물음에서 시작된다. 그 물음은 관심에서 비롯되며 거기에는 대상에 대한 관찰을 넘어 응시와 관조의 미소한 시선이 놓여 있다. 작고 사소한 것들을 바라보는 라환희의 미시적 시선 역시 관찰의 세미화와 같은 이미지를 추출하는데, 이때 미시 세계를 향한 시선은 배면에 거시 세계를 의도한다. 그러니까 어떠한 사물이나 현상을 세밀하게 파악하고 분석하기 위해 미시적인 것에 관심을 가지고 관찰할 때 거시적 세계와의 상관성을 염두에 둔다.

명함 크기의 화폭이 미켈란젤로의 천지창조를 담아내기도 하고, 쌀 한 톨 크기에 천사의 얼굴을 그려 넣기도 하는 세미화는 실체를 축소시킴으로써 "없음"에서 "있음"을 경험하게 하고 그 "있음"에서 "없음"을 발견하는 희열을 경험하게 한다. 이 지점에 사유의 확장을 꾀하는 라환희의 미시적 시선이 머문다. 한 편의 작품은 작가와 독자의 시선이 일정 부분 동일 상관되어야 감동을 얻을 수 있다. 이 같은 목적을 위해 라환희는 대상에 물음을 던지며 굴절을 가하기도 하고 세밀하게 묘사함으로써 경험 사실과 상상력에 따른 이미지를 구현한다. 때문에 라환희의 시적 수필은 어색하지 않고 그만의 문체를 있게 한다. 이는 독자의 사유 각도에 따라 다르게 인식되며 이러한 입체적 정서는 현상을 폭넓게 조명하는 기제가 된다.

채광을 위해 설치한 유리 천장에는 흰 구름이 한가롭다. 체험실로 올라간 아이는 한참을 더 기다려야 내려올 것이다. 쪽잠 든 할머니의 발에 눈이 간다. 엄지발가락이 무지외반증을 앓고 있는 것처럼 휘고 발톱은 논물이 들어 누런빛이다. 묻지 않아도 한평생 논 밭둑에서 잔걸음 친 발이다. 체구에 비교해 작아 보이는 발을 더듬다가 뒤꿈치에 눈이 간다. 가뭄 만난 논바닥처럼 갈라진 뒤꿈치의 선들이 출입문의 잔금과 겹친다.

— 〈식은태〉에서

도자기의 깨짐 무늬 현상인 식은태는 빙렬(불완전성의 완전)이라고도 하는데 이러한 현상을 “가뭄 만난 논바닥처럼 갈라진” 할머니의 발뒤꿈치에 비유한다. 이러한 감각적 비유와 심미안이 사물과 인간 사이의 거리를 일시에 좁혀 놓음으로써 묘사의 세미화를 완성한다. 이는 대상의 현상을 허투루 넘기지 않는 관심과 관찰에서 기인한 것으로 미시적 이미지를 거느리면서 사유의 깊이를 가늠하게 한다. 대상에 대한 관찰 경험을 관찰로만 끝내지 않고 굴절(묘사)을 통해 이미지로 재현하면서 의미를 부여하고 있기 때문이다. 평범해 보이는 “출입문의 잔금” 같은 도자기의 식은태를 “한평생 논 밭둑에서 잔걸음 친” 것 같은 할머니의 고단한 삶의 이미지로 빚어내는 과정은 세미화를 그리는 화가처럼 고도의 집중이 필요하다. 이 같은 사유는 특정 현실에 대한 묘사에 머물지 않고 “내 부모와 내 이웃” 그리고 “이 땅의 농군들”에까지 이어져 객관적 의미로 확장된다. 이를테면 라환희의 미시적 이미지는 대상이나 사물의 특성을 고정시키지 않고 유동을 꾀한다.

> 서로 부축하듯 손을 잡고 들어서는 모습이 사람을 뜻하는 상형문자 人으로 보인다. 형상을 문자로 덧입힌 글자들은 정겹다. (중략) 서로서로 지팡이가 되어 전시관을 빠져나가는 부부의 뒷모습이 뜨거움을 견뎌낸 막사발처럼 단단하고도 정겹다.
>
> 건조해져 가는 삶을 토렴해준 노부부의 모습이 사라지자 시야를 다시 찻잔으로 돌린다. 사회가 발달하고 번잡해질수록 지친 심신을 회복하기 위한 처방전이 우후죽순처럼 생기기 마련이다. 예술 활동이나 스

> 포츠 등 다양한 방법이 상비약으로 쓰이는가 하면 노부부처럼 완숙한 사랑이 강팍한 삶 가운데 진국을 우려내기도 한다.
>
> — 〈토렴〉에서

〈토렴〉은 앞서 살핀 〈식은태〉와 마찬가지로 청자박물관의 관람객을 관찰하는 위치에서 서술되고 있다. "서로 부축하듯 손을 잡고 들어서는" 백발의 노부부의 모습에서 사람인 자를 떠올리며 "형상을 문자로 덧입힌" 작가의 시선이 예사롭지 않다. 늙음은 누구에게나 거스를 수 없는 시간의 영역이기에 노부부의 다정한 모습이 "건조해져가는" 화자의 "삶을 토렴해"주는 역할을 한다. 뜨거운 국물을 그릇에 여러 차례 부었다 따랐다 하여 차가운 그릇을 덥히는 것이 토렴이다. 토렴의 과정을 사람의 일로 전치시킨 작가의 심미안은 사유의 돋보기를 든 세미화가의 집중이다.

이미지가 도저한 라환희 수필은 대체로 작가의 정서가 억제되고 대상이 부각된다. 따라서 거개의 작품에서 관찰과 묘사, 그리고 보여주기(showing)가 주로 소용되는 관찰자 시점을 취한다. 이러한 시점은 자아의 정서가 억제된다는 점에서 객관적이며, 대상을 생생하게 전달하는 강점이 있다. 그러나 대상 사물이나 풍경에 대한 객관적인 기술을 묘사함으로써 건조하거나 무의미한 내용의 나열에만 그칠 수 있다는 맹점도 지닌다. 즉, 작가의 철학적 사유가 결여되거나 의미화가 이루어지지 않아 작가가 말하고자 하는 주제의 구현이 미약해질 우려가 있다. 이미지 중심의 전개를 하다 보면 주제나 이야기(서사)의 비중이 미진하게 다가오는 것은 피할 수 없다. "수필의 좋은 이야기는 의미 있는 것을 선정하는 것에서 그치지 않고 수필가의 해석에 의해 창조"되는 것이라고 언급한 신재기에 의하면 이 지점은 작가의 지각적 경험과 해석적 경험이 어떻게 조율되고 생성되는가의 문제이기도 하다. 그러나 문학은 내용이나 의미에 따라 주제를 드러내기도 하고 감추기도 한다. 수필의 주제는 보편적으로 드러나야 하지만 문학적 기교 또는 장치로서 독자가 주제를 찾아가는 방식도 수용되어야 할 것이다. 대부분의 문학작품은 주제를 생경하게 표출시키기보다 간접 또는 비유적으로 내포하여 전달하는 포지션을 취한다. 수필의 양식에 주제를 드러낼 때 문학적(시적) 비유를 어떻게 어떤 질량으로 담아내느냐의 문제와 관련이 있기 때문이다. 라환희의 관찰자적 이미지 중심 수필 역시 이러한 문학 원리를 따르고 있기에 일견 주제의 부각이 미약해 보일 수 있으나 이는 주제의 문학이라는 틀에 경도되거나 수필을 수필 장르에만 국한했을 때 발생하는 문제일 것이다. 요컨대 천편일률적으로 주제를 드러내는 방법은 수필 문학을 답보상태에 머물게 할 수 있다. 이러한 맥락에서 볼 때 경험 현실이 훼손되지 않는 범위 내에서 이미지 뒤에 주제를 실루엣 처리함으로써 독자로 하여금 찾아가게 그 사유를 유도하는 라환희의 창작방식은 문학의 기능 차원에서 필요한 시도일 것이다.

4. 이미지와 철학적 징후들

문학과 철학은 인간 삶의 여러 문제를 도외시할 수 없다. 인간이 직접 말하기 어려운 도덕적 갈등이라든가 논리적으로 설명할 수 없는 지각과 인식의 문제를 비롯하여 죽음이나 영원의 문제, 존재와 세계에 대한 관점 등의 문제를 간접 또는 심층적으로 접근한다. 이처럼 둘의 관계를 떼어놓고 말할 수 없을 만큼 밀접해진 것은 현대에 들어서이다. 근대 이전까지만 해도 문학과 철학의 개념은 확연히 구분되었으나 니체의 실존주의 이후 문학과 철학의 경계가 무너지기 시작했으며 포스트모더니즘을 주장하는 문학 이론가들이나 철학가들 역시 엄격하게 구분하지 않는다. 문학의 장르별 경계 역시 마찬가지이며, 교술 문학이라는 특징으로 인해 수필은 여타 장르에 비해 철학과 밀접하다 할 것이다. 철학을 통해 주제를 구현하는 방법이 깊이를 아우르기 때문이다. 시적 이미지 수필을 지향하는 라환희 역시 작품 속에 철학적 메시지를 이미지의 이면에 장치하기도 하고 말하기의 방법을 통해 직접 언술하기도 하는데 이러한 징후들이 곳곳에서 발견된다.

> 신호등에 걸린 비닐이 태풍의 끝자락을 가리키는 사거리를 지나 천천히 자동차를 진행시킨다. 비바람이 좀 잦아진 듯하다. 부러진 나뭇가지와 꺾인 잎들로 어지러운 주차장에 차를 세운다. 정원수로 조성해 놓은 소나무가 부러지고 쓰러져 어지럽다. 태풍의 세기를 둘러보다 한 곳에 시선이 머문다. 건물 옆 바람모퉁이에 엎드린 개망초 하나가 바람결에 휘어지고 일어서기를 반복하고 있다. 태풍을 이긴 힘이 작은 꽃을 등불처럼 밝히는 중이다.
>
> — 〈유연의 무위〉에서

강한 것이 부드러운 것을 이길 수 없다는 이치를 담은 작품이다. 태풍으로 쓰러진 가로수로 인해 길이 정체되었던 상황을 지나 주차장에 당도한 작가는 다시 "정원수로 조성해 놓은 소나무가 부러지고 쓰러져 어지러운" 정황을 목격한다. 대개 가로수나 정원수는 수령이 오래된 교목인 경우가 많은데 교목은 비바람에 턱없이 쓰러졌으나 키 작고 연약한 개망초는 "바람결에 휘어지고 일어서기를 반복"하면서 의연히 버틴다. 크고 강한 것과 작고 약한 것을 대비해 〈유연의 무위〉라는 제목으로 철학적 주제를 보여준다. 그러나 이러한 현상 이면에 숨겨진 의미는 그리 간단하지 않다 "태풍을 이긴 힘이 작은 꽃을 등불처럼 밝히는 중이"라는 언급이 그것인데, 형태의 유사성에 기인하여 아주 작은 꽃인 "개망초"가 의연히 등불을 밝히기 때문이다. 이어진 사유의 진폭도 만만치 않다. 꽃의 "등불"을 밝히는 주체가 "태풍"도 이겨낸 "힘"이기 때문이다. 이 "힘"은 무엇일까. 꽃을 피우는 현상이 일차적이라면 "등불"을 밝히는 것은 일차적 현상을 벗어난 것으로 무엇을 무엇이라 할 수 없는 에너지이다. 그것은 라환희가 추구하는 시적 실루엣일 수 있고 철학적 사유의 공간일 수도 있겠다. 따라서 이 작품은 강한 바람 앞에서 벌어진 자연 현상을 장면으로 보여주며 메시지(주제)를 독자가 찾아갈 수 있도록 할 뿐 작가의 의식은 개입하지 않고 비켜 서 있다. 노장의 사유와 철학은 물론 유능제강이라는 사자성어를 떠올리게 함으로써 문학을 통한 철학적 사유를 엿볼 수 있다.

가끔이라도 체면치레를 위해 목까지 꼭꼭 잠가둔 단추를 풀어 바람을 들이고 자연의 향내가 몸에 스미게 하고 싶다. 내 마음 세계가 혼돈 속일지라도 언젠가는 잔잔해져 둥근 달이 뜰 것이다. 그러면 달을 가

> 리키는 손가락이 아닌, 달의 의미를 조금이나마 알 수 있게 되리라. 오지의 어느 행복한 부족에겐 아무런 의미도 없을 오염된 문명의 옷을 하나씩 벗고 싶다. 그래서 나도 가벼워지고 싶다. 이렇게 생각하는 게 착각이라고 해도.
>
> — 〈가벼움의 행복을 위하여〉에서

《행복한 착각》이라는 제목에 끌려 우연히 보게 된 책 속의 인물 점례를 통해 가벼움의 행복이 무엇인지를 발견하는 안목이 앞서 언급한 〈유연의 무위〉 철학과 맥이 닿는다. 점례가 타인의 시선이나 이목을 내려놓음으로써 고정관념에서 벗어나 행복해하는 것처럼 작가는 "체면치레를 위해 목까지 꼭꼭 잠가둔 단추를 풀어"낸다. 타인을 의식하지 않고 자신의 모습 그대로 사는 "오지의 어느 행복한 부족"들처럼 "문명의 옷을 하나씩 벗고" 가벼워지고 싶은 것이다. 따라서 작가는 다소 투박하고 촌스러운 "점례"라는 이름의 이미지에 천착하는데 그것은 꾸미지 않은 날것 그대로의 순수함과 "진솔한 나를 보여주는 것에서 출발"한다. 이로써 작가는 "가식으로 자신을 포장하지 않은 본연의 모습"이기에 아름답다는 인식에 다다르며, 이 같은 "가벼움의 행복"은 동백의 심상으로 이어진다.

> (……) 오늘은 며칠 전에 본 명화집 때문인지 모딜리아니의 객혈이 연상 되어 더욱더 애잔하다. 그늘에 찍힌 붉은 마침표처럼 젊은 날 세상을 뜬 예술가의 작품은 대부분 퇴색되지 않은 자신만의 색깔을 간직하고 있다. 모딜리아니의 목 긴 여인이 되어 잠시 허공을 더듬는 사이 툭!

또 하나의 절정이 우주를 깨운다. 그늘이 키운 꽃이 그늘을 밝히는 순간이며 다음 생의 시작을 알리는 소리다.

소멸을 앞두었음에도 흐트러짐 없는 꽃은 강렬한 상징성을 지닌다. 목련처럼 꽃자루에서 제빛을 다 발하고 한 잎씩 흩어지는 꽃에서는 느낄 수 없는 카타르시스라고 해야 할까. 가장 아름다운 순간에 미련 한 잎 남기지 않는다는 것은 초월이다.

— 〈그 문장은 붉은 방점으로 시작했다〉에서

동백의 낙화를 "붉은 방점"으로 이미지화해 의미를 부여하고 있는 작품으로 낙화라는 자연 현상을 통해 철학적 사유를 덧입히고 있다. 동백꽃은 난분분 지는 여타의 다른 꽃과 달리 통꽃으로 떨어진다는 특징이 있다. 작가는 이를 "소멸을 앞두었음에도 흐트러짐 없는 꽃"으로 상징하고 있으며 그 꽃이 지는 소리를 "우주를 깨"우는 소리로 의미화한다. 의미를 뒷받침하는 이미지로 뒤마의 《동백꽃 아가씨》를 원작으로 한 베르디의 오페라 《라 트라비아타》와 요절한 화가 모딜리아니의 객혈을 들고 있다. 오페라의 주인공이 가슴에 꽂았던 동백꽃의 이미지는 시각과 청각적 심상을 지닌 공감각적 이미지로 문학과 인접 예술의 고리를 형성하고 있으며 모딜리아니의 객혈은 동백의 낙화 모습에 비유된다. "그늘에 찍힌 붉은 마침표"는 곧 동백의 낙화이며 모딜리아니의 객혈 이미지로 이어져 "또 하나의 절정이 우주를 깨운다"는 철학적 낙화 이미지로 연결된다. 나아가 "가장 아름다운 순간에 미련 한 잎 남기지 않"으며 지는 모습은 초월이라 단언한다. 어떤 경험이나 인식의 범위를 벗어나는 인식을 초월이라 하는

데, 작가는 동백의 낙화를 우주적 소리요 초월의 모습으로 이미지화해 제시한다. 그러니까 동백의 식물적 이미지는 사람에 닿아 있는데 여기서 문학과 철학적 사유가 추론된다. 소멸(죽음) 앞에서도 의연히 통꽃으로 지는 과정 속에 드리워진 동백의 고결함을 언급한 이면에 시적 풍경과 철학적 사유가 융합된 이미지가 담겨 있다. 더하여 작가는 통꽃으로 지는 동백을 바라보며 활유 이미지를 생산한다. "방점"을 "붉은"이라는 색채어가 수식함으로써 얻어지는 역동성은 이별에 대한 치유이자 생성의 의미를 함의한다. 통꽃으로 지는 소멸에 방점을, 그것도 붉은 방점을 찍음으로써 또 다른 시작을 상징하는 라환희의 철학적 사유는 거반의 작품에 각기 다른 모양으로 편재되어 있다.

대체로 라환희는 교훈이나 교시 또는 철학적 성찰을 직접 언술하기보다 에둘러 표현한다. 이 지점이 자못 주제의 결여를 불러올 수 있는 여지를 추정하게도 하지만 오히려 독자로 하여금 생각하게 하는 시간을 제공하는 벤치의 역할을 감당한다. 설명한 작품 외에도 "아집이 티끌이 되어 날아간다. 잔가지에 걸러진 바닷바람처럼 순해져서 차에 오른다. 백미러에서 멀어지는 겨울도 수굿하다"(〈아다지오로 흐르는 길〉)라고 표현함으로써 문장의 겹 속에 든 의미를 독자가 찾아갈 수 있도록 장치하는 기법을 주로 사용함으로써 수필의 특성상 자칫 나르시시즘적 글쓰기에 함몰될 수 있는데 이를 불식한다. 은유, 상징, 알레고리를 비롯하여 철학적 성찰의 메시지를 끌어안는 동시에 시적 수필의 맥락도 아우르는 것이다.

5. 아포리아를 넘어서

문학은 근본적으로 질문에서 비롯되며 이때의 질문은 틀 안에서의 안주를 넘어 틀 밖의 사유를 지향하기 마련이다. 라환희의 글쓰기 방식은 여기에 닿아 있다. 예컨대 기존 수필의 본령을 해체하거나 전복하지 않는 새로움으로 온고지신을 토대로 한다. 그러니까 새로움에 또 하나의 새로움을 덧대는 형식이다. "글을 쓰는 일은 인식 밖의 세계를 더듬어보는 몸짓(〈카르페 디엠〉)"이라 언급한 데서 알 수 있듯 라환희의 새로움은 반복되는 근대성에 기인한 층위 개념에 함몰된 새로움이 아니라 무한재생으로써의 새로움을 추구한다.

라환희의 사유가 바깥을 향하여 나아갈 때 그 골격을 이루는 것은 동양 사상이다. 특히 노장사상을 기반으로 자연 현상과 대상을 통해 인간 삶의 모습으로 전치하는 기법을 주로 취하면서 이미지를 추동한 시적 수필을 염원한다. 모성에 대한 기억을 시적 표현을 중심으로 재구성한다든가 미시적 시선으로 관찰자적 입장에서 대상을 세미화 그리듯 그려내는 방식이 그것이며, 철학적 관조를 통한 문학과 철학의 혼융 효과를 얻어내는 방식 역시 그러하다. 이때 발현되는 미학은 문학에서 피할 수 없는 행위이다. 따라서 미문주의와 기교는 필수적 요소라 할 수 있다. 그러나 현대로 접어들면서 수필이 미문주의와 기교에 치우쳐 수필의 서사성 약화를 우려하는 목소리가 대두되기도 한다. 흔히 수필을 서사와 서정의 중간 단계로 일컫는다. 그것은 소설처럼 서사의 비중이 크다거나 시처럼 정서적 압축을 담아내는 양식이 아니기 때문인데, 수필의 정체성 또는 장르 구분의 변두리를 고민하게 하는 부분이다. 고대로부터 이어져 온 서정, 서사, 희곡이라는 문학의 3분법을 허물기란 그리 만만찮은 일이다. 수필이 비시적非詩的이라 말한 임화의 언급처럼 산문에 해당하는 수필은 비시적이라는 인식이 지배적이었다. 하지만 1930년대 이후 수필평론가들은 수필에도 시적 요소가 가미되어야 한다고 주장했으며 그러한 인식은 퓨전수필의 한 맥락으로 간간이 이어져 왔다. 이러한 맥락에서 볼 때 뛰어난 기교와 숙련된 문장 구사를 넘어 존재의 심연을 통찰하거나 대상을 통해 창의적 해석을 뒷받침하는 수필이 좋은 수필이라는 데 이견이 없을 것이다. 따라서 이미지 구사와 미적 문장을 통해 성취된 라환희의 시적 수필은 존재의 본질과 성찰을 아우른다고 할 수 있겠다.

그러나 보여주기의 한 방식인 묘사를 통한 이미지 구현에 집중한 나머지 수필의 핵심 기율이라 할 수 있는 경험 사실의 서사와 주제로 몰입하는 힘이 미약해질 수 있다. 문학에서 말하기와 보여주기는 어느 한쪽으로 치우치기보다는 수레의 바퀴처럼 나란히 갈 때 안정적이다. 이 지점은 라환희가 추구하는 시적 수필의 아포리아를 위한 과제이기도 하다. 그렇지만 이를 달리 생각하면 그의 시적 수필은 수필의 길에 놓는 하나의 디딤돌로써 아포리아 자체를 넘어선 지점에 있다 할 것이다. 시적 수필은 수필에 시의 요소를 가미하는 형식으로써 그 자체로 수필의 난제를 인식하고 있다는 점에서 아포리아의 아포리아이기 때문이다. 이를 인식하고 대상을 바라보는 그의 심미안에는 서정과 철학을 기반한 버튼이 장착되어 있다. 포괄적으로는 수필문학을 통해 잃어버린 서정을 복원하는 버튼이 그것이며, 한편으로는 모든 대상에 새로운 주파수를 부여하는 창조적 버튼이 그것이다.

04

경계의 사유 혹은 사유의 경계

– 이임순 《봄날의 꿈》

1. 일상 혹은 일상성의 내면화

정열 또는 에너지를 의미하는 에네르기는 정신과 육체의 분리이거나 개별이 아닌 조화를 전제로 한다. 이는 인간 실존의 문제로써 삶의 조건이 되는 동시에 문학의 조건이 되기도 한다. 문학에서는 일상적 현상에 의미를 부여할 때 가능해지는데, 시선과 사유에 따라 그 일상은 특별함을 배면하기도 하고 현상 그대로 인지되기도 한다. 이 지점에 이임순 수필의 일상 혹은 일상성의 내면이 자리한다. 말하자면 이임순 수필에 투사된 사유는 일상의 평범함을 바탕으로 脫일상을 추구하는 데서 비롯된다. 그러니까 일상의 소소한 사건들을 소재로 의미화 과정을 거쳐 의식의 변화를 길어올리는 그의 수필은 경계의 사유를 통한 일상에서의 내면 찾기인 셈이다.

일찍이 스탕달은 《적과 흑》에서 19세기 초 프랑스의 귀족사회에 흐르는 권태를 지적한 바 있다. 그에 따르면 권태란 일상에 내재한 에네르기를 소거한 상태로 삶에 대한 열정 혹은 창조적 에너지의 상실을 의미한다. 정열이 충만한 사회는 창조적 에너지를 분출하기 마련인데 권태가 이를 가로막는다는 점에서 권태야말로 사회를 좀 먹는 병적 인자라고 해석한 것이다. 이를 전제로 봤을 때 이임순 수필을 관통하는 일상의 에네르기는 권태와 대척되는 위치에 있으며 그에게 일상은 문학적 사유를 확장하는 키워드라 할 수 있다. 그가 언어로 주조한 일상 혹은 일상성을 반영한 소재들은 관성과 타성의 지배로부터 탈각되어 있으며 의미화를 통해 문학의 공간으로 이행하면서 다양한 삶의 기의들을 적층한다. 일테면 일상이 자칫 잡다한 신변잡기나 권태로 흐를 수 있음에도 이를 극복할 수 있었던 것은 삶과 문학적 진리의 연결에 따른 의미의 연쇄에 기인하며, 단순하면서도 단순하게 읽히지 않는 것 역시 화소 너머의 진실을 호명하기 때문일 것이다.

이임순은 《과수원지기의 향기》, 《붉은 장미울타리》, 《봄이 오는 소리》 등의 수필집을 이미 상재한 바 있다. 이로 미루어 그의 작품 세계는 소소한 것들이라 할지라도 그냥 흘려보내지 않고 대화를 청하는 에로스적 물음에 근간을 두는 것 같다. 물음을 멈추지 않음으로써 삶의 에네르기 혹은 의식의 내면화를 구가하고 있는 이임순의 네 번째 수필집 《봄날의 꿈》은 대상을 비틀어 보거나 낯설게 봄으로써 시선의 전도를 염두에 두기보다는 자연의 흐름에 순응하는 방식을 취한다. 일테면 가족, 동식물, 이웃 등 일상생활에서 자주 접하는 대상을 소재로 차용한다. 이처럼 이임순은 일상적이고 소소한 것에서 존재의 의미를 찾고 이미지화하거나 성찰적 주제를 양각화 하는데, 이때 일상에 투영된 삶의 의미와 가치는 그의 수필을 관통하는 사유의 원류로 기능한다. 이임순의 이 같은 글쓰기 방식을 염두에 두고 네 번째 작품집 《봄날의 꿈》에 나타난 주제와 이미지의 조응에 대한 징후를 살피고 이어서 관계의 울타리와 배려의 윤리 그리고 의미의 연쇄 측면에서 사유의 지층을 따라가 보고자 한다.

2. 주제와 이미지의 조응

수필은 다분히 주제 문학이라는 장르적 특성을 지닌다. 물론 시, 소설, 희곡 등 여타 장르 역시 주제의 구현과 의미화를 통해 독자와 소통하기 마련이다. 이때 주제를 드러내는 방식에서 차이가 있는데, 수필은 경험 사실을 바탕으로 한다는 특성 때문에 상상력이 자유롭지 못하다는 한계를 지니기도 한다. 이러한 이유로 수필은 상상과 허구의 경계에서 늘 논쟁의 대상이 되었다. 이 같은 현상은 수필의 생래적 한계일 수도 있겠으나 그것을 어떻게 언표, 언술화 하느냐에 따라 여타 장르적 기능을 수용할 수 있기에 역설적이게도 소재 또는 기표적 스펙트럼은 다양하다 할 것이다. 이는 여러 유형의 글쓰기가 요구되는 현대의 아이콘으로 부상되는 지점이기도 하다. 이임순의 작품 곳곳에 나타난 이미지는 주제를 드러내기 위한 장치로서 수필의 한계에 균열을 가하며 가능성의 지표를 제시한다. 바슐라르는 상상력의 근원이라는 맥락에서 이미지의 원초성을 언급한다. 그는 이미지를 의식 표층이나 표면을 흔들기에 앞서 내면 심층에 반향과 울림을 일으키는 존재 전환의 한 요소로 인식한 것이다. 이처럼 이미지는 수필에서도 정서적 환기는 물론 주제를 확장시키는 역할을 하기도 하는데, 상상력의 근원이라 할 수 있는 이미지와 주제의 상관관계의 통로가 다음 작품에 드러난다.

> 아무리 열심히 걸어도 허둥대기만 할 뿐 회원들과의 거리는 점점 멀어만 졌다. 거리를 좁히기 위해 달려도 속력이 나지 않았다. 되레 넘어져 피투성이가 되어 상처만 생겼다. (중략) 너무 작은 모습을 감추기 위해 억지로 부풀리거나 가면이라도 쓰면 그들은 여지없이 나의 허물을 들추어내었다. 그리고는 매질을 해댔다. 연한 살에 상처가 나도 매질은 이어졌고 내가 나의 모습을 어렴풋이나마 보게 될 때 매질이 멈추었다. 상처로 얼룩진 몸은 가누기조차 힘이 들었다.
>
> — 〈글쓰기의 시작〉에서

대개 주제는 직접 드러내기보다는 직유와 은유 또는 상징과 이미지 등 수사적 방법을 동원해 비유적으로 드러내기 마련이다. 이때 관념적 주제는 구체화(형상화)한다면 역으로 구체적인 주제는 관념화하기도 한다. 글을 쓰게 된 계기와 함께 문우들과의 합평회 과정에서 받은 상처를 구체적으로 이미지화한 작품으로 주제와 조응한다. 문학의 길에서 "아무리 열심히 걸어도 허둥대기만 할 뿐" 문우들과의 거리는 멀어지고 허둥댄다는 고백에 이어 자신의 "작은 모습을 감추기 위해 억지로 부풀리거나 가면이라도 쓰면" 동인들의 "매질"이 이어진다고 언급한다. 여기서 "매질"이란 신체에 가해지는 가시적 충격이 아닌 글의 형식이라든가 긴밀성 또는 완결성은 물론 어휘의 적확성에 관한 것으로 화자의 초기 작품에 가해지는 말의 매를 비유적으로 이미지화한 대목이다. 말하자면 상처 없는 상처인 셈인데, 글쓰기에 갓

입문한 화자의 "연한 살에 상처가 나도 매질은" 멈추지 않는다. 화자가 글 속에 투영된 자신의 모습을 어렴풋이 보게 되었을 때야 멈춘다. 사유의 집적물인 글에 대한 매질은 곧 화자의 마음에 가해진 상처이지만 이 상처는 상처로만 남지 않았음을 상황 이미지로 현시하고 있다. 글쓰기의 경험 사실을 통한 창작 과정의 상처는 성장을 위한 통과의례이며 과정의 연속이라는 이면 주제를 이미지화한 예라 하겠다.

> 어두운 데다 길인지 논인지 분간이 되지 않아 가늠으로 걷다 발을 헛디뎌 넘어졌다. 일어서서 걸으려는데 발목에 통증이 있어 기다시피 가는데 누군가 가까이 다가오는 소리가 들렸다. 놀라 오도 가도 못하고 떨고 있는데 노루가 겅중겅중 오다 나를 보고는 오던 방향으로 숨차게 뛰어갔다.
>
> — 〈빛바랜 종이 한 장〉에서

서랍을 정리하던 중 〈빛바랜 종이 한 장〉을 발견한 화자는 접혀 있는 기억의 페이지를 펼친다. 문학모임에 참석하기 위해 집을 나설 땐 쾌청했던 날씨가 귀가를 할 즈음 갑자기 폭설로 변해 버스 운행이 정지된 상태에서 역驛으로 가려는 사람들로 택시 승강장은 인산인해다. 어렵사리 합승 택시가 출발했지만 그마저 중도에 운행을 멈춰 걸어서 역驛에 도착한다. 그러나 열차도 멈춘 상황이어서 다시 택시에 도움을 청한다. 하지만 폭설로 인해 얼마 가지 못하고 도로에 내려 집까지 걸어가야 하는 상황에 처한다. 엎친 데 덮친 격이라는 말에는 돌발적 상황이 전제된다. 삶 속에서 경험할 수밖에 없는 정황이 화자의 사유를 통해 독자로 하여금 간접 경험하게 함으로써 문학적 기능을 염두에 둔 이 작품 속 화자는 "길인지 논인지 분간이" 안 되는 상황에서 기어가다시피 간다. 그런데 저만치서 무언가 다가오는 소리까지 들려온다. 두려움으로 "오도 가도 못하고" 있는데 다가오던 노루 역시 화자를 보고 도망간다. 이처럼 이임순의 필력을 통해 현시된 경험 이미지는 현재를 묻는 아포리즘적 주제로 변환된다.

> 금방이라도 비가 쏟아질 것 같았다. 서둘러 비설거지를 했다. 빨랫줄에 널린 이불을 집안으로 들이고, 마당에 고추를 걷으러 달려가는데 신발이 한 짝 벗겨졌다. 급한 마음에 한 발은 맨발인 채로 비설거지를 하는데 평소에는 몸에 맞던 몸빼바지가 흘러내렸다. 허리춤을 움켜쥐고 달리는데 한 쪽 신마저 벗겨졌다.
>
> — 〈마음속에 내리는 비〉에서

다급하게 비설거지하는 서두의 장면이 선명한 이미지로 다가온다. 그렇게 허겁지겁 비설거지를 마쳤지만 어느새 먹구름은 사라지고 불볕더위에 식물들이 말라가는 것을 보며 비를 기다리는 간절함이 헛것이라도 보게 한 것 같아 허탈하다. 결국 화자는 정원의 나무들과 텃밭의 말라가는 식물들에게 수돗물을 뿌리면서 텃밭의 식물들이야 자신의 수고로 갈증을 해소하지만 들판의 곡식들은 어이할 것인지 염려한다. 이 작품의 결미를 관통하는 주제는 "유비무환"이지만 여기에는 상생의 미학 또한 집적되어 있다. 근대 계몽 이성 담론의 하나인 이원론적 사고에 마침표를 찍는 것으로써 탈근대에 대한 염원을 가능하게 하는 이 전개는 지배와 피지배를 무화시키는 잠정적 사유를 견인함으로써 상생을 도모한다. 결국 이 같은 사유는 현재를 살아가는 독자에게 무언의 질문을 던지게 되는데 이 과정에서의 이미지는 주제를 드러내는 데 상당한 역할을 한다. 말하자면 이미지의 선명도에 따라 주제의 명암이 달라진다는 것을 보여주는 작품이기도 하다.

3. 情, 관계의 울타리

보편적으로 울타리는 대상을 위험으로부터 보호하는 가시적 차원의 보호 기능과 거주 공간으로서 묵시적 정情의 공간이 되기도 한다. 더하여 상상의 공간이기도 하다. 과학 철학자 바슐라르는 공간에 대해 언급하면서 집은 인간에게 안정의 근거이자 새집 같은 보금자리 혹은 내밀한 구석의 공간을 꿈꾸게 하는 상상의 공간으로 이미지들의 집적체라고 말한다. 이임순 수필에 나타난 情의 세계는 상상력의 근원인 원초적 이미지로서 집이라는 울타리가 지닌 공간적 이미지의 굴절이나 왜곡이 아닌 그 세계에 던져진 실존으로서 인간 삶의 뿌리와 연계한다. 말하자면 울타리는 나와 타자, 가족 등 인간관계를 매개하는 기능을 함의한다는 점에서 情의 공간을 상징하기도 한다. 가족의 일상과 생명을 보호하는 중심 공간으로서 거주의 의미를 산출하며, 情이라는 코드에 의해 관계의 개방성을 내포한다. 즉, 울타리는 일차적으로 보호와 거주의 중심 기능을 실현하고 나아가 주체와 타자의 경계를 허무는 관심과 관계의 울타리로서 情의 공동체적 의미로 확장된다.

이웃도 없는 독가촌에서 과수원을 하며 외로이 살기에 우리 가족은 서로가 서로의 소중함을 안다. 그러기에 가족은 작은 것도 나누고 배려하면서 끈끈한 정으로 엮어진 울타리라는 생각을 해본다.

— 〈울타리〉에서

집안에 딸과 화자만 있게 되자 임지로 발령을 받은 남편과 군대에 간 큰아들, 그리고 수학여행 간 작은아들이 별일 없는지 묻는 장면을 통해 울타리가 지닌 의미를 심층화한 작품이다. "이웃도 없는 독가촌에서 과수원을" 운영하는 화자의 가족들은 가족이라는 공동체의 의미를 누구보다 잘 알고 있기에 "작은 것도 나누고 배려하면서 끈끈한 정으로" 엮어져 있다. 최근 경북 봉화 광산에 221시간 동안 매몰되었다가 구조된 두 광부의 춥고 어두운 공간이 희망의 공간이 될 수 있었던 것은 절망의 순간에도 서로 격려가 되어준 끈끈한 情을 배면한 희망이 있었기에 가능한 일이었다. 공동체에 침윤된 情이라는 무형의 인간애가 있었기에 가능한 일로써 작품 속 울타리 또한 情과 그리움이 거하는 공간이다. 더불어 情을 매개로 세워진 가족의 울타리 의미가 가볍지 않은 것은 현대 사회가 지닌 현상 때문이기도 하다. 산업화와 기계화에 따른 가족 형태의 변모라든가 가족 구성원의 변화로 인한 가족해체가 사회 문제를 야기하는 것은 물론 인간애 상실이 염려되는 시기에 '가화만사성'이라는 어휘를 반추하게 하는 이 작품은 일상의 삶이 어떻게 에너지화되는지 혹은 되어야 하는지를 묻는다.

먹이도 거부한 채 눈만 말똥거리며 나란히 앉아 알을 품을 때처럼 어

> 미닭 두 마리가 병아리들을 거느리고 마당을 활보한다. 한 마리는 앞에서 병아리들을 이끌고 다른 한 마리는 뒤에서 살피며 걷는다. 말만 못할 뿐 어미의 본능은 사람 못지않다.
>
> — 〈두 어미〉에서

닭의 포란 과정과 생육과정이 인간과 다르지 않음을 언급한 이 작품은 코드화된 과학적 시선으로만 인지했다면 문학이 될 수 없었을 것이다. 다행히 화자는 알을 품는 "두 어미"의 모습을 있는 그대로 보지 않고 인간의 일로 치환한다. 예컨대 하나의 보금자리에 두 마리 닭이 포란하는 과정과 생육 과정을 모성과 대입하는 것이 그것이다. 이는 유사성과 동일성에 기인한 비유적 언술에 상응하는 것으로 작가의 대상의식이자 세계관일 것인 바, 일차적으로 동일화 원리가 작동한 예다. 하지만 비유가 그렇듯이 동일화 못지않게 차이성의 원리를 배제할 수 없다. 말하자면 같으면서도 다른 두 사물의 특성을 비견하는 비유적 언어는 연합적 성격을 띠기 때문이다. 이임순의 작품에 드러난 비유 역시 동물의 행동을 사람의 일과 비견했으나 여기에는 행위의 유사성과 인간과 동물이라는 차이성 역시 존재한다. 이 같은 비유적 언술을 통한 긍정적 결미는 동물과 인간 사이에 형성된 경계의 무화에서 비롯된 것인데, 이때의 울타리는 획정된 공간으로써의 기능이 아니라 종을 초월한 공동체의 공간으로의 변환을 염두에 둔다. 이로써 울타리는 역설적이게도 경계가 소멸되는 공간으로 유의미화되기도 한다.

> 그동안 녀석은 한 마리의 개가 아닌 우리 가족이었나 보다. (중략) 요즘은 부쩍 현이 엄마가 생각난다. 넉넉하지 못한 형편에 아들만 셋인 그녀는 막내를 가슴에 묻었다. 병원 문 앞에도 가보지 못하고 아들을 잃은 그녀는 멍하니 먼 산을 바라보기 일쑤였다. (중략) 반갑고 좋은 일이 있을 때면 먼저 간 아들 생각에 속울음부터 삼킨다는 것이다.
>
> — 〈상처 보듬기〉에서

풀 한 포기도 우주의 인연에 따라 오고가는 것임을 생각해 볼 때 가족 같던 개의 죽음은 화자에게 큰 상처일 것이다. 개 짖는 소리를 그리워하던 화자는 자신의 상처에 머물지 않고 아들을 가슴에 묻고 슬퍼하던 "현이 엄마"를 떠올린다. 자아의 상처는 이웃을 돌아보는 매개로 작동한다. 그 대상은 아들을 잃은 지인이다. 말하자면 자신의 상처를 통해 지인의 상처를 위로하는 안과 밖의 변증법적 사유가 자연스럽게 발생되는데, 여기에 기저된 관계와 관심은 결국 "먼저 간 아들 생각에 속울음부터 삼"킨다는 지인을 위해 막걸리와 안주를 사 들고 위로의 걸음을 놓는다. 이때 이웃(타자)의 상처를 보듬기 위해 걷는 발걸음이 더 무거운 것은 개의 죽음을 경험하기 이전과 이후의 심리적 이격 때문이다. 이는 심미적 판단이 지닌 보편타당성을 이론적으로 정당화하기 위해 칸트가 명명한 '반성적 판단'의 한 유형일 것인바, 보편과 특수 관계 차원에서 화자의 심리적 변화는 작품을 통해 경험 이전과 경험 이후로 나뉘어 현상된다. 울타리 안에서 겪는 일상의 관계에서 울타리 밖의 관계로 情의 코드가 확산된 예로 삶과 죽음에 대한 성찰적 이미지가 독자로 하여금 관계의 삶을 돌아보게 한다.

> 말간 햇살에 투영된 홍단풍잎에서는 금방이라도 붉은 물감을 뚝뚝 떨어뜨릴 것만 같다. 그들도 숲으로 스며들어 홍단풍나무가 된다. 이렇듯 나는 차 안에서 가을 산을 만끽한다. 차창 밖의 풍경들에 눈이 시리다.
>
> — 〈정 때문에〉에서

다리 수술 후 쉬어야 한다는 의사의 말에도 불구하고 계획했던 산행에 참석하기로 한 화자는 자신의 행위에 대해 情 때문이라고 언급한다. 정이란 마음의 작용으로 이지理智적인 것 혹은 오성悟性 영역과는 다른 내적 의지의 반영으로써 심리적 현상을 뜻한다. 이 같은 의지는 일찍이 '코나투스'라는 개념으로 데카르트, 스피노자, 홉스 등을 비롯 여타의 철학자들에 의해 심리철학과 형이상학 분야에서 발전해 왔다. 인간이나 사물이 행하는 의식 작용(운동)으로서 코나투스는 자기의지(노력)를 말한다. 예컨대 화자가 정 때문에 산행에 참석하는 것이라든가 등반을 할 수 없어 차 안에서 바라본 단풍잎에서는 "금방이라도 붉은 물감"이 떨어질 것 같다는 화자의 심리도 이러한 의지에 따른 결과라 할 수 있다. 일행의 모습이 "숲으로 스며들어 홍단풍나무가 된"듯하다는 데서는 사람과 자연의 구별이 무화된다는 사유 역시 코나투스적 인식의 한 단면일 것이다. 이러한 자기의지 작용에 따라 동행한 화자는 관찰자의 입장에서 산행을 즐기는데, 이처럼 화자의 일상을 엮어주는 이임순의 작품에 투사된 관계의 울타리는 인간관계의 울타리를 넘어 무정물 혹은 자연과의 관계로까지 확산된다.

4. 배려의 윤리와 의미의 연쇄

이임순의 관계의 울타리 너머에는 배려의 윤리와 의미의 연쇄가 일상을 관통하며 자리한다. 배려는 감나무 가지에 남은 몇 알의 까치밥을 통해서도 드러나고, 영화 《피아니스트》에서 캐러멜 하나로 여섯 명의 가족이 나누는 장면에서도 현시된다. 이는 《맹자》, 〈공손추〉 편에 나오는 사단四端 중 사양지심에 닿은 맥락으로 인간이 인간인 이유를 드러내는 유가의 원자적 개념인仁의 뿌리이기도 하다. 물론 유가 사상이 목적론적이고 본질적 세계를 이상으로 삼는다는 점에서 어떤 기준을 설정하게 되고 이 기준으로부터 이분법의 논리가 배태된다는 점을 간과할 수는 없을 것이다. 그렇다하더라도 이러한 배려의 윤리는 의미의 정체가 아닌 의미의 연쇄와 확산을 유도 한다. 내가 나 없음이 될 때 가능해질 수 있는 것으로써 배려는 자기에 대한 배려와 타자에 대한 배려의 측면에서 접근할 수 있을 것인 바, 이 지점에서 푸코의 '자기 배려 주체 담론'과 관련지어 볼 수 있겠다. 푸코는 윤리의 문제가 진실에 관한 문제를 다루어야 한다고 강조한다. 즉, 윤리적 차원에서 자기 배려 주체는 진리 자체를 탐구하기보다는 실천적 차원의 문제에 인접하며, 자연적 인간이 사회적 존재로 자각하고 자기를 돌보는 '배려 주체'라고 보는 것이다. 이러한 맥락에서 이임순의 수필에 나타난 자기 배려 주체와 타자를 향한 배려의 접점을 설명할 수 있다. 두 줄기의 배려가 열차의 레일처럼 의미의 연쇄 과정을 거치기 때문이다.

나이와 마주 앉는다. 그리고 또 한 살의 나이를 보탠다. 새로운 숫자의 나이는 어설프기 짝이 없는 맨몸이다. 이제부터 나의 새 나이에 새 옷을 입혀야 한다. (중략) 눈에 익지 않은 옷에는 향기가 없는데 땀 냄새 물씬 풍기는 옷에서는 삶에 맛이 흠뻑 묻어 있다.

— 〈나이에 새 옷을 입히자〉에서

"나이와 마주 앉는다"는 것은 현상적으로 불가능하지만 문학적 상상에 의해 가능하다. 시선을 붙잡는 이 문장은 보편성과 근원 회귀성(요나적 공간)에 즈음한 객관적 이해에 따른 독자성을 함의하고 있다. 그 때문에 작가가 아니더라도 쉽게 이해할 수 있으며 "나이"와 마주 앉을 수 있다. 화자는 새해 새로운 숫자에 맞는 새 옷을 입혀주고자 한다. 이는 인식 주체인 자기를 향한 배려의 한 형태라 할 수 있을 것인데, 화자는 우선 현상적 배려로서 신체에 잘 어울리는 옷을 언급하기도 하고 화려한 옷과 허름한 옷을 비교하기도 한다. 이때 "눈에 익지 않은 옷에는" 삶의 향기가 없는 반면 허름하고 편안한 옷과 일상의 "땀 냄새"가 배인 옷에는 삶의 향기가 배어 있음을 언급한다. 사유는 여기에서 멈추지 않고 현상학을 매개로 "상대방을 배려할 줄 아는 마음의 옷"이 가장 아름다운 옷일 것이라는 결론을 추동한다. 일테면 자기에 대한 배려에서 타자에 대한 배려로의 확장을 염두에 둠으로써 나이에 맞는 옷이란 배려의 옷이라는 확산적 의미화에 방점을 찍는다.

정빈이의 배려하는 마음은 또래들보다 먼저 가슴에서 터를 잡았다. 어려서부터 벌써 배려하는 마음을 기르는 정빈이는 나눔의 문화도 익히는 중일 것이다. 형 노릇하면서 자연스레 익히는 배려 그 자체가 나눔이고, 그 나눔이 머지않아 이웃으로도 점점 확산도 될 것이다. 배려와 나눔의 문화, 그 문화가 집집마다 일었으면 하는 바람이다.

— 〈형 노릇〉에서

논어 안연 편에 나오는 '君君 臣臣 父父 子子'라는 구절이 떠오르는 작품이다. 예로, 사람은 저마다의 유전적 형질을 갖고 태어난다. 유전은 선택할 수 없는 것이므로 어찌할 수 없다하여도 후천적 경험 사유를 통한 삶은 얼마든지 선택할 수 있다. 이 작품에서 눈여겨봐야 할 대목은 네 살 "정빈이"의 행동이다. 일주일 전 막내 동생이 태어난 후 세 살 동생 "현우"를 챙기기 시작한 것인데 이러한 변화는 어른의 강요에 의한 것이 아닌 자연발생적 발로로써 형다운 행동이다. 화자는 "정빈"이를 통해 존재가 각기 자신의 본분을 알고 행하는 유가적 이상 사회를 호명한다. 말하자면 각자의 위치에서 제 일을 하는 당연함이 잘 지켜지지 않는 사회의 문제를 지적한 예로 당연함이 지켜지는 사회야말로 아름답게 구조화된 사회일 것이라는 인식을 표명한다. 나아가 배려 자체가 곧 나눔이라는 의식과 함께 "정빈이"를 통한 나눔의 확산을 예견한 작품으로 이러한 문화가 가가호호 일어났으면 하는 희망을 배려의 실천 덕목에 엇걸어놓는다.

할머니는 시설에 들어온 후에도 간식이 주어지면 잘 먹지 않았다. 한 달에 한 번씩 찾아오는 자식들에게 그것밖에 줄 것이 없기 때문이었다. 그러다 정작 자식들이 왔을 때는 상하고 부패해서 먹지 못하는 것이 대부분이었다. 그래도 할머니는 꼬박꼬박 모은 간식을 당신의 서랍장에 넣어두고 밖에 나가셨다.

— 〈뒷모습〉에서

지인의 부탁으로 토끼의 저녁 끼니를 담당하게 된 화자가 잘 먹지 않는 토끼를 보고 요양원에서 만났던 할머니를 떠올린다. A를 통해 B라는 대상을 떠올리는 구조로써 알레고리의 형태를 띤다. 두 마리 토끼 중 한 마리는 화자가 주는 음식을 잘 먹는데 다른 한 마리는 잘 먹지 않는다. 자신이 낯설어서인가 싶어 돌아 나온다. 그 모습이 요양원 실습 때 보았던 할머니의 모습과 닮아 있다. 젊은 나이에 남편과 사별한 후 3남매를 키우기 위해 공사판에서 막노동했던 할머니는 그곳에서 간식으로 나눠주는 빵과 우유를 가방에 넣어 온다. 그 시절을 떠올리며 요양 "시설에 들어온 후에도 간식"을 주면 먹지 않고 보관했다가 자식들이 찾아오면 주곤 한다. 하지만 자식들의 손에 쥐어진 음식은 부패해서 먹을 수 없는 것이 대부분이다. 그래도 할머니는 "꼬박꼬박 모은 간식을 당신의 서랍장에 넣어"둔다. 그러니까, 서랍에 보관되는 것은 음식이 아닌 가난의 기억이며 곰팡이처럼 피어나는 사랑이다. 음식이야 부패할 것이지만 자녀들을 향한 마음과 배려의 기억은 부패하지 않을 것이라는 문학적 의미의 연쇄가 이 작품의 중심기제로 기능하면서 읽는 이로 하여금 동심원 같은 반향과 울림을 주고 있다.

굽은 허리로 지고 온 푸성귀를 판들 몇 푼이나 될까마는 아이의 바람을 위해 선뜻 그 값을 준 할머니의 마음씀이 궂은 장마의 눅눅함을 몰아내 주는 듯하다. 어쩌면 할머니는 오늘도 비가 오는 것도 개의치 않고 푸성귀를 돌보고 계실지 모르겠다. 할머니의 푸성귀 머리띠는 사랑의 고리임에 틀림이 없다.

— 〈사랑의 고리〉에서

앞의 작품 〈뒷모습〉이 가족을 향한 배려라면 이 작품은 베풂의 선한 영향력을 포괄한 의미화의 연쇄를 추동한다. 제목에서 유추할 수 있듯이 하나의 사랑이 또 다른 사랑으로 전이되는 현상을 형상화한 것으로 자신보다 타인의 고충을 먼저 헤아리는 할머니의 이야기다. 시장에서 원하는 물건을 사달라며 울고 있는 아이와 그것을 살 수 없어 난처해하는 모녀를 향해 시장 사람들의 질타가 이어질 때 푸성귀를 팔고 있던 할머니가 선뜻 아이 어머니에게 지폐 한 장을 내민다. "굽은 허리로 지고 온 푸성귀를 판들 몇 푼" 되지 않을 것임에도 불구하고 할머니는 모녀를 위해 情을 나눈다. 이때 "할머니의 마음씀이 궂은 장마의 눅눅함을 몰아내 주는" 것 같아 화자의 마음도 따스해진다. 머리핀을 산 "아이의 머리에는 나비가 두 마리 앉아 있"고 그 아이가 기뻐하는 정황이 배려의 情으로 이접되어 의미의 연쇄를 일으킨다. 삶이란 빚을 갚으며 사는 것이라는 할머니의 철학이 배려와 나눔의 정신으로 현현되고 있으며 그 나눔은 배려이거나 나눔에 머물지 않고 "사랑의 고리"로 의미의 파동을 일으킨다.

5. 일상에서 脫일상으로 건너가기

흔히 '벗어남', '자유로워짐'을 의미하는 脫이라는 접두어는 이곳에서 저곳으로 건너감을 함의하는 가운데 기의와 기표의 상호작용까지도 염두에 둔다. 근대 계몽이성 담론과 사유체계에 대한 비판적 견해에서 탈근대가 소환되었던 것처럼 이임순은 일상에 대해 굴절을 가함으로써 脫일상을 추구한다. 따라서 이임순 수필을 관류하는 에네르기는 일상에서 탈일상으로 건너가는 과정에서 발생하는 것으로서 경계적 사유 또한 호명한다. 말하자면 고착이 아닌 디아스포라와 같은 경계의 긴장감에서 발원하는 탈일상적 글쓰기를 통해 평범함을 넘어서고자 한다. 이때 탈일상의 사유 운동은 균질화된 의식에 균열을 가함으로써 일어나는 반향 또는 파동의 기제이며 이는 사유의 응고를 배격하는 문학적 글쓰기의 한 지류로 작동한다. 이 과정에서 문학의 즐거움이 발생하는데, 작품에서 텍스트로의 변화를 제시한 바르트는 즐거움의 텍스트가 주체 자아의 강화에 연결되는 것으로서 지성과 감성의 논리에 종속되지 않으며, 기표의 영역인 텍스트는 탈중심적이며 의미의 닫힘이 아니라고 언급한다. 부연하자면 문학은 창의를 바탕으로 한 의미화 과정의 연속체이기에 어떤 해답을 제시하는 것이 아니라 답을 찾아간다는 것으로써 이임순의 네 번째 수필집 《봄날의 꿈》 역시 무미건조한 일상에 매몰되기보다 삶과 문학의 향기를 도처에 발신하고 수신한다. 때문에 이임순의 문학을 향한 에네르기는 일상에서 탈일상으로 건너가기다. 일테면 〈글쓰기의 시작〉에서 말의 매질을 이미지화해 주제를 각인하기도 하고, 가족애(〈울타리〉)를 바탕으로 이웃에 대한 사랑(〈뒷모습〉, 〈상처 보듬기〉)

을 언급하는가 하면, 동생을 돌보는 형의 입장에서 배려의 정신(〈형 노릇〉)을 부각함으로써 건너감의 사유를 드러낸다. 또한 자신보다 타인을 먼저 배려하는 시장의 할머니(〈사랑의 고리〉)를 통해 관계의 철학을 배면하기도 한다. 이처럼 이임순의 수필에 드러난 일상의 오브제들은 주제의 이미지화, 관계의 울타리, 배려적 의미의 연쇄 등을 통해 삶의 에네르기를 드러낸다. 하지만 이 과정에서 주제와 소재의 긴밀성이라든가 완결성에 대한 아쉬움이 없지 않다. 한 편의 작품을 창작함에 있어 완벽을 요구한다는 것은 무리일 수 있다. 왜냐하면 문학은 완벽을 추구하는 비완벽 또는 비완결을 내장함으로써 염원되는 상징체이기 때문이다. 그렇다하더라도 완결을 향한 의식적 노력이 적층될 때 이임순의 일상에 대한 미학적 사유는 더 깊어질 것이며, 경계의 사유 또한 확장될 것이다.

제 3 부

수필의 힘과 위로의 방식

01

곡선의 사유와 미완의 여백

– 전오영 《노을 공책》

1. 非線型의 물음

보이는 것이 전부가 아니라는 인식 이면에는 보이지 않는 세계에 대한 물음이 놓여있다. 세계의 문제를 직접 언술이 아니라 우회 형상화하는 것이 문학의 궁극인 것처럼 전오영의 수필세계 역시 이러한 정서에 면해 있으며, 물음을 통해 현상 너머의 은폐를 드러냄으로써 삶의 진실을 찾는다.

선형적 사유가 여러 관념 속에서 공통 요소를 뽑아내어 종합한 하나의 개념으로 대상이 지닌 차이를 무력화하거나 동일화하는 특성이 있다면 비선형의 사유는 다양한 객체들의 운동성을 수용한다. 아르코문학창작지원에 선정된 전오영의 수필집 《노을 공책》에 투영된 사유 역시 비선형의 물음에 따른 곡선의 세계를 지향한다. 이때 개념 철학자로 불리는 헤겔과 차이의 철학자로 불리는 들뢰즈를 호명할 수 있다. 비선형적 포스트모던 사유의 특성을 보이는 들뢰즈는 헤겔 철학에 나타난 동일성을 비판하면서 차이의 존재론을 주창한다. 헤겔 역시 차이를 언급했으나 헤겔은 차이를 통해 개별자의 변화와 생성을 추동하는 것이 아닌 동일자로의 환원이라는 맥락에서 비판인 것이다. 물론 동일성 차원의 비판으로 한정해 헤겔을 현대성이 부재한 철학자라 단정할 수는 없을 것이다. 그렇다 하더라도 헤겔의 동일성 철학은 개념화 또는 동일화의 의미 맥락에서 어떤 기준화의 도구인 평미레를 연상시킨다. 말하자면 되의 안과 밖을 구분하는 평미레는 직선 혹은 선형적 사유 이미지를 지닌다는 측면이 그러하다. 반면 들뢰즈의 비선형적 철학은 규정이나 한정하지 않는다는 점에서 노장사상과 연결되는데 이는 비개념의 세계 이해를 추구한 노장철학의 현대성으로 동서양 사유의 연접일 것이다. 개념적인 것이 선형적 사유를 배면한다면 개념화에서 비켜선 비선형의 물음에 따른 곡선 사유는 미완의 여백을 함의한다 하겠다.

전오영의 《노을 공책》에도 무엇을 무엇이라 규정하지 않는 노장철학을 바탕으로 곡선의 사유가 관통한다. 이는 그의 수필세계를 추동하는 원류로서 대상과 자아를 향한 비선형의 물음이자 삶과 문학의 곡률을 이면에 둔 발화이다. 이 같은 창작 정신을 바탕으로 수필의 본질인 성찰과 깨달음을 전면화하는 가운데 소설의 서사와 시적인 수사를 고명처럼 얹음으로써 수필 문학의 확장을 꾀한다. 아울러 자기의식을 탐색하기도 하고 사회의 그늘진 곳에 물음을 놓아 리얼리즘적 사유를 그려내기도 한다. 이는 무엇보다 문학이 삶과 유리된 대상이 아닌 삶이 곧 문학이라는 작가 의식의 투영이기도 하다. 따라서 수필문학의 외연과 내연의 확장 맥락에서 전오영의 수필집 《노을 공책》

에 나타난 공간 인식에 따른 의미의 중첩과 이면적 성찰을 통한 의미 투사 측면에서 작품 전반을 살피고 나아가 기억과 이미지가 다양한 주체의 형상으로 녹아 있는 작품에 초점을 두기로 한다.

2. 공간 인식과 의미의 중첩

인간의 인식 체계는 시대에 따라 변하기 마련이다. 근대적 공간관이 정태적 · 절대적이었다면 현대적 공간관은 유동적 · 상대적 인식 양상을 띠면서 의미에 의미를 거듭하고 있다. 공간의 변화는 과학과 철학 등 인간의 사고가 발달함에 따라 변화된 것으로 인간의 지성사와도 맞물려 있다. 그러한 공간은 채움과 비움의 이미지로 세계를 표현하는데, 채움이 무거움의 인식이라면 비움은 가벼움의 이미지를 지닌다. 한없이 채우거나 한없이 비울 수 없는 공간은 채움 뒤에 비움을 염두에 두기 마련이고 비움 역시 채움을 이면한다. 이는 공간이 가지는 특질로서 등질적이고 등방적인 면이기도 하며 한편으로는 연속적이고 무한한 공간성을 함의하기도 한다. 물리적 · 현상적 의미라기보다는 인간 의식 공간과도 관련한 것으로써 현상 너머의 공간에 관한 인식이다.

> 무엇을 결론할 수 없을 때, 가장 무난한 결론인 무엇을 무엇이라 하지 않는 순한 바람이 반쯤 열린 쪽창으로 들어온다. 그러나 생이라는 내 마음 상자에 가득 찬 욕망이 삶을 움켜쥐고 놓지 못한다. 오늘처럼 나비 앞에서의 멈춤도 나비인형을 쥔 저 어린이 같은 내 어린 날의 순수이기보다는 내 의식의 무거움에서 오는 것일 터, 또 하나의 집착이 화

강암에 눌리는 것 같다. (중략) 어디에 두었는지 아이의 손에는 나비가 없다. 나와는 달리 아이의 걸음이 아까보다 더 가벼워 보인다.

— 〈물음〉에서

나비를 테마로 한 전시회에서 공간에 대한 유비적 인식을 드러낸다. 새장 안 나비와 액자 속 나비를 통해서 구속과 자유의 대비적 의미가 부각되고, 바위에 앉은 나비 조형물을 통해서는 무거움과 가벼움이 대비된다. 이때 구속은 무거운 것으로, 자유는 가벼운 것으로 병치된다. 이로부터 기인된 인식은 나비 떼의 비상에 이면한 자유와 가벼움을 떠올리는가 하면 실존으로서 장자의 '오상아吾喪我'에 기투된 깨달음의 자아를 떠올리기도 한다. 말하자면 "나비 앞에서의 멈춤도 나비 인형을 쥔 저 어린이 같은 내 어린 날의 순수이기보다는" 의식의 무거움에서 오는 것이라는 인식이 그것이다. 화자는 "무엇을 무엇이라 하지 않는 순한 바람"과 같은 자유 또는 무규정적 언표를 추찰하는 가운데 나비와 같은 가벼움을 희구한다. 이러한 희구는 한 걸음 더 나아가 영화 《빠삐용》의 마지막 장면을 통해서 진정한 자유란 무엇인가, 라는 질문으로 귀결된다. 자유를 위해 끊임없이 탈옥을 시도한 백발의 빠삐용이 결국 감옥이라는 공간을 탈출했으나 그에게 진정으로 자유가 주어졌는지 묻는 것이다. 말하자면 세상이라는 공간 역시 감옥의 이첩된 공간일 것이라는 인식이 그것이다. 이때 매개물로 등장하는 새장과 액자의 공간은 안과 밖을 구분하는 규정 사유의 현상적 상관물로 기능한다. 하지만 안과 밖이라는 공간을 구분하여 경계 짓는 것은 현상계의 일일 뿐이라는 각자覺者적 인식이 그러한 경계를 무화한다. 이때 화자의 공간 인식은 분리 또는 구분이기보다 안이 곧 밖이고 밖이 곧 안이 될 수 있는 클라인 병과 같은 것이거나 뫼비우스의 띠와 같은 구분 없음에 닿는다. 이러한 희원의 궁극에는 "자비"와 "사랑"을 언급한 선자의 세계를 염두에 둔 사유가 자리한다. 따라서 "어디에 두었는지 아이의 손에는 나비가 없다."는 결미의 상징은 나비의 가벼움조차 손에서 놓아버린 어린아이의 순수 기표로의 인식을 배면한다. 나아가 가벼움은 가벼움이 아니라는 역설은 "아이의 걸음이 아까보다 더 가벼워 보인다."는 시각 이미지를 통해 진정한 자유를 향한 의미의 중첩을 생성한다.

> 부자유한 공간에 감금되면 누군가는 육신과 영혼이 피폐해지기도 한다. 하지만 그들은 그곳에서 언어의 실을 뽑아 사유의 집을 짓고 닫힘을 열림으로 치환한 것이다. (중략) 나무가 어둠 속에 뿌리를 깊게 내리듯 유배라는 어둠 속에 오히려 다산의 의식은 심오함으로 뿌리를 내린 셈이다. 때문에 어둠은 빛이기도 하고 빛은 어둠이기도 하다. 솔숲에서 바람이 인다. 바람 속에서 다산의 숨결이 느껴지는 듯하다. 나는 나를 어디에 감금하고 어디로 유배를 보내야 할 것인가.
>
> — 〈나를 유배 보내다〉에서

앞의 작품 〈물음〉이 공간에 투영된 대비와 중첩적 이미지를 언표화했다면 이 작품은 다산 초당 방문을 계기로 공간과 글쓰기의 관계를 언급한다. 내면의 활동인 글쓰기는 열린 공간에서보다 닫힌 공간에서 사유의 심층에 닿을 수 있다는 맥락이다. 간힘으로부터 정신의 자유를 구가한다는 것으로써 사유의 응집과 응축 과정을 통해 확산과 이산이 가능하다는 갇힘의 역설을 구가한 예를 다산에서 찾는다. 다산의 유배는 표면적으로 갇힘이지만 내면은 갇힘이 아닌 확산으로 변모된 것이라는 인식으로서 이 논리의 공간은 중심에서 주변으로의 추락일 수 있으나 결과적으로 사색의 골방으로 치환된 경우라 언급한다. 따라서 닫힘(유배)의 공간은 의미의 중첩이 일어나는 곡면의 장소이다. 때문에 "유배라는 어둠 속에 오히려 다산의 의식은 심오함으로 뿌리를" 내림으로써 "어둠은 빛이기도 하고 빛은 어둠이기도 하다"는 깨달음에 다다른다. 따라서 공간은 현상 너머 은유와 상징의 거소이자 "언어의 실을 뽑아 사유의 집을 짓고 닫힘을 열림으로 치환한" 공간인 것이다. 이로써 화자는 창작의 모나드적 성격을 띠는 공간을 염원하는 듯 자신을 "어디에 감금하고 어디로 유배를 보내야 할 것인"지 물으며 스스로를 중첩화하기도 한다.

누군가의 추억을 단단히 여민 채 주인을 기다리는 트럭 위의 반닫이. 저 반닫이는 어떤 기억의 모습을 간직하고 있을까. 탈구된 기억도 나선의 기억도 저 안에서 이미지로 저장되어 있으리니 훗날 좋은 추억이 되었으면 좋겠다. 열려 있을 때보다 닫혀 있을 때 상상을 유발하고 보이는 것보다 보이지 않는 무엇이 더 소중하듯, 혹시라도 갈 곳이 없어 오래도록 골목에 서 있을 수밖에 없는 트럭이라면 꿈과 희망을 빌어주고 싶다.

— 〈반닫이〉에서

"누군가의 추억을 단단히 여민 채 주인을 기다리는 트럭 위의 반단이"를 통해 어머니의 반닫이를 떠올린 이 작품 역시 공간에 대한 인식이 드러난다. 그 공간은 추억으로 현시된다. 일테면 어머니의 반닫이는 외할머니로부터 물려받아 낡았으나 외할머니의 시간과 어머니의 시간이 각인되어 있는 물건으로 화자와 화자의 어머니 그리고 외조모의 추억을 저장한 공간이다. 이로써 반닫이는 무의미한 대상이 아닌 유의미성을 내포한다. 따라서 "탈구된 기억도 나선의 기억도 저 안에서 이미지로 저장되어 있으리니 훗날 좋은 추억이 되었으면 좋겠다"며 길가 트럭의 주인을 향한 염원을 바탕한다. 이러한 공간은 "열려 있을 때보다 닫혀 있는 것들이 상상을 유발하고 보이는 것보다 보이지 않는 무엇이 더 소중"하다는 인식으로 문학적 상상력을 유발한다. 결국 어머니의 반닫이와 트럭 위의 반닫이는 닫힘과 열림의 이미지를 중의하는 공간으로써 추억의 화소로 작동하는 동시에 시간과 공간을 초월한 의미 중첩의 대상물로 기능한다.

3. 이면적 성찰과 의미의 투사

자기 인식으로서 성찰은 자아의 내면화와 관련한다. 일찍이 소크라테스의 "너 자신을 알라"는 언표 역시 무지를 자각하라는 의미뿐만 아니라 자기 성찰을 배면하는 말이었다. 시공을 초월해 의미를 투사한 이 같은 발화는 사유의 여백 혹은 행간 읽기로서 대상이나 사건을 있는 그대로 표면화하기보다 간접적으로 묘사하거나 비유적으로 언술하는 문학의 이면보기와도 상통한다. 수필문학 또한 현상 이면에 은폐된 의미나 맥락을 드러냄으로써 삶의 긍정과 세계의 진실을 구현하기 마련인데, 전오영은 보이는 상처보다 보이지 않는 상처와 그 연원에 관심을 둔다. 이 같은 심안心眼은 곡선의 사유에서 비롯되는 것일 터, 비가시적 세계에 대한 관심으로써 그의 작품 곳곳에 의미의 고리로 투사된다.

> 참깨에서 고소한 맛이 나면 그만인 것을, 중국산이면 어떻고 국산이면 어떠랴. 나는 살아오며 출처에 상관없는 참깨처럼 고소한 맛을 낸 적이 있었던가. 어찌 보면 중국산 참깨만도 못한 나일 것인데 그 출생을 탓해 무엇 하랴. (중략) 참깨에서 쓴 맛이 나는 것도 짠 맛이 나는 것도 아니거늘, 나 또한 나를 속이며 산 것이 수없는 날이고 보면 탓할 일도 아닌 듯싶었다.
>
> — 〈고소한 고민〉에서

국산이라는 말을 믿고 노점 할머니로부터 참깨를 산 화자는 중국산 참깨라는 기름집 주인의 말에 반박한다. 하지만 이내 마음 한 구석에 의심이 싹트고 급기야 함께 산 서리태마저 믿을 수 없게 된다. 그러나 참깨가 유액(참기름)이 되는 과정을 바라보던 화자는 의심을 한 순간에 무화시킨다. 중국산 참깨에서도 국산처럼 "고소한 맛이 나면 그만"이라는 다소 모순적인 현상을 매개로 기존의 사유를 넘어선다. 현상에 대한 옳고 그름, 좋고 나쁨이라는 것도 모두 일체유심조라는 사유에 이른 화자는 참깨의 출처와 참깨에서 참기름이 되는 과정에 자신의 성찰의 단계를 동일시하고 병치의 수사를 수용하면서 존재론적 깨달음에 이른 것이다. 또한 추상어인 "고민"이 '고소하다'는 감각어와 만나 낯설게 하는 것은 물론 비선형적 곡선의 사유를 병풍처럼 두른 이 작품에서 리좀적 사유를 유추할 수 있다. 들뢰즈는 뿌리에서 줄기로, 가지로 이어지는 나무의 수직 구조가 혈통처럼 위계적이며 수목적 사유체계라면 줄기와 뿌리가 땅속에서 무한 증식하는 땅속줄기 식물들은 리좀적 사유체계를 이룬다고 강조한다. 대상을 통한 이면적 성찰은 물론 고민을 참깨의 고소함으로 치환함으로써 사유의 위계보다는 비위계적 긍정을 추동하는 작품이다.

> 영혼의 무게. 사람도 죽으면 21그램 정도로 가벼워진다는 던컨 맥두걸의 말이 떠올랐다. 하지만 이론상의 중량일 뿐 어떻게 그 무게를 느낄 수 있을까. 하물며 사람의 영혼 무게보다 몇 백배는 가벼울 새의 영혼의 무게를. 그러나 나는 그 무게가 양에 따라 감지되는 것이 아닌 가슴으로만 느낄 수 있는 이별의 무게일거라는 생각에 마음이 닿았다.
>
> — 〈이별의 무게〉에서

지구가 둥글다는 사실을 뒤집을 수 없는 것처럼 생명체에게 죽음이란 절대적 진리라 할 수 있다. 이처럼 생명의 유한성에서 파생된 개념이 영혼이라는 어휘일 것인데, 이 작품은 새의 죽음을 통해 영혼의 무게와 이별의 무게를 병치함으로써 영과 육을 사유케 한다. 아파트 베란다 창에 부딪힌 새를 구해준 것을 계기로 시작된 새와의 인연은 침울했던 생의 공간을 밝게 했으나 새가 자신의 품에서 죽어갈 때 가벼워짐을 느꼈다는 지인의 발화에서 화자는 사람이 죽으면 "21그램 정도로 가벼워진다는" 던컨 맥두걸의 말과 함께 영혼의 무게를 생각한다. 하지만 이는 이론상의 중량일 뿐 그 무게를 가늠할 수 없을 것이라는 의식에 다다른다. 말하자면 사람의 영혼 무게보다 몇 배는 더 가벼울 새의 영혼, 그 무게를 감지할 수 없을 것이며 이는 "가슴으로만 느낄 수 있는 이별의 무게"일 것이라는 현상 너머 인식이다. 새를 키우는 지인과의 대화에서 모티브를 얻은 작품으로 종을 초월해 인간과 새의 교감을 보여주는 동시에 보이는 대로만 보거나 보고 싶은 것만을 보는 관성에서 벗어나 성찰의 이면 혹은 이면적 성찰의 내밀이 엿보이는 작품이다.

> 수천 년이 흐른 후에도 싹을 틔운다는 연의 씨앗은 음과 양을 동시에 내장하고 있는 듯하다. 폭염과 폭한도 두려워하지 않는 의연함을 내포하고 있는 것은 한여름의 연지가 한겨울의 연지와 닮은 이유이며 사람 살이도 마찬가지일 터이다. 극한과 극염이 다르지 않은 것처럼 무연히 자화自化하는 연지가 상처는 스스로를 보듬어줄 줄 알아야 한다는 것을 알게 했다. 나는 그것을 살아내야 할 내 삶의 페이지에 받아 적었다.
>
> — 〈세한도〉에서

인간에게 죽음은 불안을 일으키는 근본적인 원인자이다. 하이데거적 실존은 살아 있는 동안에도 항상 죽음을 경험한다. 이때 생명체가 죽음을 경험한다는 것 자체는 모순이다. 죽음은 그 자체로 생명의 소멸을 의미하므로 경험이라는 삶의 현상과 상반되기 때문이다. 하이데거의 모순어법은 생명의 부활을 의미하는 것이 아니라 죽음은 경험할 수 없으며, 발생할 수 없는 사건으로 인간이 살아가면서 느끼는 자기 존재에 대한 불안감을 의미한다. 이러한 불안으로 인해 살아 있는 동안 죽음을 경험하는 것과 같은 증거라고 본 것이다. 동물이나 식물과 같은 존재자들은 자신이 언젠가 죽을 것이라는 것을 알지 못하지만 인간은 죽음이 누구도 피해갈 수 없는 필연의 사건이란 것을 알고 있다. 불안감을 경험하는 주체로서의 현존재는 시간 속에서 자신이 있음을 의식하는 유일한 존재라는 것이다. 따라서 현존재는 시간의 통제를 받기보다 시간에 참여하는 존재로서 자신의 시간을 통제한다. 유한한 존재의 공허함을 자각하고 고통을 느끼지만 한편으로는 '나는 누구인가?', '나는 어디로 가고 있는가?'를 스스로에게 질문하는 존재로써 실존인 것이다. 겨울 연지를 바라보며 존재론적 사유에 닿은 화자의 내면에도 하이데거가 언급한 불안감을 경험하는 주체적 자아의 성찰이 놓여 있는데, 남편과 사별 후 연지 가까이 있는 곳으로 거처를 옮긴 화자는 연지 둘레길을 걷기 시작한다. 연지의 사계 풍경들과 대화하듯 걸으며 사별의 상처가 치유되는 가운데 겨울의 연지에서 죽음의 이미지를 연상하기도 하고 여름의 연지에서 삶의 이미지를 유추하기도 한다. 이때 한겨울 연지와 한여름의 연지가 닮아 있음을 자각하면서 음양을 품고 있는 연의 씨앗이 "수천 년이 흐른 후에도 싹을" 틔우듯 삶과 죽음이 하나의 씨 안에 내장되어 있음을 통찰한다. 말하자면 삶을 통해 죽음을, 죽음을 통해 삶을 보게 됨으로써 "극한과 극염이 다르지 않은 것처럼 무연히 자화自化하는 연지"로부터 "상처는 스스로를 보듬어줄 줄 알아야" 한다는 사실을 깨닫는다. 그러니까 연지는 변화의 상관물로써 화자의 깨달음을 있게 하는 동시에 화자의 지우와 같은 존재로 변모한다. 이처럼 사별의 경험은 화자로 하여금 죽음을 돌아보는 계기로 작동하며 연지에서 이루어지는 소멸과 생성처럼 생사가 다르지 않음을 사유하기에 이른다. 이외에도 "자신의 몸에 구멍을 내어서 욕심을 경계"(〈계영배〉)하라는 의미를 말하고 있거나, 소리를 인식하는 차이에 따른 심리와 깨달음(〈일체유심조〉) 등에서 존재론적 성찰을 엿볼 수 있다.

4. 기억과 이미지

기억은 관련 이미지를 매개로 재생된다. 이때 그 대상을 매개로 과거와 현재가 연접하게 되는데 감각기관을 통하여 주변에 있는 대상을 의식하는 지각 작용과 비슷하다. 이러한 지각 작용에서 얻어지는 표상表象이 곧 이미지와 연결되기 때문에 기억 이미지 속에는 정서가 배어있다. 이 과정에서 원래의 정서라든가 이미지가 그대로 복원된다기보다 윤색되고 각색되기 마련이다. 필자는 〈기억의 디아스포라, 그 유랑의 재구성〉(《수필미학》, 2018년 겨울호)을 통해 "유랑하는 기억 역시 허구가 아닌 사실의 과거"라는 차원의 개념을 언급한 바 있다. 하면 기억하지 못하는 기억이라고 해서 없었던 일이 아니라는 것으로 경험 사실을 토대로 일정 정도의 윤색과 각색은 수필문학에서 하나의 과정이라 할 수 있다.

기억과 관련해 보르헤스는 〈기억의 천재 푸네스〉(《픽션들》, 민음사)를 통해 기억과 사유 이미지의 관계를 소설적 기법으로 풀어낸다. 사고 나기 전 푸네스는 보통 사람들처럼 기억했으나 사고 이후 그의 지각력과 기억력이 완벽해진다. 몇 개 국어를 힘들이지 않고 습득할 수 있으며, 구름의 형태라든가 물결의 모양을 완벽하게 기억하고 비교할 수 있게 된 것이다. 보고 듣고 지각하는 모든 일들을 그대로 기억해 복원시킬 수 있게 된 그는 자기 혼자의 기억이 세계가 생긴 이래 모든 사람들이 가졌을 법한 기억보다 많을 것이라며, 모든 것을 기억하는 자신의 기억은 쓰레기 하치장과 같다고 언급한다. 시간의 흐름과 연관된 푸네스의 기억은 신화 속 기억의 신(므네모시네)과 망각의 신(레테)의 관계를 유추할 수 있는데, 지나간 것을 기억하지 못하는 삶도 모든 것을 기억하는 망각 없는 삶도 불가능하다는 양가적 측면의 언급으로써 망각이 없다면 기억 또한 존재할 수 없다는 것이다. 이러한 기억은 고정이 아닌 유동의 성격이 강하다. 때로는 바다를 떠다니는 조각배와 같은 이미지로, 때로는 해무가 낀 것 같은 이미지로 저장되기 때문에 사뭇 곡선적이다. 다음은 화자의 내면을 유랑하던 기억이 포장마차라는 이미지를 매개로 재현된 리얼리즘적 경향을 보이는 작품이다.

> 뫼비우스의 띠처럼 살아가는 일도 상승과 하강의 연쇄 과정이듯 이제 그녀의 삶의 곡면에도 봄볕이 깃들었으면 좋겠다. 주인이 건넨 붕어빵 봉지를 받아들고 나선다. 길가 목련잎들이 기억의 곡선을 그리며 바람 속으로 사라진다. 받아든 붕어빵에 자꾸만 그녀의 모습이 겹쳐진다.
>
> — 〈기억의 곡면〉에서

화자의 심층에 저장되었던 "그녀"에 대한 기억이 떠오른 것은 포장마차에서다. 한때 집창촌에서 일했던 과거로 인해 소문의 도마 위에 오르게 되고 엎친 데 덮친 격으로 남편의 폭력이 잦아진다. 속수무책

폭력의 그늘에 놓이게 된 "그녀"는 포장마차를 운영해 생계를 꾸려나간다. 그러던 중 자신의 고통스러운 속내를 화자에게 털어놓은 후 어디론지 떠나버린다. 물에서 살아야 할 붕어가 불 속에 사는 것 같은 모순의 상황은 어디에나 있을 것인데, 그녀의 삶이 그와 다르지 않다. 시간이 흐르면서 "그녀"에 대한 기억이 희미해져 갈 즈음, 화자는 어느 사진 전시회에서 한 장의 사진에 시선이 붙들린다. 집창촌 철거 장면으로 사진 속 여자의 절규엔 아랑곳없이 건물을 부수는 철거반원들의 모습은 그대로 기억 속 "그녀"에게 행한 폭력으로 읽힌다. 일테면 기억과 이미지의 연계성인 셈인데, 그늘에 갇힌 삶이지만 그늘 뒤에 햇빛이 있게 마련이므로 불행은 행복을 위한 과정으로써 에너지라는 긍정으로의 귀결을 화자는 전시된 그림을 통해 보게 된다. "뫼비우스의 띠처럼 살아가는 일도 상승과 하강의 연쇄 과정"이라는 사유의 도출이 그것이다. "그녀의 삶의 곡면에도 봄볕이 깃들었으면 좋겠다"는 메시지를 문면에 배치해 기억 이미지를 재구성한 수필로 리얼리티가 두드러진다. 시대를 인식하고 그 시대가 안고 있는 문제를 사실적으로 보여주는 리얼리즘은 이상이나 초현실과 다르게 현실적 성격이 짙다. 인물의 핍진한 서사를 통해 현실을 반영하는 소설의 서사성이 깃든 작품이다.

그녀 옆에 놓인 무거운 가방처럼 나는 아무 말도 하지 못했다. 상처 없는 꽃이 있을까만 나는 그녀에게서 바닥에 떨어져 짓이겨진 목련의 모습을 보았다. (중략) 아직 독립할 수 없기에 집에 들어가기 싫은 날에는 찜질방으로 간다며 옷가지가 들어 있는 가방을 가리켰다. 가방이 한

없이 크고 무거워 보였다.

— 〈목련〉에서

성폭력을 소재로 한 이 작품 역시 리얼리즘적 수필에 가깝다. 학원 동료였던 "그녀"의 상처를 목련의 형상에 비유해 구조화한 작품으로 기억과 이미지의 상관관계, 그리고 그에 따른 의미화가 엿보인다. 즉, 그녀가 화자에게 자신의 아픔을 고백하기 전의 이미지는 피기 전 "막 벙그는 목련처럼 단아"해 보였으나 고백 이후 그녀의 모습은 바닥에 떨어져 짓이겨진 목련의 형상에 비유함으로써 타자의 아픔을 인식하기 전과 인식 후의 이미지화 과정을 보여준다. 이때 목련은 화자의 기억을 매개하는 상관물이자 그녀의 외면과 내면의 변화를 기표하는 상관물로 기능한다. 때문에 목련을 볼 때마다 화자는 그녀를 떠올리는 동시에 그녀의 고백 앞에서 아무런 도움도 주지 못한 그 시절의 자신을 반추한다. 사회에 첫발을 내디디려던 차였기에 세상의 경험이 부재했던 탓도 있었으나 타인의 고통에 공감하지 못했던 자신에 대한 후회와 질책도 섞여 있다. 더하여 소재로 차용한 커다란 "가방"은 작품 속에서 그 역할은 작지 않다. "가방이 한없이 크고 무거워 보"인다는 데서 그녀의 삶을 짓누르는 무거움의 이미지로 현현되기 때문이다.

냄새든 향이든 단 몇 분이면 동화되어 그 출처를 망각할 것이거늘 애써 그 공간을 벗어난 내 호들갑에 겸연쩍어진다. 무엇은 무엇이라고 기억된 냄새가 아닌 가슴의 후각을 떠올리며 애써 페이지를 넘긴다.

— 〈기억에 대하여〉에서

악취로 인해 도서관 열람실에 소동이 일어난 것을 계기로 화자는 냄새의 기억을 따라간다. 그곳엔 유년 시절을 떠오르게 하는 마당가 살구나무와 그 나무 아래에 있던 재래식 화장실 '또망'이 있다. 수세식 변기의 사용과 다르게 어린 날의 또망은 화자에게 공포의 대상이었고 그러한 기억은 지워지지 않는 하나의 이미지로 저장되어 있다가 냄새로 인해 재현된 것이다. 다시 열람실이 정숙해지고 화자 역시 읽다 덮어둔《형이상학》을 펴지만 도서관에 똥 냄새를 흩뿌린 아이의 표정이 어른거려 형이상도 형이하도 눈에 들어오지 않는다. 이러한 고백에 이어지는 사유는 냄새에 일일이 반응하며 살 수 있는지 또 자신은 누군가에게 냄새로 기억될지 향으로 기억될지, 라는 자문으로 이어진다. "냄새든 향이든 단 몇 분이면 동화되어 그 출처를 망각할 것"인데 대상을 구별한 것에 대한 자각이자 인식이다. 냄새를 악취로 규정한 이분법적 표상체계에 길들여진 "기억의 냄새"에서 벗어나 "가슴의 후각을 떠올"린 것이며, 냄새도 향도 후각으로 인지된다는 차원에서 근본은 하나라는 사유를 추출함으로써 대상을 구분하는 직선의 사유가 아닌 구분이 소거된 기억의 곡선 이미지로 이첩되는 이 작품은 경직된 혹은 체계화된 우리의 사유체계에 조용한 물음을 던진다.

> 그 시절은 기억 속 이미지로만 존재한다. (중략) 책 속의 삽화처럼 어떤 기억은 오랫동안 의식의 밑바닥에 가라앉아 있다가 이미지화 되어 어느 순간 생생히 떠오르곤 한다. 그것은 아마도 세상에는 정이 아직 살아 꿈틀거리고 있기 때문이 아닐까.
>
> — 〈기억은 책 속의 삽화처럼〉에서

책 속의 삽화를 매개로 기억이 호명된다. 한때 세 들어 살았던 그 집으로 가는 길은 건물과 건물 사이 좁은 길을 지나 골목 끝에 위치한 기억의 길이다, 그 길을 지날 때마다 길고양이들의 오줌 자국 배인 벽과 그 벽에서 고양이 울음소리가 금방이라도 번져 나올 것 같다. 그 집과 길에 관한 기억은 때로 스스로 기억을 지우기도 하고 중화시키면서 지금의 화자를 있게 한 처소이다. 말하자면 화자의 기억 속에 이미지로 각인되어 있는 그곳의 "기억은 오랫동안 의식의 밑바닥에 가라앉아 있다가 이미지화 되어 어느 순간 생생히 떠오르곤 한"다. 의식의 反공간으로서 기억의 헤테로토피아와 같은 곳이기도 하다. 유토피아가 현실에는 없는 공간이라면 헤테로토피아는 현실에 실재하는 존재의 이상향 같은 곳으로 기억의 처소와도 같다. 이처럼 기억은 유랑의 이미지를 띠면서 시간을 점유하기도 하고 시간을 지우기도 한다.

5. 긍정의 모나드

부정 속에는 부정만 존재하는 것이 아니다. 부정과 긍정은 서로를 있게 하는 인과관계로 존립하는데 부정을 통한 긍정도 긍정을 통한 부정도 궁극에는 긍정의 과정이라 할 수 있다. 전오영의 수필 전반에 흐르는 곡선의 사유 역시 대립과 갈등을 전제한 부정의 정신으로서 긍정을 포섭한다. 즉, 비선형의 물음에 배태된 부정의 정신은 세계에 대한 긍정을 추동하는 원심력이자 구심력으로서 끊임없는 생성의 과정에 다름 아니다. 더하여 미완의 여백 혹은 바깥의 존재를 응시하는 작가로서 세계의 중심보다는 주변에 사유가 닿는다. 예컨대 사회의 그늘진 곳, 약자들의 세계를 관조함으로써 타자의 세계를 담론의 주체로 형상화한다. 탈중심의 세계를 지향하는 것이라든가 자아와 세계 유비적 양태를 보여주는가 하면 나비를 테마로 한 조형물에서 구속과 자유, 가벼움과 무거움의 사유를 공간 인식과 의미의 중첩의 관점에서 보여준다. 또한 겨울의 연지와 여름의 연지에서 극한과 극염이 다르지 않음을 추출하고 생사일여 사상을 점유하여 성찰과 긍정을 투사하기도 한다. 더하여 기억과 이미지의 시각에서 타자의 이야기를 되새김질한 리얼리즘적 수필을 제시해 사회의 부조리한 단면을 부각하면서 주체와 타자에 대한 물음을 두루 놓는다. 이때 사유의 기저에는 노장적 긍정이 모나드의 형태로 관통한다. 노자 《도덕경》에서 "도는 하나를 낳고, 하나는 둘을 낳고, 둘은 셋을 낳고, 셋은 만물을 낳는다(道生一 一生二 二生三 三生萬物)"라고 하였을 때의 道 또는 하나[一]를 의미하는 모나드는 무엇을 무엇이라 규정하지 않는 '도가도비상도 명가명비상명道可道非常道 名可名非常名'의 철학적 시원일 것인데, 이러한 노자적 사유가 전오영의 수필에 명패처럼 자리한다. 이로써 곡선의 사유를 배경으로 긍정의 철학이 관류하는 전오영의 수필은 완결이 아닌 미완의 여백으로서 실존적 물음의 과정에 있다 할 것이다.

02

치유와 상생의 미학

– 조일희 《네가 내게 온 까닭은》

1. 기억의 풍경

문학과 예술이 인간의 정신 건강에 공감과 영향을 준 것은 고대 그리스 시대 플라톤과 아리스토텔레스의 예술철학으로부터 기원한다고 볼 수 있다. 이 같은 논점은 철학을 통한 반성적 사고가 예술의 치유 목적에 부합한다는 차원에서 포괄적 해석이다. 물론 고대의 치유 개념은 오늘날의 개념과는 달리 그 폭이 좁다고 할 수 있다. 문학과 예술치유의 영역이 확대되고 보편적 공감을 유발하는 개념으로 구체화된 것은 한 세기가 채 되지 않는데 현대에 들어서 치료의 지평이 확대되는 추세이다.

한 편의 수필은 발화하는 순간 작가의 삶을 드러내는 것이기도 하지만 대상에게 공감을 주기도 한다. 수필의 소재로 차용된 경험이 작가 개인의 차원을 넘어 보편적 경험으로 치환되어 울림을 주기 때문이다. 문학의 공감과 울림은 그 자체만으로 끝나지 않고 연쇄반응을 일으켜 그 영역을 확장함은 물론 문학적 치유의 기능을 감당하는데, 이는 인간이 자신과 비슷한 경험을 한 타인으로부터 위로를 받고 치유되는 계기를 마련한다는 관점이다. 이때의 치유는 가시적인 세계를 넘은 영혼의 치유이자 대상과의 상생 또는 화해를 추동하는 기제이다.

최근 코로나 19로 인해 온라인 강의 준비를 하던 차에 메일수신을 알리는 신호가 왔다. 수필집 해설 부탁이었다. 발신인과는 일면식도 없거니와 밑도 끝도 없이 부탁해온 일이라서 거절했다. 그러나 그의 두 번째 메시지가 자꾸 머리에 떠올랐다. 인지도 있고 훌륭한 평론가에게 부탁하는 게 좋겠다는 내 답글에 그는 "처음부터 그럴 생각이 없었다"며 자신이 좀 "아그똥"하다는 것이었다.

전라도 사투리 '아그똥'은 주로 무슨 일에 훼방을 놓거나 쉬이 인정하지 않는 부정어로 쓰인다. 그러니까 "아그똥"은 어떠한 규범 내지는 현상에 대한 맹종이 아니라 질문이며 그만의 세상 보기로써 상생을 도모키 위한 불화의 이미지 정도로 이해되었다. 나는 그에게 일단 읽어 본 후 결정하자는 답글을 보냈고 그는 내 제안을 받아들였다. 먼저 그의 평사리 문학상 수상작인 〈구두〉를 읽었다. 읽는 내내 나는 내 기억을 소환하고 있었다. 왜냐하면 "상처에는 상처가 없다. 저문 노을이 소외된 것들에서 쉬이 돌아서지 못하는 것은 상처가 풍경으로 기억되기 때문이다."라는 모 동인지에 실린 필자의 글귀 때문이었다.

김준오는 "기억이 실제의 인생이 갖지 못한 통일성을 발생시킨다는 것, 즉 기억에 의해서 체험이 치밀하고 완결된 형태를 띠게 된다는"(김준오, 《시론》, 삼지원) 점에서 그 조직성을 인정해야 한다고 강조한다. 조일희의 《네가 내게 온 까닭은》에 나타난 불화의 기억은 치유와 상생을 위한 차원에서 김준오가 말한 것처럼 기억을 통일된 완결태로 호명하고 있다. 말하자면 어떤 대상을 알기 위해서는 대상과 직접 대면해야 하듯 조일희는 기억 속 불화로부터 도피하기보다는 불화와 대화하는 방법을 취한 것인데 이때의 기억은 비구조적인 형태가 아닌 하나의 완결된 구조로서 수필의 의미를 구축한다.

조일희는 주로 가족과 주변 인물에 대한 불화의 기억을 환기함으로써 치유와 상생의 주제를 부각하고 의미를 부여한다. 이는 기억의 의미화인 셈인데, 특정한 장면이나 대상을 매개로 하거나 시제의 넘나듦을 기조로 기억을 구조화한다. 예컨대 그는 수필의 형식미를 우회적으로 제시하고 있으며 이 과정에서 상징과 알레고리 등 비유적 언술을 통해 수필 본연의 아포리즘과 성찰을 문학적으로 끌어올린다. 불화와 결핍을 환기하는 기억의 조각을 문학적 치유의 기능으로 환원하여 얼개화하는 것이다. 이는 그가 지향하는 수필의 흐름이며 사유의 스펙트럼이 좁지 않음을 보여주는 지점이기도 하다.

그 때문에 조일희의 수필은 천편일률적 형식과 붓 가는 대로 쓴다는 고정관념에 일정 부분 실금을 낸다. 상처로 저장된 과거의 경험이 그의 세계인식을 통해 수필의 공간을 확장하고 있으며, 기억의 반추를 통해 작가만의 색채를 띤 문학의 길을 내고 있다. 그 길에서 언어를 부리는 주체로서 자신의 언어관과 세계관에 따라 작가의 소리가 다양하게 변주된다. 그 소리는 상처의 경험에 핀 풍경이며 그것은 치유와 상생의 미학이라 할 것이다.

2. 불화와 결핍의 현상학

조일희의 작품 갈피에는 미량의 독소처럼 불화와 결핍이 끼워져 있다. 불화와 결핍은 일반적으로 화합하지 못하거나 있어야 할 것이 없어진 부정적 의미를 내장하고 있는 어휘이지만 그것은 그의 삶과 문학을 느슨하게 하기보다 긴장감을 유발하는 순기능의 의미를 지니고 있다. 그러므로 그의 문학적 색채는 가벼움보다 무거움에 가깝다. 여기서의 무거움은 이전의 무게를 관통한 중량감이다. 그 때문에 어두운 이미지를 산출한다고 하더라도 그것은 그의 문학을 지탱하는 지렛대의 역할을 한다.

"불화는 하얗다고 말하는 사람과 검다고 말하는 사람 사이의 갈등"이거나 "몰인식"이 아니다. 그가 말하는 불화란 "같은 것을 알아듣지 못하는 사람들 사이의 갈등이다."(랑시에르, 《불화》, 길) 조일희의 수필에 나타난 불화 역시 랑시에르가 말하는 소통의 부재와 이해의 부족으로 인한 갈등의 양상을 띠는데, 이는 부모의 불화에 기인한 상처의 기억으로 부정의 형태를 보인다. 작가에게 불화는 일반적 가족의 형태를 구성하지 못한 유년기의 상처에 있으며 그로부터 파생된 사랑의 결핍이 응어리로 나타난다. 랑시에르가 말한 사회구성원 간의 갈등이나 불협화음은 대화와 타협을 거쳐 화합과 공존의 세계를 이룰 때 소멸한다. 조일희의 기억 속 불화 또한 가족의 이해와 소통을 통해 화합함으로써 소거된다.

인간 정서의 한 축을 담당하는 기억은 관념이나 지각 등 의식을 저장했다가 환기 또는 소거하는 것으로 현상학적 관점에서 접근할 수 있다. 현상학은 '무엇인가에 대한 의식'으로서 이른바 의식의 지향성을 말하며 의식과 대상 간 상관관계를 파악하는 일이다. 즉, 감각에 의한 개별 사물의 지각을 인정하면서 인간의 본질인 의식을 강조하는 관념론적 입장을 취한다. 문학에서 기억은 대체로 상상력과 비교하여 기억의 재생산적 관점에서 다루어졌을 뿐 그 중심에서 멀어져 있었다. 하지만 조일희의 《네가 내게 온 까닭은》에 나타난 기억은 인간의 심리와 정신을 반영한다는 시각으로서 문학적 접근이며 여기서 불화와 결핍의 정서를 기억 현상학적 관점에서 살펴볼 수 있다. 기억이라는 추상적이고 정서적 대상에 침윤된 작가의 문학적 지향이 일정 부분 여기에 닿아 있기 때문이다.

조일희는 과거의 상처 체험인 불화와 결핍에 따른 기억을 문학적 담론으로 치환한다. 그는 과거의 상처를 통해 생의 또 다른 의미를 채굴해나가고 있으며 그 상처는 깨달음의 도구로 작용한다. 불화와 결핍에서 파생된 상처는 작가에게 부정과 긍정의 의미를 부여하고 있다. 그러니까 부정적인 불화의 기억은 화합을 전제하고 결핍의 기억은 존재의 사유를 추동하는 매개로 기능하면서 과거의 불화와 결핍이 현재와 대립하기보다는 또 다른 자아를 이끄는 토대를 이루는 것이다. 이처럼 조일희의 수필에서 기억의 현상은 사유의 기저로 흐르는 매개이다. 이는 무의미하게 흐르는 시간의 경과가 아니라 문학을 통해 의미화를 거쳐 영속의 시간으로 변모된다. 기억 속 상처의 매듭을 풀어내는 작가의 방식은 필연적으로 과거를 환기한다. 이는 작가가 과거의 불화를 재인식하고 그 불화를 제거하기 위한 기억으로서 되새김 같은 것이며 치유의 과정인 것이다. 치유와 상생의 기억을 환기하는 촉매는 그의 작품에 다양하게 드러나 있다. 다음은 메밀국수를 매개로 한 작품이다.

> 아버지의 하루는 단조로웠다. 막내딸과 둘이 사는 홀앗이살림이라 그러기도 했지만, 세상과 불화한 탓에 은둔자처럼 밖에 나가지 않은 까닭도 있었다. 아버지는 밥벌이를 위해 외지로 나간 엄마 대신 딸내미 도시락을 싸고 빨래를 하며 지루한 하루를 겨우겨우 넘겼다. 중년의 아버지는 어떤 심정이었을까. 마누라의 고된 노동의 대가로 사는 가장의 참담한 실존은 어떠했을까. 창백한 아버지의 얼굴은 굵은 빗줄기가 쏟아질 듯 노상 구겨져 있었다.
>
> — 〈메밀국수〉에서

메밀국수를 대상으로 아버지에 대한 기억을 술회한 작품이다. 작가에게 아버지는 가장으로서 역할을 하지 못하고 "세상과 불화"하는 "참담한 실존"의 모습으로 기억된다. 과거 가족의 형태는 대개 아버지가 생계를 책임지고 어머니는 가사를 맡는 게 일반적이었다. 그러나 작가의 가족은 그러지 못했다. 여기에 조일희 글의 씨앗인 불화가 놓여 있다. 가족의 이산은 작가의 기억 속에 새겨졌고 이를 환기하는 과정에서 아버지의 모습이 "참담"했을 것이라고 판단한다. 이때 환기된 기억의 정서는 아버지에 대한 그리움으로 환치된다. 조일희 수필의 거개가 이 같은 기억 의식을 지향하고 있다. 때문에 수필의 구조 역시 기억을 통한 현재와 과거의 직조 형식을 띠는데 이는 성찰을 이면에 배치하는 수필의 형식이기도 하다.

아버지에 대한 그리움을 담아낸 작품은 〈메밀국수〉 이외에 더러 발견된다. 가령 아버지의 삶이 암담했던 이유는 호적에 "文이 아닌 六, '조문갑'대신 '조육갑'으로"(〈이름 유감〉) 오기된 아버지의 함자 때문일지도 모른다고 토로한다든가, 직업이 없는 아버지가 부끄러워 아버지의 직업을 허위로 기재했던 학창시절을 회고하는 〈거짓말〉이라는 작품이 그것이다.

작가에게 아버지에 대한 기억이 참담한 실존이라면 어머니에 대한 회억은 기다림과 결핍으로 인한 애증의 양상으로 나타난다. 어머니의 사랑을 필요로 했던 유년기와 청소년기의 어머니 부재는 작가에게 채워지지 않는 갈증의 기억이었으며 이러한 기억이 내적 불화의 형태로 나타난다. 불화로 인한 결핍의 응어리를 문학으로 치유하는 과정에서 그는 기억의 현상학자를 경험한다.

가장의 역할을 감당해온 어머니는 강한 실존으로 묘사된다. 가령 교통사고로 입원했을 때, 연로한 어머니가 혼자서 용변처리를 할 수 없었으나 "'살아 있음'의 실존적 증거는 '걸어서 벤소까지'"(〈눕다와 서다〉)라 발화한 것을 통해 강한 어머니였음을 회고한다. 죽음 또는 부동不動을 의미하는 '눕다'와 삶 또는 유동流動을 의미하는 '서다'의 상징적 의미를 넘어 인간에 대한 실존의식을 끌어내고 있으며, 나아가 삶과 죽음의 경계에 있는 어머니가 직립보행의 당위를 언급한 "걸어서 벤소까지"라는 어구 이면에 드리운 인식과 사유는 작가의 어머니로만 국한되는 게 아니라 인간 보편적 실존의 문제로 확대된다.

이렇듯 작가에게 어머니는 강한 이미지로 기억되고 있었다. 그러나 이 같은 작가의 의식에 틈을 내는 계기가 된 것은 다음 작품에서이다.

> 아버지 묘소 옆에 떼를 입히지 않은 봉분이 하나 있다. 엄마의 가묘이다. 엄마가 영원히 살 집이다. 이승에서 한집에 살지 못한 회포를 저승에서나마 풀고 싶은 엄마의 염원이 담긴 집이다. 봉분 앞에 한참을 앉아있던 엄마가 흙을 털며 일어선다. 가슴에 뭉친 울결을 다 풀기라도 한 듯 주름진 엄마 얼굴이 홀가분하다.
>
> 엄마의 영원한 안식처에 아카시아 향이 은은하게 감긴다.
>
> ―〈집〉에서

어머니는 자신의 묫자리를 알아보는 과정에서 아버지와 합장하고 싶다는 의사를 밝힌다. 이는 작가에게 어머니의 여성성을 환기하게 되는 사건으로 다가온다. 원만하지 못했던 부모의 삶을 익히 알고 있기도 했지만 강인하게만 여겨졌던 어머니에게서 또 다른 여성적 이미지를 보게 된 것과 함께 어머니도 실은 여자였다는 사실이 인지적 충격으로 다가온 것이다.

흔히 부부의 합장은 이승의 화목했던 시간을 저승으로까지 잇고자 하는 심리적 발원의 형태로 나타나는 경우가 많다. 그러나 작가의 부모처럼 이승의 불화를 저승에서 해원하고자 하는 의식으로서 합장이 행해지기도 한다. 이렇든 저렇든 부모의 합장묘를 통한 이승의 집과 저승의 집이라는 중첩 이미지에서 삶과 죽음의 근원적 상동성을 유추할 수 있다. 말하자면 집이란 아늑한 공간으로서 어머니의 자궁과 같은 고향의 이미지를 띠기도 하지만 인간의 육신을 쉬게 하는 죽음의 거소 의미도 있다. 그런 차원에서 아버지 묘지 옆에 있는 어머니의 가묘를 저승 집으로 은유한 작가의 사유는 유한한 존재인 인간에게 저승도 아늑한 공간으로서 집이 될 수 있다는 창조적 인식의 지점이며 다른 한편으로는 삶이 곧 죽음이고 죽음이 곧 삶이라는 일여 사유의 맥락도 수용한다. 이렇듯 작가에게 기억 속 불화를 환기하는 일은 작가의 심연에 흐르는 고통을 걷어내기 위한 작업이기도 하지만 문학적 통찰을 통해 상처를 치유하는 의미이기도 하다.

3. 수사의 이면

문학은 어떤 현상을 비유적으로 말하는 형식을 취한다. 비유적 언술은 어휘나 문장 차원에서 이루어지기도 하고 구성이나 어조를 통해서도 가능하다. 이때 전자보다는 후자를 통해 이루어질 때 의미의 낙차가 크다. 조일희는 관계로부터 발생한 상처를 말할 때 주로 직유와 은유의 수사를 통해 문장의 의미를 확장하거나 이야기를 이끌어 나간다는 데서 전자에 기울어있다. 간혹 알레고리와 상징의 수사를 차용함으로써 문학적 밀도를 높인다.

모든 상처는 안으로 감추기보다 밖으로 드러냈을 때 치유가 용이하다. 문학을 치료적 관점에서 접근해 볼 때 문학은 사회나 인간의 내적 상처를 겉으로 드러냄으로써 치유의 기능을 담당하기도 한다. 문학 텍스트는 비문학적 텍스트와 다르기 때문이며, 인간의 의식이라든가 정서 혹은 사고체계에 영향을 미치는 것은 물론 상처 입은 영혼을 치유함으로써 인간의 삶 가운데 불멸하기 때문이다.

현대에 들어서면서 문학의 치유 기능이 확대되고 있다. 이러한 측면에서 작가의 내핍을 드러내는 비유적 언술과 이면적 수사를 통한 상처 드러내기는 작가의 문학적 담론의 토대이면서 그의 내면에 적체된 상처뿐만 아니라 독자의 상처까지도 보듬는 역할을 한다.

> 이십여 년을 끌고 다니느라 구겨지고 금이 간 구두를 벗어던졌다. 지난 세월이 어제 일인 양 스쳐 지나간다. 어울리지도 않은 구두를 신고 언틀먼틀 길을 부단히 걸어왔다. 억지로 구겨 넣은 발은 생채기가 가실 날이 없어 여기저기 흉터투성이다. 돌아보니 디뎠던 자리마다 퍼런 발자국이 선명하다. 우묵하게 패인 자국에 거무스레한 어둠이 담겨있다.
>
> — 〈구두〉에서

귀갓길 술 취해 쓰러져 있는 남자와 그 남자의 구두를 매개로 남편을 떠올리는 작품으로 시종 구두를 매개로 이야기를 이끌어간다. 문학에서 구두를 소재로 한 작품은 대개 존재의 고단함과 시시포스적 실존 의미를 내포한다. 조일희 역시 "이십여 년을 끌고 다니느라 구겨지고 금이 간 구두를 벗어던"진다든가 "억지로 구겨 넣은 발은 생채기가 가실 날이" 없었다는 이른바 잘 맞지 않는 삶의 비유적 언술을 구두를 통해 말하고 있다. 예컨대 구두는 작가가 살아온 생의 한 시기를 대변하는 정서적 침전물로 잘 맞지 않는 신을 신고 생채기를 앓으며 살았던 시기를 대변한다. 작가가 디뎠던 자리가 "우묵하게 패"이고 그 자리에 "거무스레한 어둠이 담겨 있"다는 장면을 통해 그러한 생의 단면을 유추할 수 있다. 이러한 주제를 알레고리 기법으로 의미화하고 있으며 관계의 불화를 상징적으로 보여주고 있다. 즉, 구두를 매개로 부부의 인연을 맺었으나 부부는 서로 결핍을 가진 존재들이었으며 그 결핍을 서로 나누어 껴안기보다 대립하는 양상을 보인다는 것이다. 이 같은 상처를 안으로 감추기보다 드러냄으로써 긍정적 의미를 내장하는데 조일희는 이를 이면적 수사와 문학적 치유의 기능으로 현시하고 있다.

> 바람은 내게도 불어 닥쳤다. 예보 없이 분 날파람은 오활한 나를 낯선 곳으로 날려버렸다. 세상 물정 모르고 희희낙락거리며 살던 나는 거품 빠진 샴페인을 내려놓고 어지러운 장바닥에 발을 디밀었다. 종일 헛웃음을 짓고 남의 비위를 맞추다 보면 속이 메슥거렸다. 야비다리 치던 옛날이 차라리 그리울 만큼 힘들었지만 어쨌든 견뎌내야 했다.
>
> (……)
>
> 휘휘 바람이 분다. 그는 모진 겨울을 잘 견뎌냈을까. 그에게도 따뜻한 봄날이 찾아왔을까. 하늘을 조각낸 나뭇가지가 답이라도 하듯 마른 몸을 부르르 떤다.
>
> — 〈바람이 분다〉에서

세계적 금융위기 당시 살던 동네를 떠나 변두리 동네로 이사하게 된 시기를 회상하며 이때의 기억을 재구성해 구조화하고 있는 이 작품 역시 비유적 수사가 드러나고 있다. "세상 물정 모르고 희희낙락거리며 살던" 작가의 삶이 금융위기의 여파로 추락하게 되었을 때 노숙자에게 시선이 간다는 내용으로 〈바람이 분다〉라는 제목이 상징적이다. 잔잔한 바다에 바람이 불면 파도가 일 듯 '바람'은 작가의 삶에 들이친 위기의 바람이기도 하고 작가에게 측은지심을 불러일으키게

한 노숙자의 삶에 부는 바람이기도 하다. 나아가 누구에게나 인생의 바람이 닥칠 수 있다는 확장으로서 상징적 의미를 내포하고 있다. 기실 물상에 부는 바람 자체에는 위기나 흔들림이라는 인식이 없다. 바람의 속성을 흔들림으로 인지하는 것은 대상들이다. 그러한 맥락에서 작가에게 불어닥친 바람이나 어떤 대상에게 불어온 바람은 바람 '없음'에서 발생한 생의 흔들림이라는 감각적 현상일 따름이다. 그러니까 생 자체는 바람의 성질을 지니고 있지 않으므로 다시 흔들림 없는 상태로 환원될 수 있다는 것이다. 그러나 이 작품은 그러한 의미로까지 나아가는 대신 자연적인 바람을 생의 바람으로 연결해 상징을 부여하고 있다. 그 생의 바람 앞에서 작가는 주체적 존재로서의 발화를 꿈꾸게 된다.

4. 주체적 발화의 시간

주체적 삶이란 범박하게 말해 타인에 의해 좌지우지하는 게 아니라 인간이 자기 삶의 주인으로서 살아가는 것을 의미한다. 육신의 자유는 물론 정신의 자유를 구가하는 주체로서 자신의 문제는 자신이 해결하고 책임지는 것이다. 그러나 조일희는 자신이 생이라는 무대에서 주체적 존재로서의 목소리를 내기보다는 들러리였음을 토로한다. 이때의 들러리는 타인과의 관계에서 비롯되는 중심과 주변, 주체와 객체로서의 이항대립적 의미가 아닌 자신이 자신의 삶을 주체적으로 이끌지 못한 것에 대한 실존 인식으로서의 발화이다. 그 이면에는 육체든 정신이든 무언가로부터 억압되고 통제되어 있었다는 각성이 깔려 있으며, 그에 따른 주체적 존재로의 희구의식이 담겨있다. 조일희는 그러한 자신의 상황을 직접적 언술로 드러내지 않고 영화 〈트루먼 쇼〉의 주인공이 처한 상황과 연결하여 주체적 자아를 찾기 위한 바람을 보여주고 있다.

> 영화와 달리 나는 자발적으로 무대의 문을 열고 들어왔다. 나를 위해 준비해 놓은 증평이란 무대에 당당히 섰다. 작지만 있을 건 다 있는 동네. 증평이란 무대는 내게 주인공이란 타이틀을 주기 위해 만들어진, 미니 시티 '트루먼 시티'다.
>
> —〈증평은 '트루먼 시티'다〉에서

영화 '트루먼 쇼'는 주인공이 텔레비전 쇼를 위해 만들어진 공간이라는 사실을 모른 채 살다가 그곳의 실체를 깨닫는 순간 도시 밖으로 탈출한다는 이야기로, 인간이 자신의 자발적 선택에 의해 생의 무대를 사는 것 같지만 실은 누군가의 조종과 통제하에 산다는 것을 비판적 시각에서 조명한 작품이다. 그러나 작가는 이 영화의 주인공과 달리 자신의 주체적 선택으로 거주지 "증평"에 왔음을 강조한다. 따라서 작가에게 '증평'이라는 도시는 '트루먼 시티'라는 은유적 대응이 성립하는 공간이며, 진정한 자아로 살기 위해 선택한 공간이기도 하다. 즉, 증평 시티는 조일희가 주체적 자아를 찾기 위한 시발점으로 기능하며 부정적인 기억으로부터 탈출하는 공간으로 변모한다.

존재 탐색의 과정에서 만난 인연들을 통해 작가의 주체로서의 발화와 존재 사유는 깊어진다. 가령 아들의 입시를 앞둔 모성적 이기심에서 유기견을 거두어 보살피게 되었으나 정작 유기견이 작가의 외로움을 상쇄하기 위해 왔다는 깨달음(〈네가 내게 온 까닭은〉)이라든가, 교도소 문학 행사에 참석해 수감자들의 모습과 자신의 모습을 견주며 자아의 내면에 있던 편견의 높은 담을 허문다는(〈경계〉) 이야기는 주체적 존재로 나아가는 과정을 보여준다. 더하여 늦깎이 학생이 된 화자가 평사리 여행을 통해 문학의 꿈(〈발산섭수〉)을 이루기도 하며 만년필을 의인화해 작가의식(〈만년필〉)을 형상화한 작품들에서도 주체적 존재로의 삶이 투영되고 있다.

한편 아동센터에서 만난 수영이라는 아이와의 인연은 작가의 기억 저편에 잔영으로 남아 있던 가족에 대한 애증을 호명함으로써 주체의식에 한 걸음 더 다가간다.

> 지금 아이는 혼자서 결핍의 시간을, 외로움의 시간을 견뎌내는 중이다. 가족이란 무얼까. 나란히 적힌 이름 석 자로 생물학적 관계를 확인하면 저절로 가족이 되는 걸까. 아닐 테다. 성장의 부름켜를 지켜보며 시간을 쌓고 추억을 공유하는 게 가족일 테다. 함께한 시간이 없으면 나눌 이야기도 없더라. 애증이라는 말로 간단히 뭉뚱그려 말할 수 없는 복잡 미묘한 존재. 사랑이라 말하기엔 가볍고 미움이라 부르기엔 무거운 존재. 문밖에 있는 가족 말이다.
>
> — 〈꽃, 피다〉에서

작가의 시각에서 열세 살의 수영이가 겪는 "결핍의 시간"과 "외로움의 시간"은 자신이 겪었던 어린 시절의 시간과 겹쳐진다. 두 사람의 시간에 끼어 있는 결핍의 배후에는 소망 충족에 대한 욕구가 숨어 있다. 프로이트에 의하면 유아기나 유년기의 어떤 "결핍의 조건하에서는 항상 일정하게 그 욕구를 충족시키는 꿈을"(프로이트, 《정신분석입문》, 박영사) 꾼다고 한다. 즉, 작가의 유년기 결핍의식이 작품 속 대상인 수영이라는 아이에게 소망 충족 욕구 형태로 이입된 것이라 하겠다. 이렇게 대상에 침전된 정서는 소망 의식과 기억의 현상을 통해 이루어지는데 여기서 생물학적 혈연관계만으로는 가족이라고 할 수 없다는 작가의 눈이 예사롭지 않다. 가족이라도 함께 하는 시간이 없으면 나눌 이야기도 없다는 깨달음은 가족을 사랑과 미움의 중간에 낀 "문밖에 있는 가족"이라고 정의하게 되며 그것을 "'애증'이라는 말로 간단히 뭉뚱그려 말할 수 없"다고 가족에 대한 일반의식에 균열을 가하게 된다. 그러나 이렇게 가족에 대한 의미를 재차 의미화하는 일은 작가의 기억 속에 가시처럼 박혀 있는 결핍의 상처를 소거하는 일이며 이는 작가 자신이 생의 주체임을 자각하는 과정이기도 하다.

이러한 인식을 거쳐 불화와 결핍의 정서는 부정이 아닌 희망적 결미로 이어지게 된다. 초경을 갓 경험한 수영이를 "꽃망울을 터트린" 존재로 은유하고 작가 자신을 "꽃이 진" 존재로 은유하면서 두 사람이 "손깍지를 끼고" 걷는다는 비유적 걸음이 역동적 이미지를 산출하고 있으며, 존재의 행위를 "꽃 파티"라 표현한 데에 희망의 메시지를 담고 있다. 또한 모든 꽃은 씨 안에 있듯 생명을 잉태하는 초경을 잇꽃에 비유한 사유는 혈연 공동체인 가족의 의미를 넘어 생명의 시원으로까지 확대된다. 이처럼 생의 들러리가 아닌 주체적 존재로 인식하고 탐색해 나가는 과정에서 작가는 존재 전환의 계기를 마련하고 있으며 이는 과거를 회상하고 반추하는 기억의 현상학을 통해 이루어지고 있다.

5. 상처의 음화와 양화

개인의 경험이나 정서를 치유와 상생의 관점에서 보편적 시각으로 제시하고 있다는 맥락에서 조일희는 일정 부분 수필의 미학적 성취를 이루고 있는 듯하다. 무형의 시간 속에 새겨진 찰나의 기록이라 할 수 있는 기억을 재생산한다는 의미에서 수필적 시간에 문학의 영속성을 담보하고 있기 때문이다. 더하여 수필이 지닌 성찰적 메시지를 통해 독자의 감정에 실금을 냄으로써 문학적 공감을 얻고 있다. 이때의 공감은 독자에게 즉각적으로 반향을 일으키기도 하고 오랜 기간 깊은 울림을 주기도 한다. 그 때문에 조일희 수필에 드러난 상처는 상처가 아니다. 상처에 핀 풍경으로써 오랜 기간 도저하게 흐르는 문학의 울림이기도 하다.

조일희의 문학적 토대인 불화와 결핍의 상처에는 그늘의 이미지만 있는 게 아니라 빛의 이미지도 침잠되어 있다. 가령 잔잔한 호수에 돌멩이를 던지면 호면에는 파문이 일지만 그 심연으로는 고요가 가라앉듯 조일희에게 상처는 생의 파문인 동시에 수면 아래 깊은 평정심이기도 하다. 기억은 과거의 산물이라는 점에서 낡은 것이지만 그 낡음을 기반으로 창의가 생성되듯 조일희의 상처에 대한 기억은 문학의 새로움으로 환원된다. 따라서 그에게 일어난 생의 파문이 상처이고 음화라면 고요는 문학적 양화일 것이다. 이 같은 양가적 관점에서 조일희의 작품을 대면하다 보면 일정 부분 아쉬움을 떨칠 수 없다. 흔히 문학에서 시는 주관적 서정을 표출하는 장르로 설명되고 소설은 객관적 삶을 담아내는 장르로 통용되곤 한다. 하지만 장르의 경계를 명확하게 이분화할 수는 없을 것이다. 그렇듯 수필 역시 수필의 본향을 잃지 않으면서 시의 서정과 소설의 객관을 두루 통합했을 때 문학의 양화로서 그 의미가 확장될 것이다.

이러한 맥락에서 볼 때 조일희 수필에 나타난 일률적 사유 구조와 주제 의미화에 따른 단조로운 형식은 고민해야 할 부분이다. 물론 그의 수필이 부분적으로 형식의 변화를 시도하고 있지만 좀 더 넓어졌으면 하는 마음에서다. 이는 개별적이고 무의미하게 흩어져 있는 내용을 어떻게 구조화하고 형식화하느냐에 따라 그 의미가 확장되고 깊어질 수 있기 때문이다. 더하여 감정을 걸러내지 못하고 그대로 표출하는 경향을 보인다거나 유아적 언술의 반복으로 인해 수필 속 자아의 의식이 유아적 페르소나에 함몰되는 것 또한 염려하지 않을 수 없다.

그러나 이러한 우려를 안고 있음에도 불구하고 조일희의 수필이 신변잡기에서 벗어날 수 있는 것은 그만의 작가정신 때문일 것이다. 이는 문학의 본질이자 그의 수필을 존재하게 하는 근원일 것인데, 생경하고 낯선 어휘를 적확하게 배치하기 위한 치열함 같은 것이다. 이러한 고뇌야말로 작가정신의 반영일 터, 이 같은 작가의식을 바탕으로 창작에 임하기 때문에 그의 문학이 닿는 지점에는 울림이 있다. 이때의 울림은 내적 자아인 또 한 사람의 조일희가 마트료시카처럼 자아 안에 생성되어 있기 때문에 가능한 것으로, 그의 작품이 독자를 향해 조용한 파문과 공명을 일으키는 이유이다. 앞으로 조일희의 문학이 치유와 상생의 미학을 넘어 어떻게 창조적 율결律結로 변주될지 자못 기대된다.

03

수필의 서정과 수사의 변용

– 《솔바람소리》 문예지 작품을 중심으로

들어가며

문학이란 무엇일까. 이론적 또는 경험에 의한 다양한 정의들은 편의상 존재하는 정의들이라 할 수 있다. 그러한 정의도 필요하겠으나 실제 문학은 고정되어 있지 않은 무엇으로 변화에 변화를 거듭하는 유기체와 같은 것이다. 그 때문에 무엇이라 명명할 수 없는 살아 움직이는 생명체와 같은 것이기에 한마디로 정의 내리기 어렵다. 그러한 맥락에서 볼 때 문학의 존재 이유는 변화하고 생성하는 삶의 양태를 반영한 것이며 이는 고대로부터 지금까지 이어져 온 문학의 토양일 터이다. 물론 유미주의적 관점에서 문학을 위한 문학도 존재해 왔음을 부인할 수는 없다. 허나 시든 소설이든 희곡이든 수필이든 문학의 본령은 인간을 향해 있다는 것이다. 그렇다면 수필을 창작할 때 역시 기본은 삶의 이야기다. 다만 여기서 문제가 되는 것은 역사(일기)적 인식에 기인한 진술의 형태를 띠어서는 곤란하다는 것이다. 삶의 이야기를 쓰되 경험 사실을 그대로 미메시스하는 것이 아니라 문학적 진실을 이면화 또는 내면화하거나 성찰적 이미지와 함께 의미를 중층화하는 다양한 방법들을 동원하여 수필 문학의 지경을 넓혀야 할 일이다.

대개 문학에 처음 입문하게 되면 이전까지의 글쓰기 패턴에 즈음한 감정이나 감동을 옮겨 적는 것에서부터 시작한다. 그러면서 차츰 감동의 발아를 어떻게 문학적으로 형상화하느냐의 문제에 골몰한다. 요즘 수필을 '붓 가는 대로' 쓰는 것이라든가 '무형식의 형식'으로 쓴다는 인식에서 탈피하려는 경향을 볼 수 있지만 아직도 빙산의 일각이라는 생각을 지울 수 없다. 여전히 이 같은 인식으로 수필에 입문하고 창작하는 경우가 많기 때문이다.

소설적 서사와 시적 표현, 희곡적 요소의 차용 등을 제약 없이 수용할 수 있는 수필은 자유로운 문학 장르임은 분명하다. 이처럼 모든 장르를 아우를 수 있는 수필문학이야말로 더 많은 사유와 인접 장르에 대한 공부가 요구된다 하겠다. 그러나 기존의 수필관은 경험에 의존하고 진술에 즈음한 고백적 이미지가 태반이었음을 부인할 수 없다. 다행히 형식의 새로움이라든가, 소설적 서사와 시적 이미지, 어휘의 선택과 배열 그리고 어조에 이르기까지 다양한 시도를 염두에 둔 작품을 접하게 되면 그리 비관적인 일만은 아닌 듯싶다. 그렇더라도 습작자들 대다수가 이 지점에서 좌절을 겪고 돌아서는 경우를 일선 강의실에서 종종 보게 된다. 노력 없이 얻을 수 있는 것은 없다. 아무리 급해도 올챙이가 앞다리부터 나올 수는 없고, 어린아이도 윗니와 어금니가 먼저 나올 수는 없다. 일에는 순서가 있고 과정이 있기 마련이다. 과정은 과정으로써의 과정이 아니라 결국 목적에 이르게 하는 에너지이다. 문학에서의 과정은 무엇보다 중요하다. 그 과정이 좋은 작품과 작가를 있게 하는 것이니 어휘 하나에서부터 문장에 이르기까지 온 힘을 기울여야 함은 말할 나위 없다. 더하여 단락의 구성은 물론 수사와 그에 따른 변용을 모색해야 할 것이다. 모든 창의는 내면의 단단한 인식을 부수는 일일 터, 이러한 맥락에서 서정의 확장과 수사의 변용을 시도한 작품을 살펴보고자 한다.

서정의 확장과 어조의 상관성

범박하게 표현하면 서정은 흔히 말하는 七情으로서 인간의 감정과 감흥을 말한다. 이는 변화무쌍한 마음의 영역으로 때론 잔잔한 호수와 같기도 하고 때론 폭포수처럼 격정적이기도 하다. 그러한 마음의 영역을 감당하는 부분이 문학의 서정이라 할 수 있다. 수필의 서정은 다양하게 나타나는데 여기서는 어조를 통한 서정의 확장에 주목하고자 한다. 어조語調는 작품 속 대상 혹은 독자에 대한 작품 속 화자의 태도와 감정 등을 드러내는 목소리를 말하는 것으로 글의 정서나 욕망, 혹은 작가의 의도를 전달하기 위한 문학적 장치로서의 말투를 의미한다. 리차즈(L.A.Richards)는 어조를 의미와 감정, 의도와 더불어 시의 총체적 의미를 형성하는 시적 의미의 하나라 했고, 웰렉(R.Wellek)과 워렌(R.P.Warren)은 내적 형식의 하나라고 했다. 단순히 작가의 메시지나 정황을 전달하고자 하는 것이 아니라, 작품을 구상하고 구성할 때 '어떻게 말할 것인가'라는 전략과 결부되어 있는 어조는 비단 소설과 시에만 적용되는 것이 아닐 터이다. 문학의 한 장르인 수필 역시 작품의 성격에 따라 표면에 드러나는가 하면 작품의 이면에서 분위기를 조성하고, 또한 글쓴이의 개성적 태도는 물론 작가의 문체와도 관련이 있으므로 어조의 역할과 기능은 필수불가결한 요소라 하겠다. 문학뿐만 아니라 일상의 담화 양식에서도 분위기를 형성한다는 것을 생각하면 수필 문학에서 어조를 등한시할 수 없을 것이다.

> 보이는 것보다 보이지 않는 것이 더 중요하듯, 장애 아닌 장애를 가진 내가 더 심각한 상태인지 모른다. 낯가림에 나를 가둬두고 원하는 것이 무엇인지 제대로 짚어보지도 못한 채 보내버린 긴 시간, 이웃에 먼저 손을 내미는 용기 한번 내지 못하고 산, 한 갑자의 아쉬움을 5층에서 15층까지 올라가는 동안 곱씹는다. 누구든 조건 없이 문을 열어주는 엘리베이터가 선생으로 다가온다. 어쩌다 만난 저층에 사는 아이가 나이만 먹은 내 시간을 돌아보게 한다.
>
> — 최승자, 〈5층과 15층 사이〉에서

엘리베이터를 매개로 만난 한 아이를 통해 삶을 돌아보는 이야기다. "누구든 조건 없이 문을 열어주는 엘리베이터가 선생으로 다가온다."는 성찰이 눈에 띄는 이 작품은 교훈적이고 자기 고백적 어조가 배어 있다. 이러한 어조를 배경으로 작가의 문체는 건조하면서도 성찰을 배면하고 있는 이유로 건조함을 상쇄한다. 엘리베이터 안에서 만난 아이의 밝은 성격에 반한 화자는 방안풍수 같은 자신을 닮은 손자를 떠올리며 염려한다. 그런데 5층에서 내려 걷는 아이의 걸음이 불편한 것을 발견한 화자는 놀라게 되고, 되돌아보는 아이의 시선을 외면한 채 '닫힘' 버튼을 누른 자신을 돌아보는 것인데 이러한 성찰적 어조와 간결한 문체가 건조한 듯 건조하지 않은 이유는 고백적 어조와 조합을 이루어 개성적 문체를 형성하기 때문이다. 수필의 어조가 서정을 유발하고 그에 따른 확장으로써 문체, 즉 개인의 창조적 색채가 드러난 예라 하겠다.

> 우울감이 스며들 때마다 책을 든다. 덩달아 인공누액을 찾는 횟수도 더 잦아졌다. 인공일지언정 내 눈을 있게 하는 눈물. 사유의 이면에 존재할 유크로니아 같은 시간을 소망하며 내 사유의 안구에도 한 방울 투여한다. 뻑뻑한 이 시대에도.
>
> — 전오영, 〈눈물의 반란〉에서

화자의 안구건조증과 코로나로 시대의 우울을 병치하고 있는 이 작품은 다소 비관적이면서 비판적 어조가 곁들여 있다. 안구건조로 눈물이 말라가는 화자 개인의 정황과 코로나 시대, 바이러스로 죽어가는 사람들이 장례도 제대로 치르지 못한 채 균체처럼 취급되는 비인간적 양상을 병치하고 있다. 개인과 시대적 상황을 T. S. 엘리엇의 시에 비유하기도 한다. 화단에 핀 수선화가 화자의 안구를 달래주기도 하지만 "4월은 가장 잔인한 달"이라 읊었던 엘리엇의 시구처럼 화자의 안구건조도 바이러스로 인해 황폐한 이 시대도 잔인함을 상기시킨다. 두 정황을 〈눈물의 반란〉으로 규합하고 있다. 눈물 자체의 반란으로 읽히는가 하면 다른 한편으로는 화자와 사회가 동시에 반항한다는 의미를 이면한다. 이는 배후에서 보이지 않게 기능하는 어조의 역할 때문이다.

> 어릴 적 옥수수 맛은 그대로인데 사람과 사람의 관계는 멀어지는 것 같다. (중략) 변변찮은 옥수수이지만 이웃과 나누고자 오뉴월 땡볕을 이고 옥수수를 키우는 시어머니의 마음이 덩그렇게 걸려 있는 봉지에 얼비친다. 시어머니에게 전화를 한다. '고향의 봄' 컬러링이 허공을 가로질러 그 옛날 오빠의 하모니카 소리와 겹쳐진다. '어머니, 아까 갑자기 들르느라 빈손 들고 가서 미안해요, 다음에 만난 거 사드릴게요.'
>
> — 김혜영, 〈내 마음의 하모니카〉에서

옥수수를 매개로 사람 간의 정이 소멸되어가는 사회적 정서를 말해주고 있다. 화자는 시어머니가 싸준 삶은 옥수수를 여러 이웃과 나누던 중 택배기사가 떠올라 아파트 현관문 손잡이에 봉지를 걸어두지만 그대로 있는 걸 보고 실망하게 된다. 따라서 도입과 전개부에서 생기발랄하던 어조는 결미에 다다르면서 인간의 정이 사라지는 것에 대한 회의와 함께 다소 가라앉게 된다. 하지만 화자는 무엇이든 나누고자 하는 시어머니를 떠올리며 전화를 걸게 되고 "'고향의 봄' 컬러링"이 가라앉았던 분위기를 띄운다는 것으로 어조가 다시 생기로워진다. 말하자면 밝음과 어두움이 교차하는 이 글은 여성적이면서 배려의 정서까지 아우른 어조를 띤다.

수사의 변용에 따른 묘사와 이미지

문학을 가리켜 흔히 상상의 산물이라고 한다. 수필창작 역시 다르지 않다. 경험 현실에 작가만의 사유(창의)가 요구되기 때문이다. 이때 상상은 묘사와 이미지와 관련을 맺으며 묘사는 이미지를 산출하는 근원이라 할 수 있다. 글쓰기의 능력을 평가할 때 가장 먼저 묘사를 꼽는 까닭도 이 때문이다. 상상은 경험에 뿌리를 내린 현실을 바탕으로 하기 때문에 수필에서도 당연히 수용 가능한 영역이다. 그럼에도 불구하고 수필은 경험 사실만을 바탕으로 한다는 고착으로 인해 일견 상상의 나래를 펴는 데 한계로 작용하기도 했다. 그러나 모든 문학의 기저는 상상력이며 이를 통해 발현되는 확장은 창의적인 묘사와 이미지의 산출을 있게 한다. 따라서 묘사와 이미지와 상상력은 상관관계에 있으며, 적절한 어휘의 선택과 배열에 따른 묘사는 감각적 이미지를 구현한다. 이 같은 이미지를 구현하기 위해서는 먼저 어휘의 선택에서 출발한다. 동의어라 할지라도 어떤 어휘를 취사하여 적소에 적실하게 배치하느냐에 따라 독자가 받아들이는 감도는 달라진다. 이때 관념적이고 추상적인 어휘보다는 구체적이고 감각적인 어휘의 선택이 중요하다. 이미지의 밀도가 높은 어휘는 관념어나 추상어이기보다는 구체적이고 개별적인 구상어나 구체어라 할 수 있다. 물론 일반어를 취해야 할 장면이 있고 특수어를 사용해야 할 때가 있다. 이를 인지하고 취사하는 것과 그렇지 않은 문장의 느껴지는 감도는 다르다.

여덟 식구가 복작이던 집은 매미처럼 빠져나온 우리들로 인해 공허해졌다. 마지막까지 집을 지키던 어머니마저 나비로 빠져나와 빈집으로 있은 지 두 해. 조금씩 기울고 있는 집을 더 방치할 수 없어 철거절차를 밟는다는 것에 서명했지만 마음이 텅 빈 것 같다는 언니의 말을 토닥이며 덧붙인다. 집은 사라지는 것이 아니라 우리의 기억 속으로 이건移建하는 것이라고.

— 라환희, 〈선퇴〉에서[3]

화자의 어린 시절과 가족들의 추억이 담긴 옛집을 철거해야한다는 동의서 서명에 관한 사건으로부터 시작된 이 글은 빈집이 되어 쓰러져가는 옛집을 철거해야하는 상황을 매미의 선퇴에 비유하고 있다. 따라서 도입에서 동의서 서명과 함께 제시된 매미 울음은 집을 철거해야만 하는 상황과 맞물려 시종 화자의 마음을 대신하는 화소로 작용한다. 말하자면 직접 말하지 않고 매미의 울음을 통해 화자의 심리를 반영하고 있다. 알레고리적 수사의 변용에 따른 서정의 확장이자 묘사와 이미지의 조합이 글의 심미적 거리를 확보하고 있다. "여덟 식구가 복작이던 집은 매미처럼 빠져나온" 자녀들로 인해 공허해지고 홀로 집을 지키던 노모마저 돌아가시게 되자 텅 비게 된다. 하여 결국 집은 철거절차를 밟게 되지만 화자는 집이 거느린 추억은 사라지는 것이 아니라 가족들의 "기억 속으로 이건移建하는 것이라"며 위로한다. 매미의 선퇴와 연결한 이야기의 결미는 기억의 작용으로 말미암아 희망적 메시지를 내포한다.

말이야 아들 며느리가 올 것이라 했지만 내 경험상의 느낌으로는 쉽

3. 이 작품은 《말이 되어줄래》 해설에서도 언급한 바 있으나 관점이 다름을 밝힌다.

지 않아 보였다. 저렇듯 자식에게 짐이 되고 싶지 않은 부모 맘을 사는 동안 헤아릴 수 있을지, 나는 자신이 없다. 설거지를 마치고 돌아오는 길, 멀리 소 울음소리가 들린다. 멍에를 끌고 가는 소처럼 걸음이 무거워진다. 울목에 놓아둔 작은 주먹밥이 내 안에서 소 눈처럼 껌벅거리는 것 같다.

— 이지혜, 〈우보〉에서

복지센터에서 일하는 화자가 노부부를 돌보는 이야기를 담담하게 펼침으로써 현대 사회의 노인 문제를 보여주고 있다. 녹슨 돌쩌귀 문을 밀고 들어서는 장면이라든가 할머니와 마루에 앉아 대화를 나누는 장면 묘사는 노인문제를 간접적으로 드러내는 이미지로 보여주기(showing)에 해당한다면 오토바이 사고를 당한 할아버지의 상황을 말하기(telling) 기법으로 기술하면서 오지 않는 자식들을 기다리는 노인들의 모습을 통해 외로움을 현시한다. 보여주기와 말하기 방법을 차용해 두 줄기로 이야기를 교직한다. 더하여 대화체를 사용해 사투리를 적절하게 배합한 부분에서는 젓갈처럼 깊은 맛을 우려내기도 한다. 이미지즘 수사를 통한 서정은 결국 "자식에게 짐이 되고 싶지 않은 부모"의 마음을 그려주는 것이며 이를 헤아릴 수나 있을지 자신이 없다는 화자의 고백으로 이어진다. 하여 집으로 돌아가는 길, 화자는 멀리 들려오는 소 울음소리에 "멍에를 끌고 가는 소처럼 걸음이" 무겁다. 이 때문에 노부부를 위해 화자가 해줄 수 있었던 주먹밥이 화자의 내면에 "소 눈처럼 껌벅거리는 것 같다"고 토로하며 맺는다.

나무가 무심히 잎을 쏟아내고 있다. 몇 차례인가 신호가 바뀔 때까지 횡단보도는 정지된 모니터 화면의 커서같이 불빛만 깜빡이고, 마스크로 표정을 가린 사람들이 이따금 정지 화면을 풀고 공중의 이파리처럼 떠다닌다. 바람도 숨죽인 오후, 한 평 남짓 나무 둔치에 내려 앉은 가을이 유리문을 밀고 들어온다. 졸고 있던 햇빛이 슬몃 몸을 일으킨다.

— 기혜영, 〈이식〉에서

코로나 19로 인해 자영업자들의 생계가 위태로워진 상황을 보여주는 작품으로 상징적 이미지가 두드러진다. "나무가 무심히 잎을 쏟아내고" 있는 도입의 정황은 자영업자의 상황과 맞물려 작품의 분위기를 대변하는 하강의 이미지이며 "이파리처럼 떠다닌다"든가 "바람도 숨죽인"다는 표현들 역시 자영업자들의 위기 상황을 대변하는 이미지들이라 할 수 있다. 예컨대 도입의 묘사와 이미지를 통해 주제를 암시함으로써 독자의 시선을 붙잡고 있으며 이후 일어날 전개의 과정을 설명하는 방식을 취하고 있다. 그러니까 이미지만으로 한 편의 글이 완성될 수는 없으며 이미지를 통해 보여주고 그에 대한 설명을 말하기를 통해 이루어지는 것이다. 물론 이미지로만 완성된 시나 수필도 있을 수 있음을 부인할 수는 없다. 그렇다하더라도 수필의 성격상 이미지로 주제를 현시하기란 쉽지 않다. 어쨌거나 이 글은 정황 설명에 이어 다시 시선이 은행나무 군락지에 이른다. "팔도 다리도 뭉텅 잘린 나무들이 을씨년스럽게 무리지어" 있는 그곳에서 인부들이 나무를 이식하기 위해 웅성거린다. 포클레인 삽날이 나무를 캐낼 때 "흙더미에서 들어올려진 어른 손가락 굵기의 흰 뿌리들이" 마치 화자의 "머리카락처럼 한 움큼씩 쏟아져 나"오고 다시 전정 톱날에 의해 잘려나간다는 것인데, 이러한 정황은 도입의 나뭇잎이 쏟아내고 있는 정황과 맞물려 이 글의 주제를 현시하는 이미지로 산출된다.

맺으며

문학은 사람과 사람 사이를 이어주는 교량과 같은 것이다. 이때 교량의 역할을 하는 것은 인간의 감성과 관련된 서정일 것이다. 그렇다면 그것만으로 되는 것일까. 그렇지 않다. 모든 문학은 고인 물이 아니다. 물이 흐르듯 사유의 흐름이 있어야 한다. 사유의 흐름은 무엇으로 나타나는가. 문학은 수사의 변용으로 그 사유의 양태를 드러낸다. 여기에서 이전과 다른 무엇이 탄생한다. 탄생은 없음에서 있음으로의 전이다. 사유의 전이야말로 문학의 생명이며 그것은 새로움의 문으로 들어가는 출구다. 그 문으로 들어가기 위해서는 이전의 사유는 버려야 한다. 고착을 버리라는 것이다. 이것을 니체식으로 하면 사멸이요 파멸이다. 자신을 파멸하지 않는 자는 이전의 세계에 함몰되어 새로운 세계를 볼 수 없다. 들을 수 없다. 니체는 이전의 세계에 대한 사유의 칼날, 지식의 칼날, 지혜의 칼날을 선포한 철학자이지만 문학의 칼날 역시 이러하다. "춤추는 별 하나를 탄생시키기 위해 사람은 자신 속에 혼돈을 지니고 있어야 한다"고 했던 니체의 말처럼 문학의 별 하나를 탄생시키기 위해서 작가는 자신 속에 혼돈을 지니고 있어야 할 터이다. 물론 니체는 서양 형이상학이라는 거대한 물결에, 이성 철학의 물결에 자신의 영혼을 던진 철학자라는 것을 모르지 않는다. 그렇지만 문학의 새로움은 니체적 사유의 한 물코를 열지 않으면

안 된다는 것도 당연한 이치라는 것이다.

서정의 확장과 수사의 변용 역시 이와 같은 맥락에서 접근한 것이다. 서정은 니체 사유의 한 가닥으로 치면 감성의 영역이니 인간의 현실 세계를 반영하는 것이기도 하다. 니체가 이전 것을 사멸시키고자 한 것은 이성 우위에 둔 역사에 대한 반기였다. 대지 위에 서 있는 인간에 대한 멸시는 그만 사라져야 한다는 것이다. 인간이 인간을 구분하여 이곳과 저곳으로 구별하는 사유에 대한 경종이기도 했다. 어쩌면 니체의 문체가 문학적인 것도 감성의 영역과 이성의 영역을 연결하는 교량과 같은 사유에서 기인한 것인지도 모를 일이다. 어쨌거나 서정의 확장과 수사의 변용에 대한 수필을 탐구하면서 필자가 니체를 대입한 것은 문학의 새로움은 영혼의 흔들림이 있어야 한다는 것이다.

엘리베이터에서 만난 한 아이를 통해 사유의 지평을 확장하고 나아가 편견이나 차별 없이 문을 열고 닫는 엘리베이터를 통해 성찰하는 최승자의 〈5층과 15층 사이〉, 안구건조와 시대의 아픔을 비견한 전오영의 〈눈물의 반란〉, 옥수수를 매개로 나눔의 의미를 되새기게 한 김혜영의 〈내 마음의 하모니카〉는 서정의 확장 차원에서 접근했다. 한편 매미의 선퇴와 옛집의 철거를 비유한 라환희의 〈선퇴〉, 화자가 돌보는 노부부를 통해 현대의 노인 문제를 언급한 이지혜의 〈우보〉, 코로나 시대 자영업자가 겪는 어려움을 이식을 준비하는 나무에 비유해 서술한 기혜영의 〈이식〉에서는 일정 부분 새로움의 흔적을 발견할 수 있었다. 사유의 지경에 따라 서정과 수사는 다르게 표출되고 있으나 그 안에는 사유의 프리즘이 활동하고 있다.

04

수필의 힘과 위로의 방식

– 수필에 투영된 존재의 물음표들

– 김정화 《새에게는 길이 없다》·《하얀 낙타》·《가자미》

1. 사유의 길목

철학이나 사상처럼 수필도 시대와 무관하지 않다. 시대정신으로 표출되기도 하고 성찰을 통해 존재의 근원을 탐색하기도 한다. 존재 성찰적 수필이 주목받기 시작한 것은 16세기에서 18세기 프랑스의 모럴리스트 문학가인 몽테뉴, 파스칼, 라로슈푸코 등에 의해 주창된 인간이 살아가는 법과 인간성 탐구에 관한 수필이 창작되면서부터이다. 따라서 문학 장르의 생성과 발전, 쇠퇴의 과정은 그 시대와 밀접한 관련이 있다. 산업사회를 거쳐 지식정보산업 시대로 접어들면서 인간이 물질적 풍요를 누리고 있으나 정신적으로 피폐해지는 상황과 무관하지 않으며, 최근 수필 장르에 대한 관심이 증대된 것 또한 타인과 소통하는 법을 상실해 가는 것에 대한 위기의식 때문일 수도 있다. 이 지점에서 김정화 수필이 던지는 존재의 물음은 결코 가볍지 않다.

하이데거는 《존재와 시간》에서 그 당시 사람들이 존재의 의미에 대한 물음이 불필요하다고 선언한다거나 이 물음을 소홀히 해도 좋다고 시인하는 경향이 있음을 지적하며 존재 문제의 필연성에 대해 언급한다. 이 대목은 김정화 수필에 산재한 존재 인식의 매개로 작용한다. 왜냐하면 하찮은 대상이라도 소홀하거나 허투루 보지 않는 그의 지극한 시선 때문이다. 이때의 김정화 의식은 이성복 시인이 언급한 "삭은 빨래집게의 풀어진/ 힘으로 우리를 이곳에 묶어"둔다는 삶의 인식과도 그 맥을 같이 한다. 때문에 그의 수필에는 어떻게 살아갈 것인가에 대한 삶의 실존적 물음과 그에 따른 존재의 양상들이 만화경 속 풍경처럼 펼쳐진다.

김정화의 평론 청탁을 받고 수필집 3권과 선집 2권, 평론집 1권을 포함해 총 6권을 우편으로 받았다. 김정화는 2006년 〈겨울 소리〉로 《수필과비평》 신인상을 받았으며, 2015년 〈'나마스테', 탈식민주의적 경계 허물기〉로 광남일보 신춘문예 문학평론에 당선되었다. 수필집으로 《새에게는 길이 없다》(2011), 《하얀 낙타》(2013), 《가자미》(2016)가 있으며, 이후 선집 《장미, 타다》(2016)와 《별이 내리네》(2017)를 연이어 상재한다. 더하여 평론집으로 《현대수필의 아포리아》(2019)를 발표한다. 두 권의 선집에는 수필집 3권에 발표한 작품들을 선하여 게재하고 있으므로 본 평문에서는 수필집 3권을 중심으로 적층된 삶의 모습들이 수필의 힘을 통해 어떻게 위로받는지 살펴보고자 한다.

작품의 주인은 작가가 아니라 독자라는 수용미학 차원에서 볼 때 김정화의 작품 세계는 다층적이며 다양한 인식체계를 보여준다. 대상에 대한 그의 인식 세계는 자유와 존재 탐구를 바탕으로 유무형의 대상에 의미를 부여하거나 발화자와 청자의 입장을 전도시킴으로써 작품의 외연은 물론 내연의 확장을 꾀하기 때문에 그에게 자유와 존재 문제는 시종 문학의 기제로 작용하면서 인간의 복합성을 인정하는 형태로 드러난다. 그러니까 그의 수필집 전반에는 자유에의 의지와 자의식 탐구를 경유한 존재의 물음표들이 콩나물시루처럼 다밀한데, 때로는 성찰적 입장을 위해 시루 속 같은 자기만의 암전(골방)에 드는 것도 마다하지 않는다. 이때 콩나물 보를 통해 얼비치는 미량의 빛만으로 세상과 소통하는 스스로의 고독은 그에게 죄다 문학의 피와 살의 과정이 되어 작품의 길목마다 배어있다.

2. 외딴집의 원형(archetype)

김정화의 문학적 여정은 일정 부분 유년의 기억과 체험을 바탕으로 한다. 이때 '왜 쓰는가', 라는 질문은 작가의식의 문제로 직결된다. "외로운 아이들이 흔히 그렇듯 이야기를 지어내고 상상 속의 인물들과 대화를 나누는 습관을 갖게" 된다고 한 조지 오웰의 언급으로 미루어 김정화의 유년기는 현재에 이르러 왜 써야 하는지를 보여주는 이유로 작용한다. 그녀의 의식 속에 자리한 '외딴집'의 기억은 작품세계를 관류하는 정서이며 자유와 존재 탐색의 여정을 여는 기제이기 때문이다.

김정화가 밝혔듯 그 외딴집으로 향하는 여뀌길은 그에게 창작의 모태이자 고향의식을 배태한 요나적 공간으로 사유의 원형이라 할 수 있다. 카를 융이 제창한 분석심리학 용어인 원형은 논리 이전의 사고에 기원을 둔 것으로 인간의 무의식과 관련이 깊다. 융의 이론에 따르면 마음에 작용을 일으켜 어떤 패턴을 형성하게 되고 그것이 심상 즉, 이미지화되는데 김정화의 기억 속 외딴집은 무의식으로든 의식으로든 그의 작품 속에서 문학 원형의 이미지를 띠면서 사유의 시원으로 기능한다. "집이란 세계 안의 우리들의 구석"이며 "최초의 세계"이고 "하나의 우주"라고 말한 바슐라르의 언술에 비추어 볼 때 김정화의 등단작 〈겨울 소리〉는 그러한 공간 의식이 두드러진다.

> 몇 해 전의 일이다. 새내기 운전자가 되어 이십 년 만에 고향마을을 찾았다. 예전의 마을이었던 들판에는 넓은 도로가 뻗어 있고, 유년 시절의 사람들과 동네 집들은 사라진지 오래였다. 둑방길을 따라 한참 걸어가니 조그만 집터가 나왔다. 나온 게 아니라 외딴집 흔적을 가까스로 찾아낸 것이다. 흙덩이 사이로 땅을 밟아보았다. 마당에 그림자를 드리우던 무화과 잎사귀가 흔들리는 환영이 비쳤다. 이따금씩 얼룩무늬 비비새가 쉬어가던 작은 개울과 닭 무리가 놀던 갈대숲 자국도 조금은 남아 있었다. 하지만 그들의 소리들은 온데간데없었다.
>
> — 〈겨울 소리〉에서

우포늪에서 새들을 바라보며 생각에 잠겨 있던 작가는 갈대 사이로 나타난 큰 고니에게 자아를 투사함으로써 자신이 고향을 그리워하듯 고니 역시 고향을 그리워할 것이라며 고니와 자아의 외로움을 동일시한다. 이때 화자는 고향이 있다는 것은 다행한 일이라며 유년의 외딴집을 떠올린다. 김정화에게 외딴집은 부동의 안식처이자 그리움의 원초적 심상이며 사유의 창고로 기능하는데, "이십 년 만에" 찾아간 그 집은 그저 "나온 게 아니라" 그가 "가까스로 찾아낸" 공간이다. 외딴집이지만 어머니의 자궁처럼 아늑한 장소로 모태 회귀를 꿈꾸는 공간이며 그 공간은 유아기로의 퇴행이 아니라 외로운 삶을 일으켜 세우는 동력으로 작용하여 긍정과 창작의 산실이 된다. 그의 등단작 〈겨울 소리〉로부터 발원한 고향의식은 김정화의 작품 속에 두루 편재하는데 여뀌가 핀 둑길을 통해서도 드러난다.

> 내 고향은 경남 진해다. 김수로왕이 가락국의 수도로 정하면서 '여뀌 잎처럼 좁은 땅이지만 길한 곳'이라고 지목한 곳이다. 그래서인지 우리 동네 강변 둑에는 유독 여뀌가 많았다. 분홍색 알갱이를 다닥다닥 엮은 듯한 여뀌꽃은 읍내로 가는 십릿길을 잇고 있었다. (중략) 고향길은 내 글쓰기의 시원이 되었다. 나는 그 길을 따라 조금씩 세상 밖으로 나왔다.
>
> — 〈여뀌가 핀 로두스〉에서

'여기가 로두스다, 여기서 뛰어라(Hic Rhodus, hic salta!)'라는 뜻의 라틴어에서 유래한 로두스는 김정화의 문학적 태동과 귀향의식을 대변하는 기표이다. '외딴집'이 김정화 문학의 산실이라면 '로두스'는 문학의 실행적 좌표이다. 작가가 초기 작품 〈여〉에서 "'여'는 마음이 침잠할 때 드러나" 자신을 일으켜 세워주는 "외딴집의 기억"이라고 밝히고 있듯 외딴집과 로두스 정신은 작가의 문학세계를 흐르는 원류이기도 하다. 오륙도 선착장에서 바다를 보며 어릴 적 부모님의 지난한 삶의 물살을 떠올리는 〈바다에서 강물을 만나다〉와 여행지에서 반딧불이를 보고 고향마을을 떠올리는 〈별이 내리네〉 역시 외딴집의 기억으로 귀결된다. 특히 〈별이 내리네〉는 최근 작품으로 작가의 고향의식이 현재까지 연결됨을 알 수 있는 작품이다.

외딴집의 기억은 가족을 호명한다. 김정화가 딸의 김밥을 싸기 위해 마트에 간 것으로부터 시작하여 자신의 어린 시절 아버지가 싸 준 김밥 이야기로 이어지는 〈아버지의 김밥〉은 아프지만 거기에는 돋을볕 같은 감동이 몽글거린다. 〈풍경이 운다〉 역시 외딴집을 배경으로 한다. 솟을대문 풍경을 보면서 작가는 아린 기억 하나를 떠올린다. 남동생이 태어났지만 부모는 기쁨보다 슬픔이 앞선다. 아버지는 병마에 시달리고 어머니가 재첩장사를 해 가계를 이끌어가는 형편 때문에 부모는 어느 종갓집에 동생을 양자로 보낸다. 사십 년이 흐른 지금도 작가는 고택의 솟을대문 풍경이 울면 가슴이 먼저 운다고 고백한다.

기억 상실과 언어장애로 요양병원에 있는 이복 오빠를 만나러 간 〈장미, 타다〉에서도 작가는 외딴집의 문을 연다. 병들어 초췌한 이복 오빠의 끽연을 바라보며 "갑자기 앞이 흐려지"는 이유가 "담배 연기 때문인지 아니면 아버지를 닮은" 이복 오빠의 "눈빛 탓인지 알 수 없다"는 절제된 감정은 이복 오빠의 손가락 사이 "필터만 남은" 담배꽁초로 옮겨간다. 그리곤 어린 날 자신을 향해 웃어주던 "표정은 그대로이건만 사십 년 세월은 흔적도 없이 타버렸다"며 인생무상을 회억한다. 이복 오빠의 삶과 타들어 가는 담배의 시간을 병치한 내적 삭힘은 독자로 하여금 연민과 존재에 대한 의미를 연상케 한다.

3. 낯설게 하기 혹은 실험정신

김정화는 사물수필을 통해 낯설게 하기를 시도하고 있다. 신재기는 수필이 개인의 경험을 주체의 관점에서 기록한다는 고정관념에서 벗어나고자 모색한 결과물이 '사물수필'이라고 본다. 즉, "주체의 주관적인 해석보다 사물 자체를 전면화하는"(신재기, 〈수필의 실험〉, 《수필미학》 27호, 소소담담, 2020) 창작 방법상의 변모를 꾀한 수필군을 '사물수필'로 규정할 수 있다는 것이다. 이 논지에 대해 공감하는 부분이 없지 않다. 그러나 결국 '사물수필'은 사물에 말 걸기이다. 사물에서 존재의 이미지를 추출하는 일과 그들의 말을 받아 적는 것은 문학에서 그리 특별한 일이 아니다. 예컨대 술안주로 접시에 놓인 북어를 보고 고향을 물을 수 있고 컵 속에 녹은 얼음의 잔해에게 물의 고향을 물을 수 있는 것 또한 작가로서 당연한 상상이다. 하면 '사물수필'이라 함은 근자에 회자되는 새로운 개념의 시도는 아닐 것이다. 다만 수필문학의 발전을 도모하고자 하는 방법론적 차원에서의 명명으로 보아야 할 것이며, 수필이 신변잡기에 메여 문학이 갖는 상상의 즐거움을 터부시한 반작용으로써의 현상일 것이다. 대개 사물수필은 의인화에 의해 이루어지고 있다. 일찍이 술을 의인화한 〈국순전〉(고려시대, 임춘)과 바늘을 의인화한 〈조침문〉(조선 시대, 유씨 부인) 등을 미루어 볼 때 조어 개념의 '사물수필'은 생소하거나 특별한 개념이라 할 수 없다. 김정화 수필 역시 신재기가 거론한 사물수필의 지경을 통해 사물에 말을 건다거나 그들의 언어를 받아 적는 자세를 취하며 의인화 기법의 차용과 시점의 운용을 수용하여 낯섦의 효과를 얻고 있다. 아울러 그는 문학의 쾌락적 기능까지도 수용한다. 일테면 같은 말법으로 말을 걸지 않으며 다양한 기법으로서의 수사적 변용을 토대로 지적 쾌락은 물론 감동의 골까지도 간섭한다.

①

납작 엎드렸다. 옹색한 길바닥 좌판이면 어떤가. 널조각 자리가 왕후 금침도 부럽지 않다. 캄캄한 얼음 창고 속에 쭈그리지 않아도 되고, 덕장에 걸리는 고행길에 오르지 않는 것만으로도 다행이다. 생이란 때로는 원치 않은 곳까지 흐르기도 한다. 내가 태평양 넓은 물에서 도심 변두리 골목시장까지 올 줄 상상이라도 했겠는가. (중략) 무엇보다 내가 가장 마음이 가는 이름은 자산어보에 등재된 '소접'이다. 정약전 선생이야 '소접小鰈'이라 명명했지만 나는 나비 접 자를 붙여 '소접小蝶'이라 고쳐 읽고 싶다. 물고기의 작은 나비. 이 얼마나 낭만적인 이름인가.

— 〈가자미〉에서

②

온몸을 붉혔다. 연서를 품은 몸이었으니 오죽 뜨거웠으랴. 은행나무 가로수 아래 발을 돋우고 긴 세월 잘 버텨내었다. 초록 치마 다홍 저고리로 수줍던 시절에는 단걸음의 사연들을 미어지도록 쓸어안았지. 모름지기 현처란 묵묵해야 하는 법. 마냥 기다리면 올까요…. 붉은 치마로 새로 단장하고 귀 기울였으나 무심한 발걸음 소리만 스치고 또 스치고 지나갔다. 텅 비어버린 속은 죄다 삭아 내렸으리.

— 〈붉은 우체통〉에서

③

내가 이곳에 둥지를 튼 지도 어언 십년 강산이 변했다. 한 평 카운터 안 솜방석이 내 거처지만 호기심 탓에 평소 이 방 저 방 기웃거리기를 즐긴다. 물론 터줏대감인 주인 영감이 나를 청지기 삼아 쪽잠 삼매경에 빠져들 때나 가능한 일이다. 영감이 반평생을 헌신한 터전인 만큼 엄전치 못한 견공의 행실로 흠이라도 낼까 봐 매사 조심스럽다.

— 〈목욕탕집 불독〉에서

①은 '가자미'를 ②는 '우체통'을 ③은 '불독'을 화자로 내세워 문학적 호기심을 유발한다. 가령 "내가 태평양 넓은 물에서 도심 변두리 골목시장까지 올 줄 상상이라도 했겠는가."라든가, "온몸을 붉혔다."라는 문장은 딱히 내세울 것도 시선을 붙들지도 않는다. 그러나 그 언술이 의인화에 의해 주체가 전치되어 가자미가 되고 우체통이 되었을 때 비로소 그 외연이 확장되어 낯설게 하기의 효과가 나타난다. 이처럼 김정화의 낯설게 하기는 상상력과 서술의 기법을 다양하게 하고 수필이 지닌 자기 독백의 협소를 넘어 논리적 사유의 낙차를 유도하기도 한다. 그렇다고 문면에 도처된 사유의 방향이 논리성만을 내세우는 것은 아니다. 감각적 이미지들을 동원하여 장면 묘사를 함으로써 시적 이미지의 산출을 도모한다.

①의 정서적 상관물 〈가자미〉는 바닥이 삶의 공간이다. 그는 "옹색한 길바닥 좌판이면 어떤가. 널조각 자리가 왕후금침도 부럽지 않다"며 오히려 바닥을 예찬한다. 태평양 너른 바다에서 살던 자신이 "변두리 골목시장까지" 올 줄 몰랐지만 불여의한 삶이기에 자신의 처지

를 비관하지 않는다. 이는 작가의 의도적 언술로 작가 자신은 물론 독자의 삶의 태도가 가자미와 같길 바라는 대목이다. 가자미와 관련된 이름에서부터 생태, 생김새, 특성 등 다양한 의미의 고리들을 비교 대조하여 사물의 관계도를 넓게 그려내면서 작가가 강조하는 부분은 정약전 선생이 자산어보에서 "'소접小鰈'이라 명명"한 부분이다. 자산어보와 다르게 작가는 "나비 접 자를 붙여 '소접小蝶'이라 고쳐 읽고 싶다"고 한다. 살아 있음을 증명하기 위해서 날갯짓을 해야 하는 행위의 유사성에 기인한 "물고기의 작은 나비. 이 얼마나 낭만적인 이름인가."라는 작가의 후렴이 없더라도 거기에는 낭만이 깃들어 있고 대상을 바라보는 시선이 정교하게 직조되어 있다.

②에 등장한 사물 〈붉은 우체통〉은 《가자미》 제3부 '사라지는 것들'에 실린 작품이다. 지난 시대 우리의 삶을 윤택하게 하거나 삶 속에서 인간과 함께 시대를 살았던 것들이 사라져 가는 아쉬움 내지는 향수를 그린 부분이다. 여기에는 〈성냥〉, 〈다방〉, 〈이 층 이발소〉, 〈요강〉, 〈 백운여관〉, 〈우물〉, 〈붉은 우체통〉, 〈깡깡이 아지매〉 등이 실려 있다. 작가와 관련된 소재들을 통해 사라지는 것들에 대한 작가의 사유가 연못의 물고기처럼 행간을 유영한다. 특히 〈붉은 우체통〉의 도입부에서 "연서를 품은 몸이었으니" 뜨거웠을 것이라는 표현에서 알 수 있듯 사물을 바라보는 시각이 도드라진다. 앞서 살핀 〈가자미〉가 '가자미'라는 대상을 통해 낮은 곳의 삶을 예찬한 것과 달리 〈붉은 우체통〉은 붉은색의 감각적 이미지가 색채적 의인화에 일정 부분 기여하고 있다. 작가의 언술처럼 우체통은 사람과 사람의 소통을 전제한 매개로 느림의 미학을 자연스럽게 실현하는 사물로서 인간의 감

성을 전달하는 대상이 된다. 따라서 우체통은 작품 속 주체(자아)가 되어 자신의 길을 반추한다.

인용한 작품 ③ 〈목욕탕집 불독〉 역시 주체와 객체가 전도된 수필이다. 한편으로는 지난 시절의 풍속을 담은 세태수필이라 할 수도 있겠다. 목욕탕집 한켠에 자리 잡은 불독이 목욕탕의 모습을 서술하는 형식인 이 수필은 과거를 회상하는 주체를 "엄전치 못한 견공의 행실로 흠이라도 낼까 봐 매사 조심스럽"게 행동한다는 설정이 흥미롭다. 불독이 남탕과 여탕을 바라보고 드나드는 사람들의 특징을 나열한다. 한때의 흥업을 지나 이제는 듬성해진 '세신사'에 대한 언급은 세태수필의 묘미를 보여준다. 가옥 구조의 변화와 찜질방과 사우나를 비롯하여 대형 스파가 우후죽순 생기면서 사람 사는 이야기와 온정이 스러져가는 공간에 작가는 방점을 찍는다. 이처럼 김정화는 로만 야콥슨의 선택과 배열의 구조를 파괴한 언술 구조로 이야기를 이끌어 간다. 이러한 과정은 답습이나 체계(패러다임)에 대한 불온성으로써 김정화 작가의 이차적 사유의 발화처일 것이다. 이 같은 발화는 작품에 머물지 않고 제목에도 드러나는데, 대체로 주제와 소재, 제재 또는 문장을 제목화 하기도 하면서 시적 표현을 통해 작품의 의미망 확장을 꾀한다.

4. 길 없는 길

김정화는 새의 작가라 할 수 있을 만큼 새에 대한 의식의 경도를 보인다. 어릴 적 고향의 잔영인 셈인데 새를 보면 설레고 새를 만나는 일은 글을 쓰는 것만큼 행복하다고 한다. 그러나 그 행복은 김정화가 살아온 고독이며 그 고독이 길을 만든다. 인식론적 차원에서 있음은 없음에서 온다. 없다는 것은 있음을 전제하고 없음은 있음을 전제하므로 '새에게는 길이 없다'는 인식의 배면에는 무한한 길이 있다. 허공의 새처럼 김정화는 그 길을 안다. 나아가 김정화에게 새는 인간의 비상 욕구를 이입하는 대상으로 치환되기도 하고 자유를 상징하는 객관적 상관물로도 추인되곤 한다.

> 새들의 소리를 들으면 마음의 귀가 열린다. 바다의 산책길에서 만나는 흰하늘새가 매일 아침마다 심상을 두드리는 소리를 들려주지만 나는 그것을 잘 듣지 못한다. 늘 설익기만 한 내 글에는 아직도 고향의 울림과 새들의 소리가 절반도 담겨있지 않다. 하지만, 새를 통해서 글에 눈을 뜨고 또 다른 마음의 울림을 들을 수 있다면 미조迷鳥를 찾아나서는 힘겨운 길몰이를 마다하지 않으려 한다.
>
> — 〈새에게는 길이 없다〉에서

작가에게 "새들의 소리"는 "마음의 귀"를 열어주는 소리이다. "새를 통해서 글에 눈을 뜨고 또 다른 마음의 울림을 들을 수 있다면" 작가는 "미조迷鳥를 찾아나서는 힘겨운 길몰이를 마다하지 않"겠다고 고백한다. 여기서 "미조迷鳥"는 곧 작가의 문학의 길을 상징하며 자유를 추구하는 고독한 '존재의 길'을 의미하기도 한다. 그 길은 늘 설익어서 "고향의 울림과 새들의 소리가 절반도 담겨있지 않다." 이 발화 저류에는 빔과 채움의 현상을 넘어선 사유가 내재되어 있다. 그곳은 허공이기에 외롭고 고독하다. 때로는 그 길을 잘못들 수도 있지만 그 또한 길이다. 그렇기에 그는 때론 오리에게 길을 묻기도 한다. "뒤뚱거릴지라도 직진을 지켜내는" 걸음걸이 때문이다. 동물이 처음 대면한 대상을 어미로 따르는 "직진의 길"은 각인효과이지만 김정화의 길은 아버지의 압언에서 비롯된 것으로, 곁눈질하지 말고 "계속 가거라"라는 부친의 말에는 여타의 고행과 고난도 에너지가 될 수 있음을 시사하는 말로써 함축적 의미가 담겨있다. 이른바 불가에서 말하는 팔고를 언급하지 않더라도 고행길을 오리에게 묻는 작가의 역발상적 사고는 아버지로부터 비롯되어 김정화의 문학의 길로 통하고 그 길은 낙타의 길로 변주된다.

> 대가야 유적지인 고령의 고분군에 간 적이 있다. 비탈진 산길을 따라 천천히 걸었다. 능선에는 봉분들이 낙타 등처럼 줄지어 솟아 있었다. 봉분 위에는 길섶에서부터 피기 시작한 하얀 개망초가 수의를 입혀놓았다.
>
> 사막의 낙타
> 섬을 지고 다니는 낙타
>
> 뙤약볕에 타고 있는 봉분을 보며 능비탈에 앉았다. 오월 햇살은 겉눈을 가리고 심안을 드러내 주며 무딘 살갗을 태워 심감을 일깨우게 해 준다.
>
> — 〈햇동섬〉에서

작가는 귀갓길에 밤바다를 보며 "물속에 잠겼던 바위가 파도 위로 드러나는 모양"에 자신의 "글의 씨앗"을 떠올리기도 하고 언젠가 본 듯한 "섬"을 떠올린다. 그것은 고령의 고분군으로 그 능선 봉분들에서 낙타의 등을 연상하고 "사막의 낙타/ 섬을 지고 다니는 낙타"라며 치환 은유를 차용한다. 여기서의 "섬"은 고행이며 고독으로써 작가의 길로 의미화된다. "낙타의 등처럼" 솟아 있는 고분군의 능선들이 "골바람과 차디찬 폭설에도 봉분끝으로 위엄을" 지키듯 작가의 글도 그러했으면 하는 염원 또한 추동한다.

> 주인의 손을 떠난 차강티메는 평생 혼자 살아간다. 사막을 떠돌며 운명의 길을 묵묵히 걷는다. 혹한의 밤과 폭염의 낮을 견디고 광야의 눈비를 스스로 버텨내야만 한다. 고비의 고독을 온몸으로 받아들이는 것이다.
>
> — 〈하얀 낙타〉에서

몽골 영화에서 본 하얀 낙타에 대한 열망은 그곳으로의 여행을 꿈꾸게 한다. 몽골에서는 하얀 낙타를 차강티메라고 부르는데 작가는 하얀 낙타와의 조우를 통해 존재의 길에 대한 일시적 깨달음에 이른다. 이때의 깨달음은 차강티메의 제물의식을 통해 이루어진다. 몽골에서는 차강티메를 산 채로 바치는 형식을 띤다. 말하자면 낙타에게 자유를 선물하는 것이다. 주인의 손을 떠나 영원한 자유를 얻은 차강티메는 "사막을 떠돌며 운명의 길을 묵묵히 걷는다." 문학은 사막을 홀로 걷는 차강티메의 길처럼 고독한 길임을 상징적으로 보여주는 대목이다.

"외로우니까 사람이다"(〈수선화에게〉, 《외로우니까 사람이다》, 열림원, 1998)라며 존재의 고독을 노래한 정호승 시인처럼 김정화의 존재에 대한 인식은 〈목각의 눈〉을 통해서 자유에의 희구의식으로 나타난다. 뜻하지 않은 송사에 마음을 끓이다가 지인으로부터 받은 목각인형과 대화를 나누고 목각인형에게 화풀이 아닌 화풀이를 하던 중 불현듯 깨달음이 오는데 "-진정한 자유란 스스로 놓아주는 거지"라는 각성이 그것이다. 또한 〈자유, 그 불멸의 이름〉에서는 '희랍인 조르바'를 통해 자유에의 열망을 드러낸다. 힘든 시기 도피하듯 강화도 지인의 집에 머물던 작가는 그곳에서 접한 조르바를 통해 생에 대한 의지와 불멸의 자유를 소망한다. 이는 그에게 길 없는 길의 자유이며 고정이 아닌 가변을 추구함으로써 본성이 지닌 새로움을 발견할 수 있다는 莊子적 사유를 마중하게 한다. 모든 존재는 본성의 꽃을 피울 수 있는 개개의 능력을 지니고 태어났으며 그 꽃을 피웠을 때 진정한 자유인으로 산다는 의미일 것인 바, 김정화의 말법은 여기에 면해 있다.

5. 코기토 & 뮤즈

김정화 수필에는 '사유하는 자'(Cogito)의 영감을 받아 적는 자유로움이 있다. 그것은 데카르트의 난로방과 같은 외딴방의 기억으로부터 기인한다. 말하자면 데카르트의 명제 '나는 생각한다. 고로 나는 존재한다(Cogito, ergo sum).'는 난로방과 같은 구석의 사유에서 비롯된 것인데, 데카르트의 난로방은 김정화의 외딴방을 추론케 한다. 타래에서 풀려나오는 색실처럼 그만의 작은 방에서 직조된 작품은 퀼트 또는 정교한 박음질을 떠올리게 한다. 예컨대 새를 통해 자유를 희구한다거나 낙타를 통해 존재의 길을 정독하고, 가자미라는 대상을 차용한 변주가 허술하지 않다.

첫 번째 수필집 《새에게는 길이 없다》(2011)에서 새는 어떤 정해진 길이 없는 자유로움을 상징하며 존재의 소리를 담아내는 울림통 역할을 한다. 김제 심포항을 배경으로 개발 광풍에 대한 사회 비판적 작품과(〈떠날 수 없는 배〉) 임진왜란 의병 곽재우의 일화를 통한 역사의식(〈북 치는 나무〉)을 이면에 배치한 작품 등은 시대정신을 반영한다. 더하여 고산 윤선도에 관한 글(〈고산을 읽다〉)에서는 작가의식을 보여주는 등 주제의 변주가 다양하게 펼쳐진다. 대개 첫 번째 수필집은 가족 서사에 치우치는 경향을 보이는데 그의 수필집은 세계인식의 다양성을 보여준다. 두 번째 수필집 《하얀 낙타》(2013)는 첫 번째 수필집에 나타난 존재 사유의 맥을 이어나가면서 제4부에는 작품 속에 흑백 사진을 삽화처럼 끼워 넣는다거나 제5부에는 작가 자신의 작품에 대한 여러 평론가의 평론을 싣고 있다. 세 번째 수필집 《가자미》에는 수필 창작의 새로움을 추구하는 작법의 변모가 엿보이는데 일명 '사물수필', '실험수필' 등이 그것이다. 특히 각 수필집에는 형식의 다양성을 띤 작품들이 양념처럼 게재되어 있다. 이는 독자의 지루함을 해소해줄 뿐만 아니라 구성상의 단조로움도 상쇄한다. 김정화의 이 같은 형식의 다양성에 대한 논의(가칭 '형식의 변주')가 추가로 요구되나 지면 관계상 생략했다. 더하여 근래에 상재한 비평집 《현대수필의 아포리아》는 그녀의 작가의식을 반영한다. 미루어 그의 작품에 기저된 논리와 이지적 사유의 줄기는 비평가의 관점으로부터 발아되었다 할 것이다. 한편 김정화는 "문학이 타인과 사회를 위해서 무엇을 할 수 있는가. 작가라면 누구나 고민하는 문제이다. 하지만 많은 작가가 신변성과 서정성에 묶여 자신의 고고성孤高性에만 집착하고(〈앙가주망적 포즈〉, 《현대수필의 아포리아》, 2019, 261쪽)"있다며, "세상의 모순을 비판하고 현실 문제에 뛰어드는 참여 수필가"적 입장을 필설한다.

김정화의 이러한 담론적 코기토 골짜기를 따라가다 보면 내밀한 풍경도 접하게 된다. 대체로 도입 문장은 수식이 거세된 주어와 서술어와 목적어로 구성된 단문이 주류를 이루고 동양적 서정과 서양의 이성적 감성의 사유가 글의 강약을 조절하기도 한다. 대상에 대한 감각은 물론 어휘와 문장, 문단 간의 유기성과 통일성 또한 빈틈이 크지 않으며, 문체는 대나무처럼 그 마디가 뚝뚝 끊어지는 듯하다가 다시 이어지는데 그것은 은유적 언표 때문일 것이다. 감각적 이미지 추출에 기인한 비유적 언술 또한 대상을 향해 열려있는데 이는 오감의 정도에 비례한 결과물일 것이며 이 같은 문학적 성취는 때론 멈추고 때로는 비움으로써 얻어진 김정화만의 문학적 영토이지 싶다. 더불어 윤리나 도덕을 초월하기보다는 그것들의 현상을 통해 자기를 탐색하고 세계 내 존재로서 자유를 추구하고자 한다. 이때 김정화에겐 사유의 원형으로써 내면의 '아이'가 존재한다. 그 아이는 내면의 공간에서 자유와 존재의 페이지를 넘기며 함께 아파하고 사랑할 수 있는 방식을 탐구한다. 이것은 김정화의 작품세계를 세우는 영감의 원천인 동시에 수필의 힘이자 자아와 세계를 향한 말 걸기이고 위로의 방식이다.

모름지기 좋은 작가는 대상(현상)을 통해 보이지 않는 세계를 상상하고 그것들로부터 고유한 시각과 판단을 추출해 기호화한다. 이는 통시화된 관념을 뛰어넘는 것이기에 그것은 세계의 확장에 즈음한 새로움이라 할 수 있다. 그러나 이때의 새로움은 언어의 부림과 형식만으로 얻어지는 게 아니라 내적 필연성을 통한 문면 너머의 진실에까지 닿아야 한다. 이러한 맥락에서 볼 때 김정화는 상응하는 사유의 시초를 갖추고 있다. 그럼에도 불구하고 관습적(수필의 특징) 차원에서인지 작품 곳곳에 비교와 대조를 통한 설명과 명시적 교훈 내지 교시성의 친절함은 아쉬움을 자아내게 한다. 문학적 토대에 이미 내면화된 '아이'가 성장하기 위해 더 과감해질 필요가 있음을 주문하는 것은 이를 넘어선 네 번째 수필집을 기대하기 때문이다.

제 4 부

불가역의 역설

01

수필로 쓰는 수필론

1. 기억 밖의 기억

수필을 쓰는 일은 기억과 조우하는 일이다. 기억과 추억의 의미를 되짚어 본다면 '추억'은 지난날을 돌이켜 생각하는 것으로 과거 어떤 것으로부터 비롯된 그리움의 심상이라 할 수 있으며, '기억'은 과거를 머릿속에 새겨두어 보존하거나 되살려 생각하는 것이다. 두 어휘 모두 과거를 돌이켜 생각한다는 점에서 비슷한 말이다. 하지만 기억에 없으면 추억할 수 없다는 점에서 기억은 매우 중요하다. 따라서 기억은 경험을 되살려내는 것으로 추억을 있게 하는 에너지이기도 하며 수필의 재료가 되기도 한다. 하지만 사람이 살아가면서 경험하고 접하는 수많은 감동과 정보를 모두 기억한다는 것은 쉽지 않은 일이다. 어쩌면 망각의 공간이 있기에 인간은 살아갈 수 있는지도 모른다. 그러나 수필은 장르적 특성상 지나간 일들을 기억해내야 하는 경우가 많다.

영화, 《메멘토》의 주연 가이 피어스(레너드 셀비 분)는 사고로 인해 뇌가 손상된다. 사고 전의 기억은 있지만 사고 후의 기억은 사라진 것이다. 그가 기억할 수 있는 시간은 단 10분이다. 때문에 레너드는 기억을 자신의 몸에 문신으로 남긴다. 장소와 인물 등은 사진을 찍어서 주석을 달기도 하며, 기억의 중심에서 벗어난 징후들을 조합하여 퍼즐 맞추듯 자신의 아내를 살해한 범인을 추적한다.

이렇듯 기억은 대상에 대한 지식이나 정보를 머릿속에 새겨 보존하거나 되살려 생각해 내는 것이다. 따라서 기억은 잊히는 것이며 또 잊히지 않는 무엇이거나 잊고 싶지 않은 무엇이기도 하다. 하면, 기억되지 않은 것도 기억일 것이다. 이른바 기억이라는 것은 자의식 속에 있는 것으로 스스로에 의해 유지되기도 하고 사라지기도 하며, 어떤 기억은 애써 지우기도 한다. 또한 사물을 보았음에도 기억의 창고에 저장하지 않았거나 스토리텔링 되지 않아서 없었던 것처럼 잊고 사는 경우도 허다하다. 즉, 기억의 창고에 없다고 해서 그것이 실재하지 않았던 것은 아니라는 말이며, 유랑하는 기억 역시 허구가 아닌 사실의 과거라는 것이다. 이를테면 망각은 없었던 것이 아닌 실재했던 기억의 공간이므로 기억의 주변부 정황 역시 사실의 범주에 포함될 수 있다는 것이다.

예를 들어보자. 필자가 사는 곳에서 가까운 김제에서는 시월에 지평선 축제를 연다. 나는 이 길을 자주 오가는데, 축제장으로 가는 수 킬로미터의 길가에는 엇비슷한 키의 코스모스가 피어 있다. 지평선 꽃길을 걸으며 가다 보면 코스모스를 무심히 스쳐보는 사람도 있고, 차창 너머로 보는 사람, 가까이 다가가 냄새를 맡기도 하고 키를 맞추어 사진을 찍는 사람도 있다. 꽃이 있기까지 필요했을 손길과 축제 기간에 맞춰 웃자람이 잘려나가는 희생과 적당한 햇볕과 바람과 비와 시간이 있기에 가능한 일이다. 이처럼 꽃은 거저 피는 게 아니라 상당한 과정을 품고 핀다. 나아가 꽃 주변의 기생과 공생은 또 얼마나 많은가.

이 풍경 속 과정을 빠트리지 않고 글로 옮겨 쓸 수 있을까. 힘든 일이다. 인지의 충격에 따른 체계화된 내면과 스토리텔링에 의존된 이야기만을 쓸 수 있을 뿐 낱낱을 글로 옮길 수는 없다. 미처 보지 못한 것과 눈으로는 보았어도 그것을 생각으로 전환하지 못한 것들이 부지기수일 것이며, 스쳐보고 잠시 생각을 했다 하더라도 시간이 흐른 뒤 그것을 기억해내기란 어려운 일이다. 여기서 수필문학의 오해와 관행에 따른 문제점을 살펴보고자 한다.

지평선 축제 관련의 한 지점을 포착하여 그 정황 또는 감동을 토대로 한 편의 수필을 창작한다 했을 때 당연히 중심 소재 하나를 선택해 글을 쓰게 될 것이다. 그런데 문제는, 아예 생각도 하지 않고 스쳐 지나간 것들을 뒷받침 문장(장면)으로 가져와야 할 때가 있다. 이 지점에서 수필가들은 상당한 고민을 한다. 수필다움을 주장하는 일부 선先자들 때문이다. 그들은 기억 속 경험에 의한 사실이 아니면 허구라 하여 수필에 적당하지 않음을 주장한다. 과연 그럴까. 지평선 길을 가는 동안 보이는 것은 물론이고 보이지 않는 곳과 미처 보지 못한 곳도 실재적 사실이다. 그것을 다 알 수 없고 기억할 수도 없다. 일테면, 기억에 없다 하여 없는 것은 아니며 일어난 일이 아닌 것은 아니다. 그렇기 때문에 망각의 창고에 있는 기억들과 인접한 주변부도 수필의 바탕으로 수용할 수 있어야 한다는 것이다. 나는 이 과정을 '기억의 인접성에 따른 재구성'이라는 이름으로 명명하여 소용하는 것인데, 망각된 것들과 그 주변의 있을 법한 정황까지도 이미지화하여 수필의 지경을 풍성하게 하려 노력한다. 예를 하나 더 들어보자. "나는 시장에 간다."라는 정보가 있다. '시장에 간다.'라는 원문의 의미는 훼손하지 않으면서 기표의 변이를 통해 얼마든지 전후 맥락의 정서에 부응하는 또는 주도하는 문장으로 바꿔놓을 수 있다. 말하자면 사실을 훼손하지 않으면서 그 의미와 이미지를 맥락에 따라 표현할 수 있는 것처럼 이산된 기억이나 기억 밖의 기억들도 수용 가능하다는 말이다.

수필은 특성상 사실을 그대로 써야 한다는 강박이 있다. 이 때문에 필자가 주장하는 '기억의 인접성에 따른 재구성'과 충돌이 불가피할 수도 있겠다. 많은 수필가들과 수필에 입문한 예비 작가들 역시 이 지점에서 상당 부분 머뭇거리고 난처해하는 것이 사실이다. 그러나 수필가는 전문 역사가가 아니기 때문에 그리 머뭇거릴 일도 아닌 듯싶다. 우리를 더 머뭇거리게 하는 이유 하나를 더 살펴보자. 수필문학의 중심에 들었던 사람 중 한 사람인 피천득은 "수필은 청자연적이다. 수필은 난이요, 학이요, 청초하고 몸맵시 날렵한 여인"이며 "수필은 그 여인이 걸어가는 숲 속으로 난 평탄하고 고요한 길"이라고 그의 〈수필〉을 통해 언급한 바 있다. 맞는 말이다. 그러나 수긍할 수 없는 부분도 없지 않다. 왜냐하면, 수필의 품격을 높이고자 하는 의도는 좋으나 수필문학의 소재를 협소하게 한 원인으로도 생각되기 때문이다. 또한 그는 수필이 "산만하지 않으며, 찬란하지 않고 우아하며 날

카롭지 않으나 산뜻한 문학이다."라고 했다. 과연 그렇기만 할까. 아니다. 얼마든지 '산만'하고 '천박'한 이야기도 소재가 되어야 한다. 예컨대 소재에 대한 선별적 차원의 접근이 아니라 조건 없이 모두 수용되어야 한다는 것이다. 이미 작고한 수필가를 탓하려는 것이 아니다. 그의 생각도 맞지만 그렇지 않은 경우도 인정되고 수용됨으로써 수필의 지경이 넓어졌으면 하는 바람에서의 언급일 뿐이다. 피천득 수필가 역시 이러한 염려를 염두에 두었던 것 같다. 그는 "수필의 재료는 생활 경험, 자연 관찰 또는 사회 현상에 대한 새로운 발견, 무엇이나 다 좋을 것이다."라고 그의 〈수필〉에 언급한다. 나는 이 대목에서 어떤 것이 그의 지론인지 헷갈릴 때가 있다. 어쨌든 수필은 모든 것을 소재로 쓸 수 있어야 한다. 한 편의 작품을 위해 시적인 요소와 소설의 서사와 설명과 논증과 다양한 수사, 수식의 동원은 물론 기억의 인접성에 따른 재구성까지도 요구되어야 할 것이다(나는 이 글을 쓰면서 제시된 요소들을 곳곳에 적용하고 있다). 또한 일부 선자들의 창작이론 카르텔과 장르적 특성이라는 족쇄에서 벗어나 기억 밖의 기억을 통한 무한소재의 적용과 기억의 기표적 표현 수용이 확산되어야 할 것이다.

2. 토대와 장면의 조탁

수필은 삶에 대한 성찰과 관조를 아름다운 문장으로 표현하는 산문문학이라 할 수 있다. 그러나 장르의 특성상 경험을 통한 과거의 소재가 주류를 이룬다. 이 같은 과거지향적 소재는 수필이 한계에 부딪히는 결과를 초래하였다. 하지만 수필은 경험을 토대로 과거 소재뿐만 아니라 있었던 일과 있는 일은 물론 있을 법한 일들까지도 사실에 근거하여 쓸 수 있어야 한다. 예컨대 시점의 변화를 수용할 수 있으며(김상용의 〈그믐날〉에서처럼), 어떠한 형식에 얽매이지 않고 쓸 수 있다. 무형식이라는 것은 형식 없이 쓰는 글이 아니라 어떠한 정형의 틀에도 얽매이지 않음으로써 오히려 수필의 형식을 자유로이 할 수 있다는 것으로 인식되어야 한다는 것이다.

얼마 전 나는 이름을 말하면 알만한 원로 작가로부터 수필은 있는 그대로 써야 하니 각색은 잘못된 것이라는 이야기를 들은 적 있다. 그는 그렇게 배웠고, 피천득론에 즈음한 창작을 하며 후진을 그렇게 이끌고 있다는 것이었다. 틀린 말은 아니다. 그렇다고 맞는 말은 더욱 아니다. 왜냐하면 문학은 스스로 살아 꿈틀거리는 그 무엇이기 때문이다. 논픽션이라 할지라도 각색이 필요하다. '각색'은 사전적 의미로 '고쳐쓰다'이다. '각색하다'는 상대방에게 강한 인상이나 흥미로움을 주기 위해 '고치거나 바꾸다'이다. 전자는 퇴고의 의미로 후자는 어떤 작품을 다른 장르의 작품으로 고쳐 쓰는 것에 가까운 해석으로 볼 수 있겠다. 전자든 후자든 '고쳐 쓴다'라는 것은 공통된 진실이다. 한 편의 글을 고치지 않고 완성한다는 것은 거의 불가능하다. 문학작품은 더욱 그렇다. 나오는 대로 시가 되고 수필이 되고 소설이 될 수 있다면 얼마나 좋겠는가. 그러나 그것은 거의 신의 경지에 오른 사람의 이야기다(아마, 신도 어려울 것이다). 문학작품은 짓고 다듬어 만들어내는 것이다. 수필문학은 태생적으로 이 지점에서 터덕거릴 수 있다. 전하고자 하는 내용이 사실이어야 하기 때문이다. 이 명제는 늘 우리를 괴롭혀 왔다. 필자 역시 수필을 쓰면서 불가피하게 시도했던 기억 너머의 있을 법한 정황들의 수용이나 소설의 서사와 시적 표현의 차용에 대해 마치 죄를 지은 것처럼 생각되기도 했었다. 유경환[4]은 시적 수필은 산문정신[5]에 어긋난다고 보았다. 그러나 수필은 모든 장르의 소용은 물론이거니와 사실을 토대로 있을 법한 일들의 수용까지도 가능해야 한다. 여기서 주목해야 할 것은 '토대'이다. 토대라는 말은 밑바탕이 되는 기초를 뜻한다. 그렇다면, 산문정신에 즈음한 사실이라는 토대 위에 고치고 꾸며야 한다. 그렇게 하지 않는다면 그것은 문학작품이라 하기 어렵다. 일필휘지의 작품을 내놓는 사람도 있겠으나 그것은 극히 어려운 일이다. 문장은 단어가 지닌 공간성, 시간성, 역사성, 시대성 등의 조합이며, 개별의 단어가 지닌 장면은 문학적 가치까지도 함의하고 있기 때문이다. 이러한 고민은 문학사의 고민이었으며 지금까지도 이어지는 화두이다. 이 때문에 많은 작가들이 단어의 선택에 밤을 새우고 괴로워한다. 수필문학의 경우 이러한 고민에서 조금은 멀어져 있다고 한다면, 이 부분에서 고민하는 사람들은 발끈할 수도 있겠다. 발끈하길 원한다. 그 과정을 통해 더 깊어질 수 있다면 말이다. 특히 위 챕터에서 언급한 피천득의 수필 개념을 잘못 증거하여 수필을 우물에 가두었던, 가두는 선자들은 더 발끈했으면 한다.

말이 나온 김에 피천득 이야기로 다시 가보자. 수필은 "정열이나 심오한 지성을 내포한 문학이 아니요, 그저 수필가가 쓴 단순한 글이다."라는 피천득의 언급이 그것인데, 유명세를 업은 이 글 때문에 일부 수필가들은 말글을 그대로 내놓는 데 주저함이 없다. 이 지점에

---

4. 시인, 아동문학가(1957년 《조선일보》 동시 입선).
5. 사물이나 현상에 대한 시적 감흥이나 낭만적 감각을 배제하고, 현실을 객관적으로 탐구하여 자유로운 문장으로 표현하려는 문학적 태도.

서 짚어봐야 할 것은, 피천득 선생이 〈수필〉에서 언급한 수필에 대한 개인적 이해가 불변의 특정된 개념으로 정의되어서는 곤란하다는 것이다. 문학에서 어떠한 것도 목적이 될 수는 없다. 생이 그렇듯 문학도 과정에 다름 아니며 사조이거나 시류의 한 지류로서 흐름 또는 경향으로 보아야 할 것이다. 그래야 수필이 문학답게 살아 움직이는 생명력을 담보할 수 있고, 소재의 협소와 변방 문학이라는 딱지를 벗을 수 있을 것이다. 한 사람의 수필에 대한 정의가 이처럼 수필문학사에 영향을 끼친 예가 흔치 않음을 볼 때 놀라울 따름이다. 이를 넓히려면 피천득의 수필론에 '–만–'이라는 보조사를 넣어야 한다. 다시 말해, 이미 회자된 '청자연적만이 아닌', '날렵한 여인만이 아닌'이 되어야 할 것이다.

문학이 어떠한 범주에 갇힌다면 그것은 법리가 되고 규정으로 전락할 수밖에 없다. 미래지향적 수필문학이 되기 위해서는 변화가 필요하다. 기존을 토대하되 새로움을 염두에 두어야 하는 것은 물론이고, 소재의 한계에서 벗어나 '있을 법한 일'의 문학적 접근이 필요할 것이다. 요컨대 '있을 법한'이라는 것은 어휘 그대로 있을 수 있는 일을 예견하여 서술하는 문학적 기능의 한 형태이다. 수필문학에서도 재구성적 차원에서 있을 법한 이야기의 부분적 수용은 자연스럽고 당연한 일일 것이다.

결론적으로 '사실을 써야 한다.'라는 강박과 특정 이론에 함몰되어 스스로 창작의 지경을 협소하게 하는 일이 없어야 할 것이다. 따라서 '기억의 인접성에 따른 재구성'과 '장면의 조탁'은 사실의 훼손이 아니라 사실의 구현을 위한 것이며, 놓쳐버린 장면을 재생하기 위함이다.

놓쳐버린, 있을 법한 일들과 이산된 기억의 징후를 통한 재구성과 그에 따른 어휘의 조탁 과정을 거친 수필을 창작함에 주저함이 없어야 할 것이다. 더하여 수필 작가는 시와 소설에도 남다른 관심을 갖고 접면해야 한다. 미술이라든가 음악, 영화 등 주변 예술을 접하면 더 좋다. 21세기, 문학의 중심에 수필이 발현되려면 과거의 규정에 함몰되는 것을 지양해야 할 것이다.

3. 경험의 재구성

《성북동 비둘기》의 저자 김광섭은 〈수필문학 소고〉에서 "수필이란 글자 그대로 붓 가는 대로 써지는 글이다."라고 언급한다. 이 언급에 대해 결론부터 말한다면, 수필은 붓 가는 대로 써지는 글이 아니다(그것은 낙서에 불과하다). 무형식이라 주창하는 자신도 이미 형식의 범주에서 글을 쓰고 있는 것처럼 무형식이라는 통념 속에는 이미 형식이 내재해 있다. 더불어 수필은 시적 표현과 소설의 서사, 희곡 등의 수용이 가능한 영역이다. 이를 위해 나름의 구성에 따른 형식을 갖추어야 한다. 하지만 사실을 써야 한다는 문제는 그리 간단하지 않다. 미래지향적 소재보다는 과거지향적인 소재가 주류를 이루기 때문이기도 하지만 있었던 일들을 기억하여 추억의 페이지에 옮겨놓는다는 것이 어려운 일이기 때문이다. 기억의 재생은 사실에 근접할 뿐 사실상 불가능한 일이다. 사실의 有無를 떠나 그것을 원래 그대로 기억할 수도 없을뿐더러 이미 잊힌 또는 잊혀져가는 기억도 있기 때문이다. 또한 수필은 역사의 기록이나 개인의 일기가 아니다. 실상에 대한 구체화(형상화)와 주제의 의미화를 통한 감동을 얻기 위해서는 각색과 기억의 재구성이 필요하다. 나아가 수필 쓰기의 성패는 어떠한 경험인가 보다는 그 경험을 어떻게 해석하고 형상화하느냐에 달려있다. 수필이 비문학의 인상에서 자유롭지 못한 것은 수필만의 고유한 특징이 없다는 데서 그 이유를 찾을 수 있을 것이다. 누구나 손쉽게 쓸 수 있고 자유롭게 접근할 수 있다는 것은 수필의 저변을 확대케 했으나 이 같은 유연함은 새로움의 추구보다는 고만고만한 일상의 이야기에서 벗어나지 못하게 한 원인이 되기도 했다. 그러나 일제강점기 때에는 탄압을 피해 단상이나 단평 같은 저널리즘에 입각한 수필의 부흥이 이루어지기도 했었다. 이 시기 수필의 주제적 성격으로는 기행수필과 수상수필이 두드러졌다. 이후 전쟁 전후기를 거쳐 1970년대 이념 대립의 시기에는 국가관과 민족, 평등, 인생 등에 대한 주제가 주류를 이루었다. 이후 탈이념의 시대에는 개인의 사변에 침잠하여 신변잡기의 굴레를 벗어나지 못하는 실정이다. 이는 이념 갈등으로부터 벗어난 시대성의 유연함 때문이기도 하지만 문학의 새로움을 추구하지 못한 이유이기도 할 것이다. 물론 서사의 차용이랄지 시적 표현의 수용 등의 새로운 시도를 꾀하는 수필가와 이론가들이 없지는 않으나 그 움직임은 미미하다. 그것은 유경환의 산문정신과 유사한 생각을 갖고 변화를 거부한 탓이기도 하고, 수필은 붓 가는 대로 아무나 쓸 수 있다는 안이함의 결과이기도 하다.

수필을 누구나 쓸 수 있고 접근할 수 있다는 논리에 대해 일정 부분 수긍하는 점도 없지 않다. 그러나 이 논리는 일부 수정되어야 한다. 수필을 쓰는 작가 자신의 진실과 사실을 바탕으로 쓰되 경험을 수정하고 재구성해야 한다. 경험은 보고 듣거나 몸소 겪은 것을 말하는 것으로 수필의 특성상 개인적인 이야기가 주류를 이루기 때문에 잘못 하면 신변잡기로 전락하기 쉽다. 경험이나 시간의 흐름에 따른, 있었던 일의 나열만으로는 문학의 성과를 이루기 어렵다는 것이다. 수필이 본질적으로 일정 부분 설명이나 주관적 해석이 소용된다 하더라도 반드시 재구성 차원에서 문학적 형상화 작업이 필요함은 주지의 사실이다. 여기서의 형상화라는 것은 추상적인 해석이나 설명을 구체화하는 것임과 동시에 대상을 감각적으로 표현함을 이른다. 예를 들어 직유와 은유 그리고 환유를 비롯하여 상징과 이미지 등 여타 비유의 과정을 통해 한 편의 작품을 완성하기보다는 설명이나 주관적 해석, 정보의 나열에 그치는 글이 근래 수필의 주류를 이루고 있는 실태이다. 엄밀히 말해 이러한 글은 수필이라 할 수 없다. 이렇게 단언하는 것은, 전하고자 하는 주제를 감동으로 전하기 위해서는 반드시 형상화 단계를 거쳐야 한다는 것에 방점을 두기 위함이다. 형상화를 하기 위해서는 재구성에서 다소의 허구 차용이 뒷받침되어야 할 것이다. 여기서 주지해야 할 것은 반드시 사실을 전제한 허구의 도입이 되어야 할 것인 바, 미적인 것과 감동의 깊이를 위해서는 장면이라든가 기억 밖의 기억까지도 원문이 훼손되지 않는 범위에서 수정과 변이와 재구성이 필요하다. 수필의 장르를 와해시키는 시나 소설적 허구의 스토리를 수용하자는 게 아니라 감동을 위해 형상화 단계에서 재구성이 필요하다는 것이다. 예를 들어보자.

①

㉠ 작은누나와 큰누나는 다른 형제간에 비해 닮은 곳이 별로 없었

다. 얼굴도 그렇지만 성격도 달랐는데, 작은누나는 다정다감했으나 큰누나는 남자처럼 성격이 괄괄했다. ㉡ 내 손톱을 깎아줄 때 작은누나는 섬세하게 잘랐으나 큰누나는 가끔 내 손톱 밑 살점을 자르곤 하였다. ㉢ 이처럼 두 사람이 크게 다르지만 나를 아끼고 사랑해주는 것은 똑같았다.

②

㉠ 작은누나와 큰누나는 여러 면에서 달랐다. 작은누나는 작은 몸집에 목소리도 작고 엄마처럼 다정다감했다. 그에 반해 큰누나는 아버지를 닮았는지 성격이 좀 급하고 괄괄했으며 남자들처럼 괭이질과 삽질을 잘했고 지게에 쌀 한 가마 정도는 거뜬하게 지기도 했다. ㉡ 내가 어렸을 때 작은누나는 고사리 같은 내 손을 잡고 아주 조심스럽게 손톱을 잘라주었으나 큰누나는 투박한 손으로 내 손을 꽉 잡은 다음 손톱 밑 살점까지 잘라 피가 난 적이 한두 번이 아니었다. 그런 기억 때문에 어른이 되어서도 큰누나만 보면 손톱이 만져지곤 했다. ㉢ 지금 생각해보면 두 사람이 크게 다르지만 나를 아끼고 사랑해 준 것만은 다르지 않은 것 같다.

①과 ②의 의미는 같다. 다만 표현 방법이 서로 다른데, ①의 내용을 분류해보면 ㉠은 작은 누나와 큰 누나에 대한 정보 수준이고, ㉡은 손톱을 잘라 준 사건의 진술이며, ㉢은 그래도 두 누나가 작가 자신을 사랑해 주었다는 내용이다. 그에 반해 ②는 장면을 달리 말하고 있다. 우선 ②의 ㉠은 ①의 ㉠에 비해 훨씬 디테일하다. 작은 누나와

큰 누나에 대한 이미지를 상세히 구현함으로써 독자의 시선을 끌어들인다. ②의 ㉡역시 구체적 진술을 통한 형상화가 이루어지고 있다. 심지어 독자의 기억 속 손톱 밑을 한 번쯤 생각하게도 한다.

어떤가. 우리는 ②의 내용을 허구라 할 수 있을까. 사실을 토대로 형상화 과정에서 내적 경험의 재구성과 각색을 한 것뿐이다. 이처럼 진실을 훼손하지 않는 범위 내에서의 재구성을 통한 형상화는 감동을 자아내게 하고 추상과 관념을 감각적으로 바꾸는 역할을 한다. 결론적으로 수필창작에 있어서 진실을 왜곡하지 않는 범위 내에서 경험의 수정과 재구성이 필요하다는 것이다. 이는 오히려 더 깊은 의미화에 따른 감동을 있게 하는 것이며, 새로움을 향한 몸짓이고, 수필문학의 특성을 이탈하고자 하려는 의도가 아니라 수필문학의 미래적 차원에서의 접근인 것이다.

02

수필의 액체성과 이미지

– 2020년 신춘문예 당선 수필에 투영된 이미지

1. 문학의 새로움

“가장 개인적인 것이 가장 창의적인 것이다.” 봉준호 감독이 아카데미 시상식에서 수상 소감으로 언급한 말이다. 이 말은 영화감독 마틴 스코세이지의 어록으로 창의는 독창적이며 모든 예술의 근간이 된다는 말이기도 할 것이다. 더욱이 창의를 바탕으로 한 발견의 미학을 중요하게 여기는 문학에서는 더 말할 나위가 없다. 이 같은 창의적 사고는 창조를 있게 하는 매개로써 그 사유가 관습적으로 고체화되지 않고 다분히 액체적이어야 할 것이다.

액체는 자유로이 이동하고 변화함으로써 유동성이라는 미래적 창의를 내재한다는 점에서 문학의 새로움과 회통한다. 형태의 변화를 내포하고 있는 액체는 유체로서 시간과 공간에 범주화되거나 하나의 형태로 묶이지 않는 특성이 있다. 액체라는 본질은 그대로이면서 이동과 변형을 거듭한다. 어떠한 장애물이 나타나면 에둘러 가고 상황에 따라서는 장애물을 수용하여 대상과 하나가 되기도 한다. 이때의 수용은 고체적 사유에서 벗어나 새로움을 전제한 아방가르드적 수용이다. 지난 연대 예술 사조의 흐름이 이러한 액체적 현상과 다르지 않을 것인바, 현대 수필문학의 메커니즘 역시 같은 맥락으로 인식되어야 할 것이다. 이는 문학예술인 수필이 고체성에서 벗어나야 한다는 말로써 본고에서 언급될 수필의 이미지 역시 다르지 않다. 이를테면 액체가 지형과 용기에 따라 그 모양이 변형되는 것처럼 이미지에 따라 수필의 문학성은 달리 층위 될 수 있다는 것이다.

문학에서 이미지는 '모방(mimesis)'의 개념으로 인식되다가 '표현'의 영역에 가까워진 근대를 거쳐 현대에 들어서 현상학적으로 접근한 학자는 가스통 바슐라르이다. 그는 이미지가 존재의 근원적 상상력에 닿아 있으며 상상에 의해 생성된 이미지는 인간 내면에 울림을 주게 되고 이로써 존재의 전환이 이루어진다고 보았다. 말하자면 문학작품을 통해 감동을 경험하는 순간 이전의 '나'와 다른 새로운 존재가 탄생한다는 의미로 문학의 근본적인 맥락에 닿아 있다. 그에 따르면 이미지를 생성하는 상상력은 독자성을 지니는 동시에 보편성도 가진다. 예컨대 인간 개개의 삶은 독자적이지만 문학작품 속에서 상상력을 통해 이미지로 구현된 개별성이 독자의 공감을 불러일으킴으로써 보편성을 가지게 된다는 의미이다. 바슐라르는 시론의 맥락으로 이미지의 현상학에 접근했지만 이러한 시적 이미지의 기능은 수필에도 적용되어야 할 것이다. 모든 예술은 새로움을 추구하는데 그것은 유동성과 결부된다. 수필문학 역시 이 같은 유동성에서 출발한다고 볼 때 수필의 액체성에 따른 이미지는 창의적 상상과 연관되고 문학과 상상력은 서로 떼어놓고 생각할 수 없는 관계이다. 이러한 맥락에서 본고는 수필의 액체적 입장을 견지하며 2020년 신춘문예 당선 수필에 투영된 이미지에 접근하고자 한다.

이러한 방법적 고찰의 이면에는 수필이 문학의 한 장르로서 개념이 정립된 1930년대가 놓여 있다. 이 시기 김진섭이 언급한 '무형식의 문학' 이론과 김광섭의 '붓 가는 대로' 쓴다는 수필이론이 발표되면서 수필에 대한 인식은 문학성 재고보다는 신변잡기에 가까워졌기 때문이다. 물론 무형식의 '무'가 내포하는 의미를 자유로운 형식이라는 의미로 해석할 수도 있고, '붓 가는 대로'의 어구를 낭만주의 화법으로 감정의 유로라 할 수도 있겠으나 두 이론은 수필의 문학성 논의로부터 자유롭지 못하다.

관련하여 2020년 신춘문예 당선 수필에 나타난 이미지에 주목했다. 신춘문예는 매년 연말 신문사에서 문학작품을 공모하여 신년 초에 당선 작품을 발표함으로써 신인 작가의 등단을 알리는 제도이다. 이에 대한 찬반 논란이 없는 것은 아니다. 장르를 불문하고 불거지는 신춘문예 심사자의 고체화된 자질을 비롯하여 응모자의 첨삭 대필, 부분 표절 등의 문제가 그것이다. 전통을 고수하자는 측과 제도의 개선을 주장하자는 측이 대립하기도 하고, 아예 신춘문예 제도를 폐지해야 한다는 주장도 있다. 이 같은 논란 가운데서도 신춘문예는 지속적으로 실시되고 있으며 수필 부문 역시 당선작이 발표되고 있다. 따라서 본고의 주제에 부합하는 신춘문예 당선작 7편을 선하여 공간적 이미지와 주제의 조응, 성찰과 감각의 이미지 그리고 비유적 이미지를 분석하고자 한다. 이는 신춘문예에 대한 긍정의 모색이자 수필의 문학성을 위한 분석과 비평일 것이다.

2. 공간적 이미지와 주제의 조응

수필에 드러난 공간적 이미지는 대부분 과거에의 향수를 불러일으킨다. 과거는 존재의 심연에 잠들어 있는 기억으로 개인에 따라 신화 같은 시간일 수 있다. 미르치아 엘리아데는 "이미지들이 원형으로 변형되고 신화화된 과거에 대한 향수를 고백하"는데, 여기서 "과거는 사라진 시간에 대한 회한 이외에도 수많은 다른 의미를 포함하고 있다"며 낙원의 노스탤지어를 언급한다. 이는 바슐라르의 근원적 이미지에 닿아 있는 언술이기도 하다. "이미지들이 원형으로 변형"될 때 그 원형(archetype)은 이미지와 상상력의 보편성 맥락으로 이어지기 때문이다. 엘리아데가 이미지의 영속성 측면에서 접근한다면 바슐라르는 독자적이면서 보편성을 지니는 상상력으로부터 이미지가 태어난다는 의미로 풀어낸다.

2020년 신춘문예 당선 수필에는 집의 이미지들이 두드러진다. 이때 "집이란 세계 안의 우리들의 구석"이라고 언급한 바슐라르식 명제의 안온함과 편안함 그리고 내밀함이 내포되어 있다. 구석은 요나적 공간으로서 어머니의 자궁과 같은 원형적 이미지를 표출하기 때문이다. 이른바 집이라는 공간은 개인의 경험을 담아내는 독자성과 함께 근원적 이미지로서 보편성도 가진다. 기하학 이상의 공간적 의미를 지니는 집의 양화陽畫적 이미지는 이처럼 모성과 동일시되기도 한다. 세월호 참극 때 수장된 아이들을 두고 "이제 집에 가자."라는 어머니의 단발성 절규가 우리의 가슴을 아프게 한 것은 집이 거주의 공간으로서만이 아닌 그 이상의 의미를 지니기 때문이다. 집이라는 공간은 이러한 원형적 이미지러리를 통해 보편성이 확보된다. 엘리아데가 제시한 낙원에의 희구 이미지 또한 텍스트 속에 제시된 집(공간)의 이미지들과 만난다. 상상을 배제한 채 언어를 기호로만 해석한다면 이러한 이미지의 기능에 따른 감동을 경험할 수 없을 것이다.

다음은 이상수의 〈황동나비경첩〉에 드러난 안방의 공간적 이미지이다.

> 친정 안방에 놓인 화초장은 어머니가 시집올 때 가져왔다. 두 칸짜리 문판에 단아하게 매화가 그려져 있고 황동나비 세 마리가 돋을새김 되어있다. 위 칸엔 모시적삼을 비롯해 두루마기와 유건이 걸리고, 아래 칸엔 치마저고리며 처녀 때 손수 수놓은 베갯잇이 포개져 있다.
>
> (……)
>
> 육십여 년, 온갖 풍상을 겪은 화초장에는 세월의 더께가 앉아있다. 문짝은 헐거워지고 나비는 녹이 슬어 빛이 바랬다. 군데군데 갈라진 틈을 메운 흔적이 우툴두툴하다. 손바닥으로 쓸어보면 쓸쓸함이 묻어난다.
>
> (……)
>
> 기와가루를 가져와 나비의 날개를 닦는다. 세 마리 황동나비는 여전히 단단하게 문짝을 붙잡고 있었다. 녹슬어 있던 황동나비가 날갯짓을 한다. 매화나무 위에 앉았다간 팔랑팔랑 안방을 날아다닌다. 나비가 날아간 자리마다 매화향이 가득 퍼진다.
>
> — 이상수, 〈황동나비경첩〉(《영주일보》 당선작)에서

친정집 안방에 있는 화초장의 황동나비 문양 경첩을 매개로 어머니와 작가 자신의 삶을 겹쳐놓은 이 작품에는 공간과 시간, 모성의 이미지가 배어있다. 아버지가 사업실패로 힘겨웠을 때 화초장의 경첩처럼 아버지의 곁을 지켜준 것은 어머니이고, 작가의 남편이 실직한 후 자신이 경제활동을 하면서 집안에 소홀했을 때 남편이 자신을 기다려준 것도 경첩과 같았다는 데에 의미를 부여한다. 경첩은 화초장이 화초장으로 기능하게 하는 부속품으로 그것은 표면에 존재 의미가 드러나지 않지만 없어서는 안 되는 부속이다. 대상을 있게 하므로 존재 그 자체의 의미를 지닌다. 그러한 경첩의 기능을 가족애로 연결한 데서 상상과 이미지가 생성된다. 경첩이라는 객관적 상관물의 이미지를 통해 작품의 내적 주제를 부각하는 동시에 가족관계를 넘어 모든 관계의 삶으로 의미망을 확장한다. 이처럼 이미지는 대상을 형상화 또는 의미화함으로써 주제를 확장하기도 하고, 이미지 너머의 진실에 접근할 수 있는 기능을 수행하기도 한다. 이때의 이미지는 미문과 묘사에 따른 수사적 기능에만 머물지 않는다.

대개 집의 안방에 위치하는 화초장은 어머니(여성)의 공간을 상징한다. 화초장의 "위 칸엔 모시적삼을 비롯해 두루마기와 유건이 걸리고, 아래 칸엔 치마저고리며 처녀 때 손수 수놓은 베갯잇이 포개져 있다"는 문장은 엘리아데의 "과거에 대한 향수"가 머무는 곳이다. 작가의 어머니에게 화초장은 지난 시간의 흔적이 묻어 있는 대상물이다. 어머니는 힘겨울 때 화초장에 배인 추억을 소환하고 그 추억에 의지한다. 아버지와 고성이 오간 날 새벽 화초장을 문지르던 어머니가 "마치 어떤 의식을 치르는 사람 같아 보여 엄숙하기까지" 했다는 작가의 기억 속 어머니의 행위 이면에는 가족에 대한 사랑뿐 아니라 어머니 자신을 추스르는 의미도 생성하면서 이미지들이 의미의 다발을 이루고 있다. 그것은 화초장에 투사된 어머니의 향수이며 가족을 위한 미래의 염원이기도 하다. 그 때문에 어머니에게 화초장은 한갓 무정물에 그치는 것이 아니라 기억이 머문 공간적 이미지의 유정물로서 의미를 지닌다. 이로써 과거를 회상하던 고백적 자아가 "손바닥으로 쓸어보면 쓸쓸함이 묻어"나고 "세월의 더께" 묻은 "어머니의 시간이 아릿하게 전해져"오는 것이다. 이를테면 화초장은 바슐라르의 내밀성과 엘리아데의 시간의 영속성이 있는 공간으로서 작가의 어머니가 고난을 이겨내는 매개이다. 이러한 매개적 장치를 통한 결말의 이미지가 눈에 띈다. 기와가루로 "나비의 날개를 닦"을 때 황동나비는 여전히 화초장의 문짝을 잡고 있다는 데서 굳건한 가족애가 겹쳐지며, 그 나비가 날갯짓을 하고 "안방을 날아다"니자 "나비가 날아간 자리마다 매화향이 가득 퍼진다"는 상상적 결미는 희망의 이미지로 낙원의 공간을 염원한다. 중심제재로써 화초장과 그 부속인 경첩이 지닌 이미지가 이 수필의 주제구현에 기여하고 있다.

다음 제은숙의 〈불씨〉는 부엌(아궁이)의 이미지가 두드러진다.

> 장작이 탄다. 불이 붙기 시작하면 확확 타오른다. 마른 나무가 몸을 뒤채며 터지고 끊어진다. 치솟을 땐 다가갈 수도 없게 뜨거웠던 것이 잦아들면 은은한 열기와 함께 옆자리를 내어준다. 숯불은 불길을 제 속에 불러들여 스스로 발광한다.
>
> (……)

> 아궁이는 겨우내 타올랐다. 어머니는 밥을 짓고 남은 숯불에 생선을 구워 상에 올렸다. 객지에 있는 아버지의 고봉밥은 아랫목에 묻어 두었다. 부엌 한편에는 자식들 입에 들어갈 끼니만큼 땔감이 쌓인다. 밤새 방을 덥힐 온기도 쟁여 놓는다. 어머니는 하루하루 되살아나는 불씨였고 우리 삼남매의 입은 아궁이였다.
>
> — 제은숙, 〈불씨〉(《전남매일》 당선작)에서

이 작품은 불의 이미지에 모성애를 겹쳐서 그려준다. 마른 나무가 탈 때 "몸을 뒤채며 터지고 끊어"지다가 불기운이 어느 정도 잦아들면 "은은한 열기와 함께 옆자리를 내어"주고 숯불이 되는 과정을 묘사한다. 숯불이 "불길을 제 속에 불러들여 스스로" 빛을 낸다는 불의 이미지는 아궁이 앞에서 불을 때는 어머니로 이어져 지극한 모성으로 시선의 이동이 일어난다. 고등어잡이 배를 탔던 아버지를 대신해 땔감을 구하는 일부터 자식들의 입을 위해 한시도 불씨를 꺼뜨릴 수 없었던 어머니는 자식들을 위해 땔감을 쌓아 "밤새 방을 덥힐 온기도 쟁여 놓는다." 이때 어머니가 부엌 한쪽에 쟁여 놓은 것은 땔감일 테지만 온기를 쟁였다고 표현함으로써 낯선 이미지를 생성한다. "하루하루 되살아나는 불씨"가 될 수밖에 없는 어머니의 삶을 관념적 설명이 아닌 이미지를 통해 보여준다. 따라서 "삼남매의 입은 아궁이"였다는 회상을 통해 불씨와 같은 어머니의 삶으로 연결된다.

모성애라는 관념적 주제를 불씨와 같은 어머니의 생으로 환원한 이 작품에서는 부엌의 이미지가 두드러진다. 전통적으로 부엌은 음식을 조리하는 공간으로 어머니적인 장소이다. 즉, 부엌은 모성을 상징하는 공간이기에 작품 속 어머니는 보편적인 어머니상으로 이접되며, 내 어머니만이 아닌 모두의 어머니로 읽히면서 주제의 공감을 확보한다.

다음 머묾과 정화의 공간으로서의 댓돌의 이미지가 드러나는 우광미의 〈댓돌〉을 살펴보자.

> 그곳은 성전의 들머리다. 저마다 순례길 같은 일상에서 지고 온 남루들을 벗어놓는다. 하루치의 자잘한 삶의 편린들을 정화시킨 후 비로소 맨발을 방으로 들인다. 또 날이 새면 어김없이 새로운 다짐을 찍으면서 나선다.
>
> (……)
>
> 마음 허허로운 날엔 댓돌에 올라 볼 일이다. 우리의 뒷모습이 저기 있다. 결코 지워지지 않는 가족들의 온기가 새겨져 있다. 시간을 거슬러 표정들이 살아나고, 귀 기울이면 속삭임이 들려온다. 모 닳은 댓돌은 우리집 호적등본이다. 칸이 부족해 너덜너덜한 우리 삶의 이야기가 깨알처럼 씌어 있다.
>
> — 우광미, 〈댓돌〉(《경남신문》 당선작)에서

"그곳은 성전의 들머리다."라는 도입 문장의 이미지는 이후 일어날 일들에 대한 상당한 의미망을 암시하고 있다. 작가에게 "댓돌"은 삶의 고단함을 내려놓고 쉼의 공간으로 가기 위한 의식이 머무는 공간이기도 하지만 안과 밖을 규정하는 또는 이어주는 곳으로 여기와 저기의 분별이 심화되는 곳이자 무화시키는 공간이며 이곳에서 저곳으로 가기 위한 정화(맨발)의 공간이 되기도 한다. 또한 본문에 언급된 "맨발"은 존재의 고단한 삶을 은유하기도 하고 관습적 상징으로써 무소유를 암시하기도 한다. 그러나 작가의 무소유는 거창한 오욕칠정 같은 것으로부터의 해방을 염두에 둔 것이 아니다. 집이라는 이미지가 주는 안온함과 쉼을 위해 댓돌이라는 매개 공간에서 저곳의 일상을 한순간이나마 놓아야 한다는, 작지만 큰 의미가 작용한다. 이처럼 댓돌은 "삶의 편린들을 정화"시키는 곳이기에 '맨발'이라는 어휘의 차용은 댓돌의 이미지를 도드라지게 하며 주제의 각인 효과를 얻는다. 결국 이 작품에서 집은 가족의 거처로서 아늑함과 편안함을 상징하는 공간이자 성전과 같은 이미지로 드러난다.

일반적으로 댓돌의 이미지가 우직함과 강인함이라면 작가의 주관적 이미지는 집 밖에 존재하는 대상물로서 집 안으로 들어가기 위해 거쳐야 하는 정화의 기능을 담은 공간이다. 작가에게 "댓돌은 밤이 되면 도량의 정례석처럼 정靜"한 공간이기도 하고 부모님의 고단한 "숨소리마저 거두어 달빛에 씻어내는 정화수 막사발" 같은 곳이기도 하다. 나아가 "모 닮은 댓돌은 우리집 호적등본이"며 "우리 삶의 이야기가 깨알처럼 씌어 있"는 곳으로 다가온다. 이는 기억을 간직하는 공간이 될 수 있기에 이미지의 독자성과 객관성을 담보하는 부분으로써 이 같은 작가의 사유를 따라가다 보면 댓돌이라는 무정물은 유정물로 전환된다. 어머니와 댓돌의 관계, 작가와 댓돌의 유정함, 할아버지와 댓돌에 얽힌 고요함, 아버지의 흙고무신이 가지런히 놓인 댓돌의 이미지를 통해 가족의 의미와 집의 이미지를 되새기게 하여, 작품 속 자아는 물론 누구든 댓돌에 드리워진 공간적 이미지를 통해 집이라는 성전으로의 귀의를 꿈꾸게 한다.

이상수의 〈황동나비경첩〉과 제은숙의 〈불씨〉가 집안의 이미지를 그려주었다면 우광미의 〈댓돌〉은 집 밖과 집안을 연결해주는 이미지로 형상화된 작품이다.

이 챕터의 주요 공간인 안방의 화초장과 부엌의 아궁이 그리고 댓돌은 우리나라 전통 가옥과 조화를 이루는 공간이다. 작품 속에서 이 같은 공간 이미지는 중심 소재이거나 공간 자체가 중심이 되어 주제의 형상화에 기여한다. 양옥과 아파트가 대세인 첨단시대에 전통 가옥인 한옥을 중심 소재나 모티브로 한 작품들이 신춘문예 수필의 당선작이 되었다는 점이 눈에 띈다. 이는 경험에 기인한 수필의 과거 지향적 특성과 심사자의 향수적 입장도 일정 부분 작용했기 때문이라 판단된다.

3. 성찰과 감각의 이미지

흔히 수필을 성찰의 문학이라고 한다. 오감을 통해 인지하는 감각적 기능을 비판하며 이성을 중시한 데카르트적 성찰이 학문의 확립을 위한 회의에서 출발한다면 수필 문학의 성찰은 자신의 내면을 살피고 반성하는 행위로서 과거를 돌이켜보며 자아를 탐색하는 과정이다. 마음수련이라든가 참선, 명상 등을 통해 자아를 돌아보는 성찰은 종교에서 파생된 것으로 일반에서 행해지기도 한다. 이러한 성찰의 이면은 깨달음으로 이어지는데 깨달음은 돈오돈수처럼 직관적으로 오기도 하고 돈오점수처럼 점진적으로 오기도 한다. 철학적 성찰을 드러내는 것이든 종교적 신념을 드러내는 것이든 성찰은 수필문학의 본질이다. 이러한 본질을 토대로 내면 성찰의 메시지를 오감을 동원하여 감각적 표현으로 이미지화할 때 수필의 미학적 기능은 물론 수필의 순기능인 성찰의 깊이를 더 할 수 있을 것이다. 이때 감각적 표현이란 들리지 않는 것을 들리는 것처럼, 보이지 않는 것을 보이는 것처럼, 그리고 만질 수 없는 것을 만지는 것처럼 느낄 수 있도록 하는 것이다. 그렇지만 수필의 성격상 관념과 추상을 배제할 수는 없다. 상황에 따라 사건을 관념적이고 추상적으로 설명할 수도 있고 장면을 형상화하거나 감각적으로 이미지화해 보여주어야 할 때도 있다. 건조한 관념과 추상이 부드러운 이미지와 용융된다면 수필의 의미가 깊어질 것이다.

더불어 수필문학에서 체험을 떼놓고 생각할 수 없다. 정신적이든 육체적이든 문학은 체험을 바탕으로 한다는 점에서 그러하다. 지금을 위한 어제이고 미래를 전제한 과거이듯 시간과 공간을 불문하고 체험은 문학의 자장을 있게 하는 기제이다. 체험이 일차적 과정이라면 감각은 그 체험을 문학적으로 표현하는 이차적 행위로써 감각은 대상에 대한 정서와 인지의 과정을 통해 이루어진다. 같은 대상을 두고도 세계관이나 가치관에 따라 인식이 달리 적용되는 이치와 다르지 않음이다.

> 눈앞에 있지 않은 새를 상상하는 것은 그리 어렵지 않다. 사무실 내 옆자리의 후배는 신기할 정도로 새하얀 피부와 유독 새빨간 입술이 백문조를 쏙 빼닮았다. 뭐 때문인지 매사에 부루퉁한 얼굴로 혼잣말이 잦은 세탁소 주인아저씨는 새카만 까마귀를, 아파트 근처 편의점의 스

물 남짓한 야간 알바생은 검푸른 눈매가 도드라진 동고비를 닮았다.

(……)

새를 볼 때는 그냥 본다. 무슨 대단한 방법이 있는 건 아니고 잠시 생각을 멈추고 오롯이 새 자체에 집중한다. 새를 보기 전에 애써 걱정이나 고민을 내려놓을 필요는 없다. 뭘 하려거나 억지로 누군가 되지 않아도 괜찮다. 그저 눈앞의 새를 보면 된다. 숨죽인 채 새의 모든 행동을 주시하다 보면 어느새 나는 비워져 있다. 새를 보는 동안 나는 서서히 가벼워진다. 비어 있을 때 나 자신은 아주 가볍고 가벼운 것은 늘 옳다. 나는 끓어 넘치는 것을 혐오한다. 넘치는 것은 모자란 만 못하고 하등 무용하다.

— 조혜은, 〈새〉(《한국경제신문》 당선작)에서

이 작품은 새를 응시하는 데서 성찰의 이미지가 태동된다. 새를 볼 수 없을 땐 대상을 새의 특징에 빗대어 상상하기도 한다. 작가의 옆자리에 앉은 후배의 모습이 "신기할 정도로 새하얀 피부와 유독 새빨간 입술이 백문조를 쏙 빼닮았다"는 상상을 비롯, 까마귀를 닮은 세탁소 주인, 동고비를 닮았다는 아르바이트생 등 작가의 상상은 새처럼 자유롭게 수필의 공간을 날아다닌다. 그런데 이러한 상상이 허공에 뜬 망상이 아닌, 있을 법한 실제적 상상으로 성찰의 이미지를 구축하기 위한 징검다리 역할을 하며 유기적으로 작용하고 있다. 작가가 처음 새를 보기 시작한 것은 열 살 때로 자아가 "부서지기 쉬웠을 때"라고 말한다. 잠시 부모와 헤어져 있었던 그 시기 새 한 마리를 발견하게 되었고 그 새를 통해 위안을 받은 후부터 새를 바라보기 시작한다. 그러한 어린 날의 경험은 현재까지 이어져 작가의 세속 탈출 방법이자 성찰의 기제가 된다.

이 작품의 고백적 자아가 사유의 세계를 풀어놓는 방식은 가벼운 듯 가볍지 않다. 화자가 새를 관찰할 때 특별한 방법을 제시하는 게 아니라 "그냥" 본다는 것인데 여기에서 오는 게 그러하다. 예컨대 보는 데에만 전념함으로써 "오롯이 새 자체에 집중"한다. 화자가 이처럼 새의 행동을 주시하는 이유는 새처럼 가벼워지는 데 있다. 말하자면 "숨죽인 채 새의 모든 행동을 주시하다 보면" 자신이 비워져 있음을 인식하게 된다는 자아의 고백적 문장 속에는 상념으로 채워진 내면의 그림자를 추론할 수 있다. 그러나 작가는 "새를 보기 전에 애써 걱정이나 고민을 내려놓을 필요"도 없고 "억지로 누군가 되지 않아도 괜찮"으며 오로지 새를 보는 행위에 집중한다고 고백함으로써 무위의 유위 혹은 무의미의 의미와 같은 사유 방식을 취한다.

또한 담담하게 색을 입히지 않은 단문으로 이어나가는 문장들 사이에 작은 새의 이미지가 그려진다. 가벼움을 예찬하던 자아가 끓어 넘치는 것을 "혐오한다"는 다소 극단적인 어휘를 선택하는데, 이는 "넘치는 것은 모자란 만 못하고 하등 무용하다."는 성찰의 이미지를 끌어내기 위한 전제 문장인 셈이다. 단정적인 어투에서 느껴지는 언어의 감촉은 뚜렷한 자아 성찰의 이미지를 생성하며, 새를 바라보는 비움의 성찰 이면에는 영혼의 비상을 꿈꾸는 자아가 얼비친다. 그 자아는 이전의 자아가 아닌 새로운 자아로서 문학적 감동과 같은 비움의 채움을 경험하게 된 존재의 전환을 경험한 자아라 할 수 있다. 이러한 이미지의 근원은 비어 있기 때문에 날 수 있는 새의 뼈에 닿아 있다. 그러한 새를 바라보는 것에서 욕망, 욕심 등 상념들이 삭는다. 작품 속 자아가 새를 보는 일은 "저장이 아니라 비움"이라고 함으로써 시각적 성찰을 통한 감각의 이미지화로 시각의 지각知覺화를 이룬다. 오감 중에서 시각이야말로 감각의 시초라 할 수 있다. 보이는 것을 감각적으로 묘사하는 방법은 문학의 원료이기 때문이다. 시각의 성찰을 통해 가벼움의 미학을 드러내고 있는 이 작품은 근원적 이미지를 구현하고 있다.

다음은 우광미의 〈댓돌〉에 나타난 감각적 이미지와 성찰을 살펴보자.

> 해가 설핏해지자 산 그림자가 마당에 내려앉는다. 감나무 끝에 서성이던 바람이 댓돌 위로 먼 기억의 풍경들을 부려놓고 간다. 우듬지 까치 소리가 여명을 깨울 때부터 들리던 자분자분한 어머니 발걸음 소리. 뻐꾸기 울고 스무날만 지나면 풋보리를 먹을 수 있다던 외할머니 말씀이 문득문득 생각난다던 어머니. 보릿고개를 넘어가며 했다던 그 말이 어려움을 이겨내는 주문인 줄 알기까지는 오랜 시간이 걸렸다.
>
> — 우광미, 〈댓돌〉(《경남신문》 당선작)에서

감각적 이미지가 눈에 띈다. 산 그림자가 마당으로 내려오는 해 질 무렵의 이미지가 손에 잡힐 듯 그려진다. 더하여 "감나무 끝에 서성이던 바람이 댓돌 위로 먼 기억의 풍경들을 부려놓고 간다." 이때 기억의 소리들이 실타래처럼 풀려나온다. 여기서 눈여겨볼 것은 "기억의 풍경"을 끌어오는 주체는 작가가 아니라 바람이다. 기실 감나무 끝에서 서성이던 바람은 곧 작가의 심리가 반영된 문맥으로써 그렇게 바람이 작가의 마음처럼 가지 끝에서 서성였기에 과거의 기억 속으로 들어가는 주체가 될 수 있는 것이다. 이러한 감각의 발화를 통해 기억 속으로 들어가면 "까치 소리"에서 "어머니의 발걸음 소리"로, 다시 "뻐꾸기 울고 스무날"이 지나면 "풋보리를 먹을 수 있다던 할머니 말씀"으로 전이되면서 기억의 풍경이 심화된다. 결국 댓돌을 중심으로 청각적 이미지를 그려주는 감각의 끄트머리에는 가난한 시절이 소리의 결을 따라 겹쳐진다. 그것은 '풋보리'라는 어휘에 의해서 유추되는 시공간이며 청각적 심상이다. 한편 작품 속 자아는 댓돌을 바라보며 성찰의 이미지를 생성한다. 우광미의 시각에서 댓돌에 스민 시간과 공간은 분리된 것이 아니라 무감한 댓돌을 통해 삶의 유정함과 신성함을 작품 속에 융합한 감각적 성찰의 이미지가 흥미롭다.

다음은 김애자의 〈망월굿〉에 드러난 시각과 청각의 이미지이다.

> 나무에 달아놓은 액막이 부적과 소원들도 활활 타 올라간다. 잡아먹을 듯 널름거리는 불의 혓바닥을 빠져나온 불똥이 탁탁 소리를 지른다. 마치 마음속에 쟁여둔 사악함을 몰아내라고 죽비를 치며 호령하는 것 같다. 반백년이 지나는 동안 불뚝한 뱃가죽만큼 쌓아 둔 분노와 욕심의 찌꺼기를 서둘러 내 놓았다.
>
> — 김애자, 〈망월굿〉(《전북일보》 당선작)에서

대보름날 달집태우기를 바라보는 작품 속 자아는 불빛의 형상을 보며 "마음 속에 쟁여둔 사악함을 몰아내라는" 죽비소리로 듣는다.

문장과 문장 간의 호응으로 빚어진 이미지로 시각적 이미지인 불빛을 청각적 심상인 죽비소리로 의미화한 데서 공감각의 이미지도 엿보인다. 죽비는 선가에서 수행자들의 경책 도구로 쓰이는 것인데 작가는 불빛을 "분노와 욕심"을 내려놓으라는 죽비소리로 듣는다. 불빛 죽비가 "불뚝한 뱃가죽만큼 쌓아" 두고 쟁여 둔 마음 "찌꺼기"를 내놓도록 한다.

이 챕터에서는 성찰적 이미지가 두드러진 작품을 살펴보았다. 조혜은의 작품이 '새'를 통해 가벼움의 미학을 성찰해냈다면 우광미는 '댓돌'이라는 무정물을 통해 겸허한 삶을 통찰한다. 그 과정에서 드러난 청각적 심상이 과거를 회상하는 장면과 부합되며 가족에 대한 그리움이 실루엣으로 둘러쳐진다. 그런가 하면 김애자의 〈망월굿〉에는 공감각적 이미지가 나타나는데, 불빛 죽비를 통한 성찰을 담고 있으며 이러한 이미지는 주제를 풍부하게 하는 기능을 한다. 이처럼 선정된 텍스트의 이미지들은 각각의 작품 속에서 새로움을 향한 액체성을 띠고 있으며 작품의 의미화에 기여한다.

4. 비유적 이미지

비유는 서로 다른 사물이나 관념들 간의 유사성에 대한 지각 행위로서 전하고자 하는 메시지를 숨겨 놓을 수도 있고 더 구체적으로 제시할 수 있으며, 어떤 유무형의 이미지를 구현하기도 한다. 이때 구현된 이미지는 의미를 확장하거나 축소하기도 한다. 이처럼 비유는 비유 그 자체로 존재하기보다는 이미지의 구현이라는 궁극의 목표를 향하고 있다. 그러나 이미지는 비유가 없이도 가능하다는 데서 비유는 표피적이고 이미지는 근원적이라고 보는 견해도 있다. 말하자면 비유가 표현하고자 하는 어떤 대상이나 사물 또는 주제를 구체적이고 생생하게 나타내기 위해 다른 대상을 끌어들여 비교하는 것이라면 이미지는 원초적이기 때문에 그 자체로 이미지를 생성한다는 것이다. 예를 들어 '집'의 이미지는 이미지 그 자체로 모성의 안락함을 의미하는데, 이는 이미지의 근원성 때문으로 이미지는 비유보다 원초적이고 본질적이라고 보는 것이다. 이러한 차이에도 불구하고 문학에서 비유는 이미지의 구현에 공헌하는 바가 크다. 비유는 의식적이든 무의식적이든 삶 속에서 널리 유포되어 있을 뿐만 아니라 문학의 공간에서도 비유의 활용은 화룡점정, 그 이상의 의미를 지닌다 하겠다. 이 같은 비유는 문학적 진리를 드러내 주고 의미를 풍부하게 하는 지각 행위의 일환이다. 예를 들어 형태나 모양의 유사성과 내용이나 성질의 유사성이 바로 그것이다. 여기에는 직유, 은유, 대유, 알레고리, 상징 등의 수사가 있는데 이들 비유는 그 자체 기능에 그치지 않고 이미지를 생성한다. 이때 원관념보다는 보조관념이 이미지로 나타나게 된다. 따라서 비유적 이미지는 통합적이고 포괄적인 성격을 띤다. 그것은 비유가 때로는 이질적인 것과 모순되는 것, 충돌하는 요소들을 한 문맥 속에 수용하는 속성을 지니고 있기 때문이다. 이러한 비유적 이미지가 2020년 신춘문예 당선 수필에서도 나타나고 있다.

봄가을 추수와 명절에만 왔던 엄마가 떠나고 나면 좁고 어둑신한 다락으로 숨어들었다. 어둠과 햇살이 반반 섞인 천장 낮은 그곳은 나의 유일한 위안처였다. 엄마 보고 싶은 마음을 인형처럼 껴안고 잠이 들었다.

아버지가 일거리를 찾아 도시 변두리를 헤맬 동안 엄마는 내 키만큼 쟁인 마늘 접을 머리에 이고 나가 난전 한 귀퉁이에 부렸다. 때글때글한 햇볕을 헤진 머릿수건 하나로 받아내며 마늘 접이 줄어들길 기다렸다. 꼬챙이처럼 말라가는 당신 몸에선 늘 마늘냄새가 났다. 네 명의 가족이 살기엔 단칸방은 구겨진 종이상자처럼 좁기만 했다.

— 서정애, 〈붉은사슴이 사는 동굴〉(《제주新보》 당선작)에서

이 작품에서는 "어둠과 햇살이 반반 섞인 천장 낮은" 할머니의 집 다락이 클로즈업된다. "엄마 보고 싶은 마음을 인형처럼 껴안고" 잠들었던 다락의 유년 시절을 회상하는 장면에서 비유적 이미지가 드러난다. 엄마에 대한 그리운 "마음"을 인형처럼 껴안고 자는 행위에 비유해 구체화한 데서 이미지의 구현과 의미의 확장이 이루어진다. "마음"을 껴안고 잘 수는 없다. 실제로 껴안은 것은 인형이다. 만약 '엄마에 대한 그리움 때문에 인형을 껴안고 잤다'라고 서술했다면 그 의미의 확산은 협소할 수밖에 없다. 무형의 "마음"을 유형화함으로써 엄마를 향한 그리움이 한층 깊어지는 효과를 얻었다. 또한 "때글때글한 햇볕을 헤진 머릿수건 하나로 받아내며 마늘 접이 줄어들길 기다린다"는 문장에서 햇볕의 이미지는 반어적이다. 햇볕이 지닌 원초적 의미는 따스함이라는 긍정의 의미를 지니는데 이 작품 속에서의 햇볕은 굵고 단단하다는 의미의 "때글때글"이라는 형용에 의해 일반적인 햇볕의 이미지가 아니라 어머니의 고단한 삶으로 전치된다. 더하여

"꼬챙이처럼 말라가는 당신(어머니)"이라는 직유와 "단칸방은 구겨진 종이상자처럼 좁기만 했다"의 직유는 작가의 어려운 시절을 극적으로 이미지화한다. 나아가 이 작품의 공간적 배경인 암실, 유년의 다락방, 도시의 반지하 방, 나이가 들어서 홀로 남게 된 집의 이미지는 사진(원난성 동굴 벽화) 속 동굴 같은 이미지로 전치되며, 이러한 알레고리 기법에 의해 동굴 속에 사는 '붉은사슴'은 곧 수필 속 자아라는 비유적 이미지를 생성한다. 이는 유연성을 지닌 액체 이미지로도 연결된다.

김옥자의 〈아버지 게밥 짓는다〉에서는 겹쳐진 비유의 이미지들이 나타난다.

> 게딱지의 단단함 속에 자신의 가장 여린 부분을 감추고 무모한 도전을 하고 있었던 것이다. (……) 게가 몽글몽글 밥을 짓고 있다. 뻘과 모래밭에 수 천 수만 개의 밥을 지어 놓고 있다. 연신 앞발 두 개를 얼굴에 비벼대며 거품을 물었다 뱉어낼 때마다 게밥의 숫자는 늘어났다. 너울성 파도 한 번이면 와르르 쓸려나갈 저 밥들. 아버지가 지어 놓은 밥들은 수시로 파도에 쓸려 나갔다. (……) 아버진 세상으로부터 도망치거나 포기하지 않고 성실하게 우리 가족을 지켜내었다. 세상이라는 바다에서 온전치 못한 다리를 짜디짠 물에 담금질을 하며 게밥을 짓기 위해 혼신의 힘을 다했다. 아버지가 평생을 일궈 놓은 밥을 퍼 먹고 있는 오늘, 여덟 형제가 그 자식을 위해 다시 세상의 파고를 넘나들며 또 다른 밥을 짓고 있는 중이다.
>
> — 김옥자, 〈아버지 게밥 짓는다〉(《매일신문》 당선작)에서

게는 조개처럼 갑각류로서 안과 밖의 이미지가 상이하다. 안은 부드러운데 겉은 딱딱하다. 교통사고로 다리를 다친 아버지의 걸음걸이는 게가 걷는 모습과 같다. "게딱지의 단단함 속에 자신의 가장 여린 부분을 감추고 도전을 하고 있었던 것이"라고 회억하기에 이른 작가의 자각 속에 생의 변증법이 자리한다. 가족들에게 아버지의 다리는 언급할 수 없는 상처라서 금기의 상징이다. 수필 속 자아는 어른이 된 후에야 글로 그 아픔을 풀어 놓는데 감정에 치우치지 않는다. 아버지의 게걸음은 삶의 고난을 가중시키는 속박이었으나 이러한 속박의 게걸음이 마음의 상처를 덮어주고 강하게 만든 것이다. 게가 집게발로 "몽글몽글 갯벌에 밥을 짓는" 것과 아버지가 게처럼 걸으며 '게밥'을 짓는 것은 생명을 위한 일이며 가족을 지키는 수단이다. 예컨대 모래사장의 게는 아버지와 동일시된다. 게는 "몽글몽글 밥을" 지어 "뻘과 모래밭에 수천수만 개의 밥을 지어 놓"는다. 그러나 "너울성 파도 한 번이면 와르르 쓸려나갈" 밥이다. 여기서 게의 밥은 곧 아버지가 일군 밥이고 가족의 밥으로 환치되는데, 밥=생명을, 게=아버지라는 등식의 상징을 추론하게 한다. 전자가 관습적 상징이라면 후자는 창조적 상징으로써 그 밥에는 가족의 삶이 투영되어 있으며 게걸음으로 생을 밀고 나간 아버지의 고단한 삶이 내재되어 있다. 게가 먹이를 찾는 행위나 아버지가 세상이라는 바다에서 필요한 식량을 구하기 위해 게걸음 치는 것이 별반 다르지 않다고 생각한 작가의 깨달음과 대상을 바라보는 정서의 새로움이 이 수필을 추동해 나간다. 거기는 작품 속 자아의 기억이 머무는 곳으로써 "인내의 짜디짠 냄새" 또한 배어 있다. 역경이나 고난을 이겨내는 심리적 어휘인 인내를 "짜디짠 냄새"로 은유한 데서 비유의 신선함이 드러난다. 더하여 "세상의 파고"라는 명사 은유와 "까치발을 든 민꽃게처럼"이라는 직유의 수사 또한 시의적절하게 차용하여 수필의 주제와 이미지를 한층 끌어 올린다. 여기서 아버지의 삶은 특수한 삶의 모습으로 형상화되지만 개인으로 국한되지만은 않는다. 누구든지 게걸음을 걷는 형상이 될 수 있다는 자아의 인식을 통해서 한 편의 수필이 지닌 의미의 확장을 엿볼 수 있다. 나아가 작가의 "여덟 형제가 그 자식을 위해 다시 세상의 파고를 넘나들며 또 다른 밥을 짓고 있는 중이"라는 결말은 수필의 순환구조 형식을 새롭게 구현하고 있으며 이 시대 아버지에 대한 수필문학의 서술적 차원의 객관성과 보편성을 담보하고 있다.

> 뒷마당 한갓진 곳에 땅을 파고 왕겨로 불을 피워 성인식을 치르듯 찬찬히 딸의 증거물을 태웠다. 달빛의 흔적이 다 탈 때까지 지켜보는 당신의 얼굴은 달보다 더 붉게 물들었다. 달은 생명의 집이다. 씨를 품는 여인의 몸이며 땅이다. 초승달에서 보름달로 차고 기우는 달의 정기를 받은 여인들의 몸에는 창조의 기운이 서려 있다. (……) 달집을 빠져나온 보름달이 차창에 올라앉아 있다. 더러운 것은 모두 태웠고 액운도 거두었다며 싱긋 웃는다. 달집에 달아놓은 소원은 다 들어주겠으니 안심하라며 성큼성큼 앞장선다. 돌아오는 밤길이 훤하다.
>
> — 김애자, 〈망월굿〉(《전북일보》 당선작)에서

이 작품에는 달의 여성성과 불의 소멸과 생성, 대지의 생명 이미지가 들어 있다. 달집을 태우면서 한 해를 시작하면 소망이 이루어지리라는 도입의 믿음에서부터 불길이 사그라든 후 집으로 "돌아가는 밤길이 훤하다"는 결말까지 달과 불과 대지의 이미지가 혼재한다. 달집을 태우는 작품 속 현재의 나는 과거의 달집태우기 현장으로 들어가기도 하고 다시 현재로 나오기도 하는데 시제의 사용이 흔들려 가독성이 떨어지는 면도 없지 않으나 달과 불, 그리고 대지의 원형적 이미지들이 비유적 이미지들과 조화를 이루며 주제를 향하고 있다.

망월이라 외치는 소리와 함께 달집에서 불이 타오르고, 솟아오르고, 치솟는다. 여기에 사용한 '타오르다', '솟아오르다', '치솟다'라는 어휘들은 모두 불을 상징하는 어미들로 상승의 이미지를 담고 있다. 달집이 타오르는 불의 형상을 "잡아먹을 듯 널름거리는 불의 혓바닥"이라 비유해 자신의 욕심을 경계하기도 한다. 하지만 한편으로는 액막이 부적과 소원들도 불처럼 타오른다는 데서 나쁜 기운과 소원을 동시에 이루는 이중적인 이미지도 얻고 있다. 작가의 초경을 "선홍의 달빛"으로 은유하여 달과 여성성의 시작을 암시하기도 한다. 초경을 경험한 어린 자아는 자신이 무슨 잘못이라도 한 듯 숨었으나 어머니는 딸의 성인식을 치르는 듯 뒷마당에서 개짐을 태운다. 이때 개짐 태우는 흔적을 "달빛의 흔적"이라고 비유한 것은 여성성의 은유이자 잉태의 이미지라 할 수 있다. 여성의 생리 주기와 달의 주기가 거의 일치하는 것은 물론 임신에서 출산의 기간까지도 달의 주기와 같다는 것은 여체의 신비가 아닐 수 없다. 딸의 초경 개짐이 다 탈 때까지 지켜보는 어머니의 얼굴이 "달보다 더 붉게 물들었다"는 회상을 통해 달집태우기와 딸을 위한 어머니의 염원이 같은 맥락이었음을 보여준다. 때문에 "달은 생명의 집"이며, "씨를 품는 여인의 몸이며 땅이다"

라는 직설적 은유를 거쳐 달과 여성의 이미지가 중첩된다.

달집에 들어갔던 보름달이 빠져나와 "차창에 올라앉아 있"고, 액운을 거두었다며 "싱긋 웃"고 "성큼성큼 앞장선다"라는 표현에서는 환상성과 물활론이 엿보인다. 희망의 이미지를 산출하기 위한 시도이겠으나 이러한 동화적 상상의 결말이 다소 작위적인 면이 없지 않다. 그렇지만 이 수필의 비유적 이미지들은 대체로 수필의 문학성을 담보하고 있다.

5. 문학성과 이미지

고대와 근대를 거쳐 현대에 이르기까지 짧지 않은 수필의 역사에서 수필은 줄곧 문학성 시비에 시달려 왔다. 흔히 '수필도 문학이다'라는 말을 한다. 이 명제의 이면에는 수필의 문학성에 대한 의문이 숨어 있다. 일인칭 주체인 '나'가 세계를 바라보고 해석하는 장르인 수필은 시나 소설에서처럼 시적 자아나 서술적 자아가 존재하지 않기 때문에 문학의 주요 기제인 상상력과 관련하여 일정 부분 한계를 가질 수밖에 없다. 상상력의 수용문제는 수필의 장르 정체성과 관련되어 논의의 한계를 드러내곤 하는데, 시나 소설의 상상력은 있을 법한 일이라는 어구에 충족하면 되지만 자기 고백적인 수필은 작가가 경험한 사실이어야 한다는 전제도 충족시켜야 하기 때문이다. 그러나 수필이 사실을 기반으로 하는 문학이라는 의식과 성찰의 문학이라는 카테고리에 갇혀 상상과 이미지적 수사를 허구의 전유물이라 단정하고 수필의 윗목으로 밀쳐놓을 수만은 없다. 비근한 예로 서구 문학 르네상스 시대에도 장르의 융섭이 있었다. 서정시에 발라드가, 비극에 풍자가 섞였듯이 수필의 본질을 헤치지 않는 범위에서 수필 문학에서도 상상과 이미지 또는 시적 수사 등을 자연스럽게 포용해야 할 것이다. 물론 이전의 일부 수필에서 상상력과 이미지가 드러나지 않았다는 것은 아니다. 미래 수필의 지향점으로서 이미지의 액체성이 다양하게 변용되고 차용되길 바라는 마음에서이다.

다행히 2020년 신춘문예 당선 수필에 이러한 시도가 이루어지고 있다. 수필의 공간적 배경을 제시할 때 공간의 이미지화가 두드러지고 있으며 주제와 호응도 이루고 있다. 이상수의 〈황동나비경첩〉에서 안방과 화초장은 모성의 이미지를 가지며 이 수필의 주제로 결집되는 역할을 한다. 또 제은숙의 〈불씨〉에서 부엌(아궁이)이라는 공간적 이미지도 모성애를 드러내 주는 등 공간의 이미지화는 작품이 주제로 향하는데 밀도를 더해주고 있다.

성찰과 감각의 이미지에서는 당선작 대개가 기존의 관습에서 벗어나 있었다. 대개의 수필이 성찰을 관념적으로 설명하거나 교훈적으로 드러내는 데 익숙해 있었다면 신춘문예 당선작들은 성찰을 이미지로 보여준다거나 감각적으로 표현하고 있다.

비유적 이미지는 모든 당선작에서 고르게 나타났다. 간혹 구태의연한 죽은 비유가 있었지만 대체로 새로움을 창조하는 비유들이 많았다. 몇몇 작품에서는 알레고리와 변증법적 이미지가 나타나기도 했다. 이러한 이미지는 주제와 유기적으로 혼합되어야 제 기능을 할 수 있다. 문학을 유기체에 비유하곤 한다. 이는 문학을 구성하는 요소들이 각기 따로 존재하는 것이 아니라 유기적으로 움직여야 함을 말한다. 요컨대 이미지들을 통해 주제를 드러내고자 할 때 이미지들은 전체와 부분이 맞아야 하며 하나의 어휘를 선택함에 있어서도 그 어휘가 전체 맥락과 조응하는지 여부뿐만 아니라 유기적 관계까지 염두에 둔 선택이어야 할 것이다.

준하여 시어를 사용하는 방식에는 "평범한 단어들을 사용하여 그것들을 다소 비범하게 만드는" 방식이 있다고 보르헤스는 언급한다. 좋은 수필 역시 작가의 언어 조합을 통한 이미지 구현에서 비롯된다. 이때 벼리된 각각의 어휘 의미는 휘발되고 이미지만 남는데, 좋은 이미지는 현상을 넘어 상상으로 안내하기도 한다. 이는 수필문학이 진중하게 고민해야 할 새로움의 수용이자 활용이며 액체적 입장이다. '액체수필'이라는 용어가 다소 생경하지만 대상을 새롭게 본다는 문학의 가변 근원적 차원에서 보면 그리 낯선 이미지가 아닐 것이다. 액체가 지닌 속성으로 미루어 볼 때 수필의 사실적 경험을 토대로 구현된 액체적 유동은 문학의 본질인 새로움(창의)을 향한 기능적 수행이기 때문이다.

03

하이브리드 시대의 수필

– 기혜영 《좋은수필》(제144호)

1. 새로움을 향한 궤적

엔데믹이다. 말도 많고 탈도 많았던 팬데믹 상황이 종료되었다. 얻는 게 있으면 잃는 게 있다는 말이 있듯 잃으면 얻는 것도 있는 것 같다. 전자든 후자든 이 말은 다분히 부정보다는 긍정에 무게를 둔 말일 터, 많은 작가들이 코로나 때문에 작품 활동하는 데 있어 위축도 되었겠으나 골방에 들어 나름의 사유를 확장하는 계기로 삼았지 싶다. 오늘 소개할 기혜영 작가도 그 중에 한 사람인 듯하다. 팬데믹 와중에 〈이식〉이란 작품으로 신춘문예 당선이란 결과를 낸 것을 보면 위기는 기회라는 말이 새삼스럽지 않은 것 같기 때문이다. 더욱이 그의 작품 전반에 흐르는 상징은 결코 가볍지 않으며 상당한 확산성을 내포하고 있어서 다층적 사유를 유발케 한다.

다양성 혹은 다원성의 시대인 현대는 하나의 이념이나 개념에 치우치기보다 두세 가지를 접목 응용하는 시대로 하이브리드 시대라고도 할 수 있다. 세태의 흐름이 이럴진대 새로움을 추구해야 하는 문학은 더할 나위 없지 싶다. 다행히 수필계에서도 이 같은 반향이 일어나 시 같은 수필 소설 같은 수필 등이 선보이고 있다. 그러나 문학성 논의는 여전한 것 같다. 웰렉과 워렌은 문학을 정의하는 방법으로 "그 주제가 무엇이든 '문학 형식이나 문학 표현에 있어 유명한' 책에 한정"[6] 하는 것이라 말한다. 더하여 그들은 "문체, 구조, 총체적인 표현력" 등을 거론하며 지적 특성과 결합한 심미성을 강조한다. 이들의 논리에 따르면 1930년대 김광섭이 〈수필 문학 소고〉에서 언급한 "수필이란 붓 가는 대로 쓰는 글"이라는 말은 상당한 괴리감이 있다. 그럼에도 불구하고 이후 이 말은 마치 수필의 정의인 양 정착되었고 지금까지도 스스럼없이 통용되고 있다. 하지만 이 어구는 隨(따를 수)와 筆(붓 필)이라는 한자어의 뜻을 풀어놓은 것에 불과하다. 그런데도 이 어구는 수필을 접하는 언중들에게 막강한 힘을 발휘하고 있다. 여기에 더하여 수필은 경험 사실을 전제로 창작한다는 당위가 가로 놓여 있다. 이는 여타 장르와 구별되는 수필의 본질로서 수필의 명제이기도 하다. 그러나 이러한 명제 이면에는 한계와 가능성이 양립하고 있음도 주지의 사실이다. 언제까지 이 같은 장르적 특징에 갇혀 문학성의 이방으로 남아야 하는지에 대한 선택은 작가의 몫일 것인바, 기혜영의 작품 기저에는 이러한 우려를 불식하기에 충분한 문학성이 담지 되어 있다. 더불어 수필인구의 증가와 함께 수필의 문학성에 대한 논의가 다양한 채널을 통해 일어나고 있는 것은 긍정 에너지로 기능할 것

6. 르네 월렉 · 오스틴 워렌, 김병철 역, 《문학의 이론》, 을유문화사, 1982, 27쪽.

이라 여겨진다. 철학수필, 예술수필, 디카수필, 손바닥 수필 등 다양한 형식의 변주와 하이브리드적 사유의 중첩과 혼융의 수필이 등장하고 있는 것은 수필계의 자성이 끊임없이 이어지고 있는 증거라 판단된다. 이러한 흐름에 관련한 기혜영의 신춘문예 당선작 역시 시사하는 바가 적지 않다. 이 같은 다양한 논의와 관련하여 2021년 《전라매일》 신춘문예 당선작인 기혜영의 〈이식〉을 통해 상징과 이미지 관점에서 수필의 문학성과 시대성 측면을 고찰하고자 한다.

상징과 이미지를 통한 주제 구현

상징은 그 자체로 다른 것을 대표하는 사물 일체를 가리킨다. 아라비아 숫자는 어떤 수량을 나타내고, 한글 기본 자모 스물네 자는 각각 어떤 소리를 대표한다. 이러한 상징의 어원은 그리스어의 '조립한다', '짜 맞추다'라는 뜻의 심발레인(symballein)과 부호, 증표, 기호라는 뜻을 가진 명사 심볼론(symbolon)에서 유래한다. 이는 상징의 일반적 어원으로 상징의 성격 중 동일성과 관련하는데, 김준오는 "상징의 동일성은 암시성, 다의성, 입체성, 문맥성 등을 하위속성으로 지닌다."[7]고 언급한다. 태극기가 한국을 의미하고, 교통신호가 교통 법규를 의미하는 상징과 구별되는 문학적 상징은 보이지 않는 관념적인 것을 이미지화해 보여주는 것으로서 불가시성의 가시성으로 현시된다. 비유가 두 대상의 유사성과 차이성을 통해 원관념과 보조관념의 1:1 대응 관계로 성립된다면 상징은 대체로 두 관념이 다층적 의

7. 김준오, 《시론》, 삼지원, 1982, 198쪽.

미를 지니는 형태로 나타난다. 상징이 암시적 성격을 띨 때는 원관념과 보조관념이 多:1의 성격을 보인다. 즉, 어떤 의미를 보여주는 것이 아니라 감춤으로써 의미의 확장과 함께 다양한 사유를 유발한다. 예컨대 이전에 사용되었던 기지의 사실이라든가 짐작할 수 있는 것에 기초하기보다는 어떤 구체적 이미지(심상)를 제시하여 그로부터 이전에 없었던 추상적 의미를 암시하는 것이다. 알레고리 상징이 근세의 확정적 사유를 기반으로 한다면 다양성의 시대인 현대는 불확정적이고 암시적인 상징에 기울어져 있다고 할 것이다. 물론 상징에서도 제도적 상징이나 알레고리적 상징은 비유처럼 하나의 이미지에 하나의 의미가 대응되는 구조를 띤다. 어쨌든 상징은 비유가 이미지를 통해 드러나는 것처럼 이미지와 연관된다. 항용 문학을 언어로 그리는 그림이라고 말하는 것도 이 같은 이미지와 관련한 것이다. 이때 구체적이고 특수한 것으로 관념적 추상을 의미화하고 전달하는 이미지는 관념과 사물이 만나는 지점으로써 상징과 밀접한 관계가 있다. 현대의 시각 중심 문명과도 인접해 있다고 할 것인데, 이미지의 현상학자로서 바슐라르는 비유보다 이미지가 원초적이라며 문학에서 이미지의 중요성을 강조한다.

> 포클레인 삽날을 나무 옆구리 깊숙이 밀어 넣을 때마다 우두둑 소리가 난다. 흙더미에서 들어올려진 어른 손가락 굵기의 흰 뿌리들이 내 머리카락처럼 한 움큼씩 쏟아져 나온다. 뽑힌 나무들이 또 한 번 전정톱날에 의해 사정없이 잘려나간다.
>
> — 기혜영, 〈이식〉에서[8]

이 작품은 자영업자인 화자가 코로나 팬데믹 상황에서 겪는 어려움을 나무의 이식 장면과 연결하고 있다. 작품 도입부의 "나무가 무심히 잎을 쏟아내고 있다"라든가 "숨죽인 오후"라는 장면에 이어 남편의 실직으로 프랜차이즈 카페를 시작한 화자가 코로나 시대 상황에서 위기에 처하게 되고 결국 "불면증에 원형탈모"까지 생긴다. 이러한 화자의 상황은 포클레인 삽날에 나무의 뿌리가 "한 움큼씩 쏟아져 나오"는 결미의 이미지들과 서로 유기적으로 연결되어 있다. 말하자면 화자의 상황을 그린 각각의 이미지들은 나무의 이식 장면과 겹쳐진다. "상징에 있어서 개념(원관념)과 이미지(보조관념)는 동시적이고 공존적이어서 두 요소는 분리될 수 없이 일체가 되어 있는 것이다."[9] 즉, 화자의 상황과 나무가 이식을 준비하는 상황이 1:1 대응하면서 알레고리적 상징을 이루는 동시에 개인적 상징으로서 창조적 상징으로 기능한다. 결과적으로 화자의 삶에도 희망을 이식한다는 주제가 성립한다. 무엇보다 이 작품에 투사된 상징은 개인의 문제를 넘어 코로나 팬데믹 상황의 자영업자들 전체의 문제를 환기한다. "잘려나간 나무의 모습이 어찌 내 모습만일까."라는 자문과 함께 잘린 나무에서 자영업자들의 아우성이 들리는 듯하다는 발화는 개인의 문제를 넘어 시대의 문제로 확장되고 있음을 엿볼 수 있다. 따라서 이 작품은 상징과 이미지 기법을 통한 주제의 구현이 문학성을 확보한다. 나아가 기혜영의 〈이식〉은 코로나 시대, 사회문제였던 자영업자의 문

---

8. 기혜영의 〈이식〉은 〈서정의 확장과 변용〉에서 이미지 중심으로 언급한 바 있다.
9. 김준오, 앞의 책, 197쪽.

제를 디테일하게 형상화해 시대의 한 단면을 보여줌으로써 시대성도 아우른다. 흔히 문학을 언급할 때 금언金言처럼 하는 말이 있다. 말하지 말고 보여주라는 것이다. 말하기는 설명 또는 진술을 의미하며, 보여주기는 장면을 통해 우회적으로 경험 사실을 전달하는 방법을 말한다. 하지만 말하지 말고 보여주라는 언급은 한쪽으로 치우친 경향이 있다. 기실 보여주기만을 한 수필도 무엇을 말하고자 하는지 알 수 없을 때가 있기 때문이다. 따라서 문학은 말하기와 보여주기의 조율과 완급이 중요할 것인바, 기혜영은 두 가지 방법을 적절하게 조합하고 있다. 그러면서 그 시대가 지닌 문제를 간접적으로 보여준다. 문학의 시대성 반영은 곧 문학이 현실과 유리되지 않는 가운데 인간의 삶을 반영한다는 것으로서 나 아닌 타자의 문제까지 확장되는 것을 의미한다. 물론 모든 문학과 예술이 현실을 반영해야 한다는 논지의 언술은 아니다. 순수하게 예술을 위한 예술의 경지를 드러낼 수도 있는 예술지상주의적 혹은 유미주의적 수필도 가능하다. 그렇다 하더라도 시대를 간과하지 않으면서 문학성과 예술성을 담보한다면 더할 나위 없을 것이다.

시대에 따라 사유체계가 변화했듯 엔데믹 상황이 언제 다시 팬데믹으로 바뀔지 알 수 없다. 코로나 19가 아닌 변종 바이러스가 우리의 삶 깊숙이 파고들어 단절과 소외를 또 경험하게 할 수 있다. 그러나 그럴 때마다 기지를 발휘하고 이겨냈던 것처럼 기혜영 작가 역시 단절의 시간을 변화와 유동의 시각으로 변환함으로써 신춘문예 당선작을 냈다. 필자는 이 지점에 주목하여 〈이식〉에 투영된 상징과 이미지를 비롯 시적(상상) 표현의 궤적을 미약하나마 톺아보았다. 바라기는 피천득의 글에서처럼 청자연적이거나 몸맵시 날렵한 수필도 좋겠으나 좀 거칠어도 새로움에 새로움을 더한 하이브리드적 발상의 작품을 기대해 본다.

04

불가역의 역설

– 헨리 데이비드 소로 《월든》(강승영 역) 에코 비평

1. 자발적 가난의 심층

19세기 초 · 중반 미국 사회에서 등장한 것이 초절주의 사조이다. 모든 피조물이 본질상 하나이고, 인간은 본래 선하며, 가장 심오한 진리를 밝히는 데는 논리나 경험보다 통찰력이 우선한다는 사상 체계를 고수한 초절주의자들에게 자연은 그 자체로 신이나 다름없는 존재였다. 지구상의 모든 생명체를 나름의 감정을 지닌 존재로 인식한 그들은 이성의 논리보다는 감성과 직관을, 사회보다는 개인을 중시한다. 사회 관습이나 전통의 속박을 떠나 자연 속에서 진정한 기쁨과 행복을 구한 초절주의자들의 사상에서 생태주의 경향을 엿볼 수 있다. 헨리 데이비드 소로(Henry David Thoreau) 역시 초절주의자였던 에머슨의 제자로 《월든》을 통해 생태주의 사상을 실천적으로 보여준 사상가이다. 《월든》은 소로가 미국 보스턴 인근 콩코드 지역의 월든 호수가(Walden Pond)에서 2년 2개월간 홀로 지내며 저술한 책으

로 그의 사상이 집약된 생태주의 저서라 할 수 있다. 여기에서 그는 산업화 초기 기계화되어가는 사회에 대해 비판적 물음을 던지는 동시에 자발적 가난을 주창했으며 이론적 주장에만 머물지 않고 숲 체험을 실행함으로써 실천적 지성이라는 칭호를 얻게 된다. 하지만 그가 주창한 '자발적 가난'이라는 어구는 모순적이다. 대개 가난은 희구의 대상이 아닌 벗어나야 할 절망으로 인식하기 마련인데, 이와 다르게 자발적으로 가난을 실천한 데에 소로적 불가역의 역설이 있다. 말하자면 물질은 농도와 온도 등 상태에 따라 변화되었다가 본래의 상태로 복원이 가능하지만 환경은 파괴되거나 변화된 이후 다시 본래의 상태로 되돌아가는 가역 혹은 환원이 어려울 것인데, 소로의 실천에는 불가역의 역설로서 가역적 생태주의가 배태하기 때문이다. 이 지점에서 《월든》에 투영된 자발적 가난의 근원과 생태적 사유의 시원을 추론할 수 있다.

현대는 소로가 살던 시대에 비해 더 문명화된 시대다. 한 세기 전보다 인간의 지적능력은 상승했으며 생활 역시 이전보다 편리해진 상태다. 하지만 문명이 발달하면 발달할수록 反환경 反생태의 삶으로 흐르고 있음을 부인할 수 없으며, 그에 따라 환경 위기 또한 증대되고 있다. 극복의 대안으로 나타난 생태주의는 사회제도의 개선이나 변혁보다는 자연에 대한 인간의 감성을 제고시킴으로써 가치 변화와 그에 따른 실천이 환경 문제의 근원적 해결에 도움이 된다고 여긴다. 인간이나 자연을 위한다는 명분 또는 목적이 아니라 자연 그 자체의 존중 의식에서 문명을 배척한 소로는 실천적 사상가로 인정받는다. 즈음하여 그의 의식 저변에 고르게 침잠해 있는 불가역의 역설 사유를 문명의 점성과 소유의식 관점에서 살피고 나아가 소노그래피적 시선과 유기체적 자연관의 시각에서 사유의 노정을 따라가 보고자 한다.

2. 문명의 점성과 소유의식

문명은 불편함을 견디지 못하는 인간의 특질에서 기인하고 그 특질은 진보된 문화를 양산해왔다. 하지만 진화를 거듭한 문명의 이기 뒤편에서 자연은 황폐해졌음을 부인할 수 없다. 이는 물질문명과 정신문명으로 대별되는 문명의 두 바퀴가 조화와 균형을 상실했기 때문일 것이다. 이로 인해 21세기는 어느 시기보다 환경 문제가 화두로 떠올랐으며 자연을 해석하고 이해하는 방식에 대해서도 변화를 요구하고 있다.

산업화 초기 사람들은 대부분 더 크고 더 화려한 삶을 영위하고자 했다. 자기 현시적 욕구라든가 문명의 혜택에 대해 당연시하던 의식이 지배적일 때 소로는 문명화된 사회의 문제점을 비판하며 숲으로 들어가 소박한 삶을 실천한다. 다수가 문명의 혜택에 무비판적으로 동조할 때 그는 문명의 이기 이면에 도사리고 있는 문제를 철학자의 예민성으로 바라본 것이다. 흔히 철학적 경이의 순간을 타조 사냥에 비유하곤 한다. 일테면 대부분의 타조들이 일정한 거리를 두고 뒤쫓는 사냥꾼의 긴장을 감당하지 못하고 고꾸라지는 데 비해 한 마리 타조만이 사냥꾼의 정체를 돌아다본다는 반성적 행위에 비견한 것이다. 소로를 한 마리 타조와 같은 존재라 할 수 있는데, 그가 일생을 물욕이라든가 사회 인습 그리고 국가의 잘못된 제도에 항거함은 물론 시대의 조류에 편승하기보다 그 시대의 뒤편에 은닉되어 있는 문제를 예견하고 비판적 시각을 견지함으로써 문명의 점성으로부터 비켜서 있기 때문이다. 이때 소로의 사상은 에리히 프롬이 언급한 소유양식과 존재양식(《소유냐 존재냐》)을 생각하게 한다. 프롬은 산업화 시대의 자연 지배, 물질적인 풍요, 개인의 무한한 자유 등 인간 문명 진보를 언급한다. 그에 따르면 소유양식과 존재양식의 차이는 극명하다. 소유적 인간은 자신이 소유한 것에 의존하는 반면 존재적 인간은 자신의 존재 자체와 살아 있다는 사건 자체에 몰입함으로써 생산적인 주체, 즉 창조적인 주체로 살아간다는 것이다. 대다수의 사람들이 소비적 소유양식의 삶을 지향할 때 극소수의 사람들만이 존재양식의 삶을 추구하는데, 그들의 영향력이 작지 않음을 강조한다. 말하자면 소유양식이 지배하는 현대 사회의 문제를 제기하고 그에 대한 해결책으로 존재양식의 복원을 강조하는 프롬에서 소로의 자발적 가난의 모토에 기인한 무소유의 소유의식을 발견할 수 있다.

대개 인간은 물적 소유든 정신적 소유든 풍요로운 상태를 추구하기 마련이다. 하지만 소로는 초기 산업화 시대 문명화된 사회의 폐해와 존재의 현현을 억압하는 인간의 의식을 월든 호수와 그 호숫가의 생명체들의 모습에 비유해 비판한다. 무엇보다 외피적인 것에 현혹되는 시대에 인간 내면을 강조하면서 문명적인 것으로부터 이탈을 시도함으로써 소유적 태도에 기인한 문명의 점성을 다음과 같이 언급한다.

미개인들은 저마다 최상의 주택에 못지않은 집을 한 채씩 가지고 있고, 이 집은 소박하고 단순한 그들의 욕망을 채워주기에 충분하다. 하늘을 나는 새는 둥지를 가지고 있고 여우는 굴을 가지고 있으며 미개인들도 오두막을 가지고 있건만, 현대의 문명사회에서 자기 집을 가지고 있는 가정은 반수도 안 된다고 해도 지나친 말은 아닌 것이다. 특히 문명이 위세를 떨치고 있는 대도시에서는 자기 집을 지니고 있는 사람이 전체 인구의 극히 일부에 지나지 않는다.

—《월든》, 54[10]

문명인의 주거 형태와 비문명적 미개인의 거주 형태를 비교함으로써 집에 대한 인식을 나타내고 있다. "문명이 위세를 떨치고 있는 대도시에서는 자기 집을 지니고 있는 사람이" 극히 일부에 지나지 않는다는 인식은 문명인이라고 자부하는 인간 삶의 양태와 소유 관념을 직시하게 한다. 이러한 문면에 따르면 소로가 살았던 산업화 초기 주거에 대한 관념이나 21세기의 주거에 관한 인식이 별반 다르지 않다. 현대인의 욕망은 "소박하고 단순한" 미개인들의 욕망과는 거리가 있다는 것으로 문명의 점성과 그 배후에 드리워진 소유의식의 연관성을 드러내고 있다. 새도 둥지가 있고 여우도 굴이라는 집을 소유하고 있지만 문명인이라고 자부하는 사람들에겐 집이 없으니 외려 비문명적 삶이나 다름없다는 비판이다. 소로는 의 · 식 · 주와 관련해 소박한 삶의 필요성을 누차 강조한다. 이 같은 언급은 소로의 시

---

10. 헨리 데이비드 소로, 강승영 역, 《월든》, 은행나무, 2020(개정판)'에 대한 이하 인용 쪽수는 '《월든》, 54'와 같은 방식으로 표기하기로 한다.

대에도 필요한 것이었지만 현대의 환경 문제와도 연결된다. 자연을 소유의 대상, 혹은 지배의 대상으로 인식하고 무분별한 개발이 지속된다면 환경은 이전의 상태로 회복될 수 없음은 자명한 이치일 것이다. 이는 인간 중심적 사유가 아닌 생태 환경적 관점을 강조한 소로의 자연관과 그 궤를 같이 한다. 소로의 자연관은 상생과 조화의 철학을 펼친 노장사상과도 연결된다. 예컨대 자연과 인간의 관계를 종속과 지배가 아닌 상생의 길을 모색하는 노장 철학에 의하면 과학과 문화가 인간에게 베푸는 혜택도 없지 않으나 문명의 편리성은 표상작용일 뿐 그 심층에는 점성처럼 부정성도 내재한다는 것이다. 당장에는 생활의 편리와 쾌락을 주는 문명이지만 근본적으로 인간의 행복을 파괴하므로 소로는 反문화, 反지성적인 것에서 대안을 찾는다. 소로에게 인위의 소산인 문화의 발전은 있는 그대로의 사물 현상을 억지로 비틀어놓은 것에 다름 아니며 자연으로부터의 소외를 부르는 요인이기도 하다. 그렇기 때문에 소로는 사치품에 목적을 두거나 편리함만을 추구하는 삶을 지혜롭지 못한 삶으로 규정한다. 현명한 사람들은 간소하고 결핍된 생활을 해왔는데 그 예를 중국, 인도, 페르시아 및 그리스의 옛 철학자들의 모습에서 찾는다. 그들은 외관상 누구보다 가난했으나 내적으로는 더없이 부유했으며 문명의 점성에 끌려가기보다 내면의 주체적 자아를 실현한 자유로운 사람들이었음을 강조한다. 장석주 역시 《단순한 것이 아름답다》의 서문에서 "디오게네스, 노자, 장자, 석가모니, 예수, 헨리 데이비드 소로, 스콧 니어링, 헬렌 니어링, (중략) 프란체스코 수도회의 수사들, 아미쉬 사람들, 그 밖의 이름 없는 의인들"을 자신의 스승이라고 언급한다. 단순한 삶에서 아름다움을 찾은 聖人과 철학자들 그리고 의인들이야말로 자기로부터의 혁명이나 다름없는 자발적 가난의 명제에 기투한 사람들이라는 것이다. 문명인이 모든 것을 누리는 것처럼 보이지만 그들은 "'가난한 문명인'"이고 그렇지 못한 미개인은 미개인일지언정 오히려 유복해 보인다는 소로의 인식은 이처럼 집에 대한 개념을 통해 부각된다. 농부가 집을 마련하고 나서 더 부자가 된 것이 아니라 실은 더 가난하게 된 것일지도 모른다는 현실 비판을 통해 농부가 집을 소유하는 형태가 아니라 집이 농부를 소유하는 형식이라고 일갈한다. 이러한 까닭에 집은 다루기 힘든 재산이며 안식처로서의 거주의 개념이 아니라 차라리 인간이 감금되어 있는 경우가 더 많다는 것이다. 이 같은 인식은 요즘 시각에서도 필요한 자기 반성적 사유일 것인 바, 문명의 점성과 소유의식을 추론하는 그의 반성적 아포리즘은 《월든》의 정신적 태실이기도 하다.

관련하여 소로는 울타리 없는 자연을 언급한다. "울타리"라는 어휘에는 경계의 의미가 내포되어 있으나 자연은 그 자체로 이분법적 사유의 테두리를 소거한 상태임을 암유한다. 자연은 "문명 세계로 통하는 길 자체가" 없다는 소로의 내면 발화 주체는 객체지향의 사유에 기울어져 있으며 이처럼 자연을 대하는 태도에서 비롯된 관심과 관찰, 그리고 관계 맺기의 형태로 구조화된다. 문명의 점성과는 무관해 보이는 소로에게 야생은 이웃이나 다름없으며, 그들의 움직임과 습성을 관찰하는 그의 시선 역시 울타리가 없이 근경에 놓여 있다.

3. 소노그래피적 시선

초음파 영상진단기술을 의미하는 소노그래피는 문학적 묘사 혹은 이미지 기법과 유사하다. 소노그래피적 관찰을 통한 소로의 세부 묘사는 대상을 현미경으로 확대해서 보는 것과 같다. 이 같은 구체성은 감각적 효과를 담지한다. 이러한 기법에 즈음한 자연 친화적 감성은 자연으로 돌아가라고 외친 루소의 언술에 닿아 있으며, 그가 종종 인용하는 동양사상과도 연결된다. 노자가 무위자연을 강조한 것도 인위를 거부한 루소의 외침도 먼저는 그들이 주체적으로 당대의 문제를 감지할 수 있는 예지를 지녔기 때문일 것이다. 소로의 숲 생활 선택 역시 산업화 시대의 문제를 철학적 예민함으로 인지했을 터, 사유와 소노그래피적 시선이 숲 생활의 기록에 그치지 않고 문학과 사상으로 치환된 것은 그 시대가 지닌 표면적 현상 너머 내부적으로 곪아가는 상처(문제)를 드러내기 위한 의지로부터 기인했을 것이다. "산해진미와 맛 좋은 술이 넘치고 하인들이 아부하듯 시중드는 잔칫상에 앉아 있었지만, 성실과 진실을 찾아볼 수 없었기에 그 냉랭한 식탁에서 배고픔을 안고 떠"난 것은 "사랑보다도, 돈보다도, 명예보다도" 진실을 원했기 때문이라고 토로한 지점이 그것이다. 이때 그의 내면에는 진리에 대한 목마름이 있었음을 추론케 한다. 문학이든 철학이든 궁극은 알레테이아의 추구일 것이며, 진리를 향한 노정은 자체로 숭고를 지닌다 하겠다. 이러한 내면의 충일을 토대로 소로가 자신의 거처인 오두막 인근 호수와 그 주변 동물을 관찰하며 대상과 소통할 때 나타나는 소노그래피적 시선을 따라가 보자.

> 줄무늬올빼미 한 마리가 아직 대낮인데도 백송나무 아래쪽 죽은 가지 위에 앉아있는 것을 지켜보며 재미있는 시간을 보내기도 했다. 나는 그때 5미터 내의 가까운 거리에 서 있었다. (중략) 그가 고양이처럼 — 올빼미는 고양이의 날개 달린 사촌이라고 할 수 있으리라 — 눈을 반쯤 감고 앉아 있는 모습을 한 30분 지켜보고 있노라니 나 자신도 졸음이 왔다. 올빼미는 실눈을 뜨고 있어 나와의 관계를 완전히 차단치 않고 있었다.
>
> —《월든》, 395

서양의 사유 체계에서 올빼미는 지혜를 상징한다. 소로는 이러한 상징적 동물과의 소통을 통해 인간과 자연이 다르지 않음을 간접적으로 드러낸다. 나뭇가지에 앉아 졸고 있는 줄미늬올빼미를 시야 가까이 당겨 "눈을 반쯤 감고" 있는 올빼미를 얼마간 관찰하다 보니 소로 자신도 졸음이 몰려온다는 장면에 이어 "실눈을 뜨고" 있는 올빼미도 자신과의 "관계를 완전히 차단치 않고" 있음을 느낀다. 이처럼 종을 초월한 소통에서 자연 또는 대상을 대하는 소로의 태도가 명확해진다. 자연을 지배의 대상으로 인식하는 것에 대한 항거이자 존재의 소리에 귀 기울이는 그의 인식에서 주체(인간)와 타자(자연)의 이분법이 소거됨을 알 수 있다. 그가 자연을 대하는 태도는 줄곧 이러한 견지에서 피력되고 있으며 소노그래피적 시선을 유지한다.

> 수면 위에 끊임없이 그려지는 동그라미 모양의 파문을 관찰하는 것은 마음이 무척 차분해지는 일이다. 호수에 고기 한 마리가 뛰거나 벌

레 한 마리가 떨어지기만 해도 그것은 아름다운 동그란 파문을 일으키면서 사방에 알려진다. 그것은 이 호수의 원천源泉으로부터 물이 끊임없이 솟아나는 모습같이 보이며, 호수가 살아서 그 생명이 부드럽게 고동치는 모습 또는 호흡하느라 그 가슴이 부푸는 모습같이 보인다.

—《월든》, 283

끊임없이 반복되는 동그라미 문양이 호수에 그려지는 이미지의 효과를 통한 소로의 관찰이 인식 근경에 놓인다. 잔잔한 호수에 자그마한 벌레 한 마리라도 떨어지면 "호수가 살아서 그 생명이 부드럽게 고동치는" 것 같다는 데서 물활론적 사유가 덧그려진다. 자연과의 교제를 가장 감미롭고 순수한 교제라고 언급하는 그의 인식은 자연과 함께라면 암담한 우울감이 존재할 여지가 없다고 고백한다. 호수를 살아 있는 생명체와 같은 존재로 인식하는 그의 초절주의자적 관찰에서 호수의 심성은 인간의 심성에도 통용되는 것으로 피력되고 있으며 이를 "평균의 법칙"이라고 말한다. 자연과의 교감에 대한 이 같은 언급에서 알 수 있듯 자연 친화적인 태도는 소로의 자발적 가난을 옹위하는 역설적 사유의 원류이자 생태주의 사상으로 확산되는 사유의 길목이라 할 수 있다.

한편 인간과 자연의 관계를 소노그래피로 제시한 그의 사유는 어떻게 살아야 하는가의 문제로 응축된다. 인간이 인간인 이유가 어디에 있는가를 묻는 본질적 질문을 넘어 소로는 인간 중심의 시각이 아닌 자연과의 관계성 차원에서 접근한다. 내가 나와 관계하는 것을 넘어 나와 너의 관계 나아가 만상과 관계 맺는다는 이러한 인식은 인간이 홀로 존재하는 무엇이 아니며 나를 비롯한 모든 것과의 관계라는 것을 보여준다. C. G. 융은《원형과 무의식》에서 인간은 자신의 정신 상태에 대해 스스로 책임을 느껴야 함을 강조한다. 그랬을 때 비로소 독립적 주체로서 존재한다는 것인데, 어떤 것이 자신의 내면에 있다는 것을 아는 사람과 내면에 있어야 함을 아는 사람의 차이를 통한 자아 통찰이 그것이다. 자연을 소노그래피의 시선으로 관찰한 소로의 사유는 다음에서 유기체적 자연관으로 확장된다.

4. 유기체적 자연관

소로는 외적 개발이나 소유의 대상으로서 도구적 자연관이 아닌 더불어 살아가야 할 벗과 같은 존재로 자연을 인식한다. 이때 그는 자연 속에서 외롭지 않은 상태를 공자의 "덕은 외롭지 않으며 반드시 이웃이 있다"('덕불고필유린德不孤必有隣', 《논어》 제4편 25절)는 구절을 인용해 인간과 자연의 관계를 유기체적 관점에서 해석한다. 자연의 덕으로 인해 월든 호수가 외롭지 않듯이 자신도 외롭지 않으며, 목장에 핀 한 송이 우단현삼이나 민들레꽃, 콩잎, 괭이밥 그리고 뒤영벌이 외롭지 않듯이 자신도 외롭지 않다는 것이다. 물론 이때 소로가 언급한 德의 개념은 공자가 살았던 중국 춘추전국시대의 메커니즘을 반영한 德이라기보다 소로가 살던 시대의 문명 세계 범주 안에서 재해석한 德의 개념이라고 보아야 할 것이다. 인간의 문명과 문화는 진화를 거듭하며 시대마다 덕의 개념도 변화되었기 때문이다. 따라서 존재론적으로 소로의 고독은 자연이 스스로 덕을 지닌 것처럼 덕을 지녔을 때 자신도 외롭지 않다는 의식을 보인다. 일테면 소로 자신이 "시냇물에 흘러가는 나무토막일 수도 있고 또는 하늘에서 그 나무토막을 내려다보고 있는 인드라 神일 수도 있다." 이 같은 유기적 자연관 내지 세계관으로 인해 자신을 신과 동격으로 보거나 신의 위치에 올려놓기도 한다. 인드라 신은 인도의 자이나교와 불교의 신화에도 등장하는 신으로 그림이나 조각에서는 흰 코끼리를 탄 모습으로 묘사되며, '천 개의 눈을 가진 자'라고도 불린다. 소로는 서구의 여느 예술가들처럼 그리스 · 로마 신화에 해박한 지식을 보여주면서도 동양의 신과 철학을 인용하며 자신과 세계를 분리하지 않는다.

> 오늘 내 콩밭을 적시면서 한편으로 나를 집에 머물도록 하는 저 보슬비는 지루하고 우울한 느낌을 주지 않고 오히려 내게 좋은 일을 해주고 있다. 비 때문에 콩밭을 매지 못하지만, 비는 밭 매는 것보다 훨씬 큰 가치를 가지고 있다. 비가 계속되어 땅속의 종자들이 썩고 낮은 지대에서 감자 농사를 망치더라도 높은 지대의 풀에게는 좋을 것이며, 풀에게 좋다면 나에게도 좋은 것이다.
>
> —《월든》, 199

비가 계속 내려 콩밭을 매지 못하는 상황이지만 "높은 지대의 풀에게"는 좋을 것이니 "풀에게 좋다면" 자신에게도 좋다는 인식에서 우울함이 아닌 긍정의 메타포를 추출할 수 있다. 순수하고 자애로운 존재로서 인류에게 무한한 동정심을 가지고 있는 자연은 어떤 사람이 정당한 이유로 슬퍼한다면 온전히 함께 슬퍼해 줄 것이지만 "정당한 이유 없이 슬퍼한다면 자연도 그와 함께 슬퍼해 주지 않을 것"이라는 언급을 통해서 자연과 인간 사이의 행위원칙을 강조한다. 이렇게 유기체적 자연관을 취함으로 인해 소로는 스승인 에머슨과 거리를 두게 된다. 에머슨은 자신의 저서 《자연》의 서문에서 자연을 "인간으로부터 분리된 것"으로 보았기 때문이다. 어쨌거나 인간 중심적 사고에서 벗어나 인간이 자연의 일부라는 겸허한 인식을 바탕으로 자신의 철학을 세우게 된 소로는 자연을 객체화하여 착취의 대상으로 바라보는 관점에 대해 실천의 정신으로 응대한다.

> 봄에 언 땅이 녹을 때나 심지어 겨울에도 몹시 따뜻한 날에는, 모래가 용암처럼 비탈을 흘러내리기 시작하여 때로는 눈을 뚫고 쏟아져 나와 전에 모래가 보이지 않았던 곳이 온통 모래 천지가 되기도 한다. 무수한 흐름이 서로 겹치고 뒤엉켜 일종의 혼성물의 양상을 띠는데, 이것은 반은 흐름의 법칙을 따르고 반은 식물의 법칙을 따른다.
>
> —《월든》, 450

봄이 되어 산허리가 녹아내리는 것을 보며 묘사한 장면으로 인간이 어디에서 와서 어디로 가는지에 대한 존재 근원의 사유를 펼친다. "무수한 흐름이 서로 겹치고 뒤엉켜 일종의 혼성물의 양상을 띠는데, 이것은 반은 흐름의 법칙을 따르고 반은 식물의 법칙을 따른다."는 구절에서 자연과 인간의 분리가 아닌 유기체로서의 "혼성물"과 같은 인식을 보인다. "인간이란 것이 얼었다가 녹고 있는 진흙의 덩어리가 아니라면 무엇이겠는가?"라는 구절을 통해서도 자연과 인간이 유기적인 관계임을 드러낸다. 소로는 호수를 보면서 자신과 같은 회상에 잠긴 것 같다는 생각과 감정을 시의 형식으로 표현하기도 한다. "시 한 줄을 장식하는 것이 / 나의 꿈은 아니다. (중략) 나는 나의 호수의 돌 깔린 기슭이며 / 그 위를 스쳐가는 산들바람이다. / 내 손바닥에는 / 호수의 물과 모래가 담겨 있으며, / 호수의 가장 깊은 곳은 / 내 생각 드높은 곳에 떠 있다."(《월든》, 290~291)라고 하는 시를 통해서도 그의 자연관을 읽을 수 있다. 뿐만 아니라 소로는 상쾌한 어느 저녁 온몸의 감각기관이 기쁨으로 개현되는 느낌을 받는다. 자신이 "자연의 일부가 되어 그 자연 속에서" 주체와 객체, 물질과 정신, 자신과 세계를 구분하지 않는 물아일체의 심상을 경험한다. 무엇보다 이 같은 소로의 생태주의 자연관에는 인간이 자연의 수많은 생물 또는 무생물과 함께 어울려 존재한다는 상생의 정신이 함유되어 있다.

5. 조화와 상생의 누미노제

문명을 떠나 숲 생활을 실천함으로써 당대의 문제를 예민한 시선으로 성찰한 소로는 정치와 가치 체계, 그리고 삶의 방식이 지닌 문제를 간과하지 않은 지성이다. 무엇보다 자연이 지닌 내재적 가치를 가까이에서 체험하기 위해 문명의 점성을 떠나 숲 생활에서 얻은 삶의 지혜와 자연의 미덕을 소노그래피적 시선으로 관조했으며, 나아가 유기체적 세계관을 통해 생태주의 철학으로 승화시켰다. 그러나 소로는 살아 있을 때 조명받지 못한 사상가였다. 오히려 스승인 에머슨의 아류라는 비난과 함께 그의 생태학적 숲 체험은 결국 사회로 돌아왔다는 일시성과 한계성에 대한 지적을 면치 못했다. 그의 문명 비판에는 이중성이 내포되어 있다는 것인데, 이는 문명의 점성에 따른 딜레마일 것이다. 그럼에도 불구하고 문명으로부터 완벽한 차단이 아니라 문명 속에서 소박하고 단순한 삶을 실천한, 소로의 자발적 가난은 세계가 문명화될수록 다양한 사유의 채널로 재해석 되고 있다.

진리가 어디 먼 곳에 있는 것이 아니라 지금 여기에 있다는 소로의 역설적 사유는 카르페 디엠carpe diem의 의미와 노자 《도덕경》의 '저것을 버리고 이것을 취하라'는 거피취차去皮取次의 인식론과 관련해 논의될 수 있다. 물론 소로는 서구의 다양한 사상들을 인용하였으며 간혹 공자와 맹자 사상을 인용하기도 했다. 하지만 공자의 본질적 세계관은 '우리'라는 합의된 세계를 목적으로 사상의 무게 중심이 '저기'에 있다는 데서 소로의 사상 전반에 흐르는 자발적 가난의 심층과는 거리가 있어 보인다. 반면 노자는 非본질적인 유무상생有無相生의 관계적 세계를 추동하면서 '여기'에 무게 중심을 둔다. 그러므로 "진리가 우주의 외곽 어디에, 가장 멀리 있는 별 너머에, 아담의 이전에, 혹은 최후의 인간 다음에 있는 것으로" 사람들은 생각하지만 소로는 모든 시간과 장소와 사건은 지금 여기에 있다고 언급한 것으로 미루어 노장사상에 더 인접해 있는 것으로 판단된다. 이러한 사상적 토대는 그의 생태주의와도 무관하지 않으며 《월든》에 투영된 성찰로써 오늘날의 환경 문제를 환기시킨다. 즉, 소로의 문명 비판적 시각은 자연의 운행 원리를 뿌리에 두고 있는 노자적 세계관을 취함으로써 자연을 도구화하거나 지배의 대상으로 인식하지 않은 것이다. 노장의 무위철학은 행위의 멈춤 혹은 삶의 도피나 자연의 정복에서 의미를 찾는 것이 아니라 자연과의 조화와 상생을 궁극으로 삼는다는 점에서 그러하다. 이로써 복잡한 일상이 단순하고 소박한 일상으로 돌아가야 한다는 소로적 불가역의 역설은 유의미한 현재성일 것이며, 《월든》에 은폐된 누미노제를 견인하는 양력揚力일 것이다.

배귀선 수필평론집
수필의 새로움을 향한 랩소디

인쇄 2023년 10월 11일
발행 2023년 10월 17일

지은이 배귀선
발행인 서정환
펴낸곳 수필과비평사
주소 전북 전주시 완산구 공북 1길 16(태평동 151-30)
전화 (063) 275-4000
팩스 (063) 274-3131
이메일 shina321@hanmail.net
출판등록 제300-2013-133호
인쇄 · 제본 신아출판사

ISBN 979-11-5933-489-4 (03810)
값 15,000원

Printed in KOREA

※ 이 책은 전라북도 재단 지역문화예술육성지원금을 지원받아 발간되었습니다.